現代日本の政治と外交 6

JAPANESE AND RUSSIAN POLITICS:
POLAR OPPOSITES OR SOMETHING IN COMMON?

日本とロシア

真逆か、相違か?

監修=猪口孝
Takashi Inoguchi

原書房

現代日本の政治と外交6

日本とロシア——真逆か、相違か？

◆目次

◆図表一覧

図

表

推薦のことば

本巻では、著名な日本とロシアの研究者グループによって両国の政治と国際関係が詳細に検討されており、重大な相違点はむろんのこと、いくつかの驚くべき類似点が明らかにされている。これは、このふたつの国ばかりでなく、比較政治学全般における本質的な問題を解き明かす、画期的かつ非凡なアプローチだ。

――リチャード・サクワ教授
ケント大学（イギリス）

まえがきと謝辞

グローバル化時代には、主権国家間の結びつきが強まると同時に互いに影響を受けやすくなる。クリミアがウクライナから分離されてロシアに併合されたとき、日本政府は対応に苦慮したにちがいない。さまざまな既知の理由から、日本とロシアはいまだに第二次世界大戦の平和条約を締結しておらず、領土、貿易ほか多くの問題が未解決、あるいは解決途上のままである。日本はいわゆる北方領土の返還を主張し、ロシアはシベリアと極東地域への日本の投資を望んでいる。もし日本がクリミアとウクライナの問題でロシアを糾弾すれば、日本が力を入れているロシアとの経済協力の見通しが多少なりとも悪化する恐れがある。もし日本がロシアのクリミア編入を非難しなければ、係争中の島（尖閣諸島／釣魚島）について一貫した主張を繰り返す中国に対して立場が弱くなる。二〇一四年春のハーグ核サミットで、G7はクリミアとウクライナ問題でロシアを非難する共同声明を発表した。日本は二〇一四年五月にも、微妙に異なるメッセージを直接届けるためにモスクワに特使を派遣した。ロシアは日本を拒絶しているようには見えない。中国は、ロシアとクリミアとウクライナについては基本的に沈黙を守っている。

日本とロシアは多くの意味で対極的であると広く考えられているが、相互理解を深めようとする意識はどちらの国でも着実に高まってきている。ヴラジーミル・プーチン大統領は、シベリアと極東の開発を進展させようと、日本と中国に目を向けた東方政策《オストポリティーク》を推し進めてきた。安倍晋三総理大臣は既知のあるいは未知の理由から、アメリカのバラク・オバマ大統領、韓国のパク・クネ大統領、中国の習近平国家主席とは気が合わないとみなされることが多々ある一方で、ヴラジーミル・プーチン大統領とはうまが合うと噂されている。

本書は、政治学の第一人者であり、モスクワ国際関係大学（ＭＧＩＭＯ）でロシアの政治学誌『ポリス』の編集にも携わっているセルゲイ・チュグロフ教授と私が、数年前に日本国際政治学会の年次総会で出会ったことがきっかけで誕生した。ロシアの専門家として名高い法政大学の下斗米伸夫教授が彼に引き合わせてくれたのだが、その折に、学術会議を開いてはどうかとの案が持ち上がった。それから二年後、野村財団から新潟県立大学に日露プロジェクトの資金援助があった。また、新潟県立大学の実証政治学研究センターからも支援が追加され、二〇一三年三月、東京で学会が開催された。両国から五人ずつ、総勢一〇人の政治学者が参加して、率直で活気ある議論が行われた。本書はその日本とロシアの研究の集いから生まれた成果のひとつである。

この学問的試みの実現を可能にした野村財団と新潟県立大学にはおおいに感謝する。セルゲイ・チュグロフ教授と下斗米伸夫教授は、深い学識と温かい友情を携えてこのプロジェクトに参加してくださった。彼らと、日本とロシアからの参加者にはこのうえない感謝の意を表する。また、会議の開催、概要の校正、さらには編集作業の手助けと、細部まで気を配って仕事をしていただいた新潟県立大学のスタッフ、森田千鶴、木村恵理、岡野友美、白石文恵の各位にもお礼を述べたい。そしてプリンストン大学のG・ジョン・アイケンベリーと私とともに「アジア・トゥデイ」シリーズを生み出した、パルグレイヴ・マクミラン（ニューヨーク）の一般学術書編集者ファリデー・コーヒ・カマリ博士にも謝意を表することを忘れるわけにはいかない。

後記

最終原稿完成後、クリミアに発する国内国際政治が大きく変わった。本書では、このことを十分には反映していない箇所もあるが、本書のねらいを損なうものではない。

東京にて　猪口孝

執筆者一覧

猪口孝（いのぐち・たかし）
東京大学で修士号、マサチューセッツ工科大学で博士号を取得。現在は新潟県立大学学長、東京大学名誉教授。

ドミートリー・ストレリツォフ（Dmitry Streltsov）
ロシア、モスクワ国立国際関係大学教授、アフリカ・アジア学部学部長。

ヴィリヤム・スミルノフ（William Smirnov）
ロシア科学アカデミー国家・法律研究所所長、ロシア大統領府付属ロシア国民経済行政学アカデミー教授。

下斗米伸夫（しもとまい・のぶお）
法政大学法学部教授。専門はロシアならびにＣＩＳ諸国の政治と歴史。

原田泰（はらだ・ゆたか）
早稲田大学政治経済学部教授。財務省財務総合政策研究所次長などを歴任。

リュボフィ・カレロヴァ（Liubov Karelova）
ロシア科学アカデミー哲学研究所主任研究員。専門は東洋哲学ならびに政治思想と比較研究。

袴田茂樹（はかまだ・しげき）
新潟県立大学教授、青山学院大学名誉教授。安全保障問題研究会（安保研）会長。

セルゲイ・V・チュグロフ（Sergey V. Chugrov）
ロシア、モスクワ国立国際関係大学教授、一九九二年からはロシア科学アカデミー世界経済国際関係研究所主任研究員。二〇〇七年よりロシア随一の政治ジャーナル「ポリス（政治学）」編集長。

河東哲夫（かわとう・あきお）
一九九八年から二〇〇二年まで在ロシア日本国大使館公使。

セルゲイ・オズノビシェフ（Sergey Oznobishchev）
世界経済国際関係研究所部長、戦略評価研究所（非政府組織）所長、モスクワ国立国際関係大学教授。

第1章　日本とロシア——国内政治と外交政策*

猪口孝

はじめに

本書は、日本とロシアの研究者が両国の二〇一〇年代における国内政治と外交政策をどのように捉え、分析しているかを明らかにしようとするものである。グローバル化時代には、他国のことがわからなければ自国のことはわからないと述べるシーモア・マーティン・リプセットの言葉がもっともふさわしい(1)。一国を専門とする知識の豊富な権威ある学者だからといって、必ずしもリプセットが言うところの学者であるとは限らない。「一国社会主義論」がロシアのよきスローガンだったソ連時代（一九一七〜一九九一年）の大半や、経済企画庁が日本の「国内経済見通し」を描いていたグローバル化より前の時代（一九八五年以前）には、一国を知ればその国の専門家としてほぼ十分通用した。二〇一〇年代はまったく異なる。

日本とロシアは多くの意味で、対極にある国のたくさんの組み合わせのひとつだと広く考えられている。たとえば、日本は民主主義政治、市場志向経済、「ハト派」外交であるのに対して、ロシアは権威主義政治、管理主義経済、「タカ派」外交である。一国に特化した学者は、見慣れた自国に照らし合わせて他国の政治経済を判断しがちだ。二カ国以上に精通している学者はときとしてそうではない。ロシアとドイツの経済に誰よりも詳しいアレクサンダー・ガーシェンクロンは、それをもとに後進性の優位という概念を作り出した[2]。イギリスと日本の工場を熟知していたロナルド・ドーアは、製造業の工場におけるイギリス式と日本式経営の利点と欠点を明らかにした[3]。

本書のねらいはそれよりずっと控えめである。それは、日本とロシアの学者が、どのように両国の国内政治と外交政策を描写し、検討するのかを紹介することだ。リプセットが言うところの一国の専門家がもつ欠点を補うために、編者は学者のチームを構成した。つまり、日本の学者チームが日本とロシア双方の国内政治と外交政策の両方を検討し、ロシアの学者チームもまた日本とロシア双方の国内政治と外交政策を検討したのである。学者を組み合わせるにあたって、比較に同じ論点を用いているかどうかにはこだわらなかった。こうした方法で日本とロシアを比較することにはどのような利点があるのか。概念を厳密に固定しなかったことのメリットは何か。編者は、困難に直面したときには目隠しの手の原理というものが創造性を発揮させると述べるアルバート・ハーシュマンを拠りどころにしている[4]。彼自身の言葉では次のようになる。

われわれはどうしても自分の創造力を過小評価してしまうのだから、自分が直面する課題についてもほぼ同じくらい過小評価することが望ましい。そうすれば互いに相殺し合うふたつの過小評価にだまされて課題をやる気になり、成し遂げることができる。そうでなければあえて課題に取り組もうという気にはならない。この原則は重要であるから名前をつけるに値する。われわれのために困難を隠す見えない手、あるいは隠された手のようなものをたどっていることは明らかだから、「目隠しの手」がいいだろう[5]。

ゆえに、本書の課題は、日本とロシアの学者がややあいまいに与えられた指示により、両国の政治を描写、検討するものである。その指示とは、両国の政治において鍵となる特徴を明らかにして、自分の章にそれにふさわしい題をつけよ、だ。

そうなると読者は、いったいどうして目隠しの手の原理が本書の手引きとして役立つのかと、大きな疑問を抱くことだろう。それは、日本、ロシア、その他の国の専門家を除けば、日本とロシアがほとんど世界で知られていないからである。また、両国の知覚や行動の相互作用、分析や判断の傾向や偏向、さらに確率は低いとはいえ、「力の相関関係」もわかっていないからだ。この「力の相関関係」は「アイディアやモデルの偶然の一致」と言い換えたほうがわかりやすいだろうか。たとえば、アジアの日本とヨーロッパのロシアが近づいたらどうなるか、あるいは一九四五年以降の「冷たい」状態が続いたらどうなるのか、ということである。

ふたつの歴史的描写

日本は通常、経済協力開発機構（ＯＥＣＤ）の産業民主主義国や、最近では東アジアの民主主義国と比較される[6][7]。ロシアは概して東欧の旧共産国家と比較される。多くの場合、どちらも独特な国《ララ・アヴィス》とみなされ、互いが比較されることがない。ではなぜ、私たちはこの二国の比較に興味があるのか。それはどちらも西側に対してもともとは後進国であったという共通点があるからだ。本序章では、国内外の政治に関心がある者にとって、なぜ日露の歴史的比較描写が重要なのかという理由を述べてみたい。

後進国という概念とそれを用いた分析は、日本とロシアの双方においてかなり一般的である[8]。一九世紀にみずからを後進国と認識していた日本とロシアは、大胆で急速な発展への道を選んだ。一九〇四〜一九〇五年の日露戦争時の日本とロシアを、経済状態と政権という観点から比較してみよう。西側から学んだ知識はときに劇的な変化をもたらしていた。ひとつは経済発展。そしてもうひとつは民主化である。

二〇世紀初めの日本には、不十分ではあるけれども一応機能する議会民主主義が存在していた(9)。政府は官僚が支配する政権によって運営されており、議会の反対勢力としての政党がますます力を強めていることにいくらか警戒感を抱いていた。選挙権は国家に一定額の税金を納めた人に限られていた。二院制議会のうち、貴族院は政府によって任命されていた。衆議院議員は政党の党員を増やすことに余念がなく、当然のことながら政党は法律制定、とりわけ予算で政府に反対する立場を取ったので、政府は衆議院内に政府寄りの議員を増強したいと考えていた。先頭に立って政治体制を民主化の方向へ推し進めたのは、一八六八年の明治維新という革命の英雄とその後継者である。一方、ロシアでは皇帝の政権が、自由や民主主義といった西側思想の影響力拡大という懸念を払拭するために、断続的かつ慎重に、銀行や鉄道に焦点をあてて経済の近代化を試みた。自国の西側でプロイセンが勢力を増し、それに伴って近代化と軍の強化が行われていることを警戒したロシアの近代化の流れは、改革派とそれを抑えようとする伝統派のあいだでゆれ動いていた。ロシアの東方への拡大は、無理やり推し進められてはしばしば失速するという国内近代化を背景に持ち上がった。日露戦争は、まさに東のはずれで、後進国である両国が拡張主義を追い求めたがために起きたのである。

第一次世界大戦は日本とロシアを決定的に分け隔てた。日本はイギリスと同盟を組んで勝利した。第一次世界大戦中、そして戦後にかけて、日本の政治体制は以前より本格的な議会制民主主義の方向へ進んだ。一九二五年には、すべての成人男性に対して平等な参政権が与えられた。そして同年、日本では厳格化された治安維持法が制定された。一方のロシアは、一九一四年に協商国［三国協商に始まる第一次世界大戦での連合国］に加わり、攻め入るドイツ軍に壊滅的敗北を喫した。結果として政権は崩壊し、臨時政府によって引き継がれはしたものの、そのあいだも絶えまなくドイツとの戦争が続いていた。かくして戦争に反対するボリシェヴィキが、平和と土地をスローガンに掲げてクーデターと革命を起こしたのである。平和は訪れた。だが共産党が恐怖時代を通して権力を固めていった。

一九三〇年代に入ると、日本もロシアも戦争への準備を始めた。その動きは軍備増強だけではなく、国内の政敵排除にも向けられた。日本では民主主義が後退し、ロシアでは政敵を物理的に抹殺するという最悪の方法が取られた。どちらの国においても、戦争への備えとはすなわち戦争に特化した産業化を意味した。日本は中国との長びく戦争に突入しており、さらにアメリカと戦争を開始する可能性を考えていた。ロシアは国内の恐怖政治のためにますます不安定になっていた。第二次世界大戦で両国が行った戦争は、いずれの経済にも深刻かつ多大な影響を及ぼした。日本もロシアもそれぞれアメリカ、ドイツを相手に激戦となった。日本はアメリカに敗れ、ロシアはドイツに勝利した。日本の領土が縮小する一方で、ロシアの領土は拡大した。アメリカ率いる連合国軍が日本を占領した。ロシアは反米勢力のリーダーとなった。アメリカ占領下の日本が全面的に民主化を進めたのに対して、ロシアは近隣諸国へと共産主義を拡大した。

共通点は両国の経済運営にも見ることができる。第二次世界大戦後は、国家主導で資源を集中させたことが実を結んだ。一九五〇年代から一九六〇年代、両国はともに高い経済成長を遂げて国際社会で地位を確立した。日本は一九六二年に、『エコノミスト』誌の「Consider Japan（驚くべき日本）」という記事で関心を集めた。ロシアは一九五七年に、人工衛星スプートニクを打ち上げて注目を浴びた。しかしながら、三〇年あまり続いた高度経済成長はその後、勢いが衰えた。一九七〇年代から一九八〇年代、ロシアは岐路に直面してほぼ行き詰まった。日本はＯＥＣＤ加盟国の大半より高い年成長率で経済成長を続けてはいたが、一九五〇年代から一九六〇年代と比較するとその成長率が半減した。そして一九九一年、ソヴィエト連邦が崩壊して共産主義が放棄された。それ以降、ロシアは緩やかな独裁政治と権威主義的な多元性とのあいだでゆれ続けている。日本では一九九三年に一時的に自由民主党による支配が幕を閉じた。しかしその後、民主主義体制は維持されているものの総理大臣在任期間は短く、ほぼずっと低経済成長が続いている。

冷戦終了時、日本とロシアは国際的にきわめて異なる外交的立場と力を持っていた。日本はひとりあたりの所得が高く、アメリカとの同盟に支えられた軽武装の部隊を有していた。しかしながら、二一世紀に向けた国の方向性はきちんと定まっていなかった。近年の大きな成功の影で、日本は冷戦後に進むべき道を十分に明確化してこなかったのである[10]。一九九〇年代初めに起こった長い景気後退は、その後二〇年間続いた。そのあいだにアメリカとの同盟の重要性がいくらか失われた。冷戦後、ロシアは打ちのめされ、痛みを伴う自由化は強い抵抗を受けた[11]。ボリス・エリツィン政権は、ロシアの大国としての地位を維持するために世界貿易機関への加入を強く望み、そのために課された経済の自由化へ向けて努力を重ねた。ヴラジーミル・プーチン政権下では、資源の急騰がロシアの経済成長をかつてない水準へと押し上げた。その急発展の時代、プーチン政権は革新《イノベーション》と競争力を組み合わせることで成果を上げようと試みた。しかし、それは産業と技術の発展に向けた強力なてこ入れ策とはならず、今なお重要計画項目として残っている[12]。

本書の内容

ここでは各章の執筆者が自分の章にどのようなタイトルをつけたかを紹介しよう。
序盤の日本の政治に関する章は、「ふりこの政治」と「混乱状態の政党」。
ロシアの政治に関する章は、「不安定な政治」と「専制政治と多元性」。
日本とロシアの経済に焦点をあてた章は、「経済が重要だ」と「近代化の政治」。
日本外交の章は、「協調の継続」と「形成途上《スタテユ・ナセンディ》の外交政策」。
ロシア外交の章は、「大統領府の場当たり政策」と「実利的現実主義」である。

日本の政治

各章の執筆者の目から見た、日本あるいはロシア政治の大きな特徴とは何か。日本については、ふりこの政治（猪口）、混乱状態の政党（ストレリツォフ）。ロシアについては、不安定な政治（スミルノフ）、専制政治と多元性（下斗米）である。

日本の政治について、猪口は総理大臣の頻繁な交代に焦点を当てる。それにはふたつの前提条件が不可欠だった。第一に、一九九一年のバブル崩壊以降、景気の停滞が続いたことである。一九九一年から二〇一二年のあいだに一二人の総理大臣が誕生した。しぼんだ経済は、ほぼ〇から一パーセントという年成長率を記録した。二〇〇六年から、自由民主党が民主党に政権を奪われた二〇〇九年を経て奪還した二〇一二年までには、六人の総理大臣が誕生している。第二に、総理大臣が選挙の力を頼りにできず、そのためにしばしば解散・総選挙を先送りしたことである。二〇〇九年から二〇一二年のあいだに、総選挙は二〇〇九年と二〇一二年のわずか二回しか行われていない。その二回はちょうど衆議院の任期が満了する年、および満了寸前の総解散の年である。頻繁な総理大臣交代の根底にあるふたつの重要な条件は、デフレーションと有権者に判断を委ねることを恐れる総理大臣のふがいなさだと猪口は主張する。このふたつの条件によって有権者の不満が蓄積され、二〇〇九年の自民党から民主党、そして二〇一二年の民主党から自民党というように、支持政党パターンが大きくゆれ動いた。二〇一二年一二月末に安倍晋三総理大臣が返り咲いたことで、さしあたってはこのふたつの条件が消失したように見える。まずは、二〇一三年三月以降、安倍の経済政策によって金融の量的緩和が実行されて、二〇一三年の夏までに米ドルほか主要通貨に対する日本円の下落につながった。これによって自動車、電機、電子機器、建設機械、精密機械、観光といった輸出部門が後押しされた。安倍総理を支持する世論調査の数字は六〇パーセント近くで高止まりした。日経平均株価は、一万円を下まわった二〇一二年の底値から、およそ一万六〇〇〇円ほどにまで回復した。二〇一四年とそれ以降、アベノミクスの効果はどうなるだろうか。アベノミクスの三本の矢である量的緩和（金融政策）、財政緊縮（財政政策）、規制緩和と改革（成長政策）のうち、第一と第二の矢は実行されてまずはいくらかの成功を収めているが、第三の矢はまだ実施されていない。特に、法人減税や保険、銀行、医薬、農業などの分野における外国からの投資の自由化といった規制緩和の法案と、研究開発分野で革新《イノベーション》や発明を促進させるための法案は、二〇一四年以降に国会で成立させるとしたままである。

ストレリツォフは政党の混乱状態を、日本政治のひとつの特徴として分析する。日本の政党の分析において重要な点は、第一に、政党間の思想的な違いがあいまいであること、そして第二に、相違点のはっきりしない政策が各政党によって提唱されていることである。もしかするとストレリツォフの頭の中では、ひそかにロシアの政党との比較が行われているのかもしれない。実際、資本主義、共産主義、共産社会主義、無政府主義など、各政党と結びつく主義主張は日本よりもロシアのほうがはっきりしている。かたや日本は漠然とした保守主義が優勢であるように見える。ストレリツォフによれば、本来、保守主義とは右派と市場志向を意味する。その思想的な特徴から考えれば、自民党のなかに、主権ならびに平和憲法を擁護する集団と、主権ならびに戦う権利の憲法改正を推進する集団の、ふたつの思想グループが共存することは説明できない。安倍総理大臣は後者に属する。憲法改正に関する世論調査では、自民党支持者における賛成と反対の比率はそれぞれ七割と三割ほどである。野党を含む政党間の政策の違いという点では、成長と自由化、福祉と保護、同盟賛成、同盟反対、小さな政府、大きな政府の主張が各政党のなかに共存している。こうした政策が政党ごとに異なるのではない。むしろ各政党のなかに六つの方針が共存しているのである。それは自民党と民主党でもっとも顕著に現れている。

ロシアの政治

ロシアの政治については、ヴィリヤム・スミルノフがそれを、市民社会と法の支配へと向かう近代化の初期段階がもたらした新封建制度と特徴づけている。「一九九〇年代に起きた民主化の失敗、貧困による不満、社会的剥奪」に失望して、ほとんどの人々は、安定、秩序、生活水準の向上と引き換えに政治的権利の制限を受け入れた。ヴラジーミル・プーチンは、プーチンの力の具現化ともいえる国民からの支持に敏感だ。政治の権限は、国の各機関が力不足であるため、もっぱら大統領府に集中している。しかしながら、それは一部の西側アナリストが主張するような、不都合なことを隠すための「イチジクの葉」議会を持った「超大統領制《スーパープレジデンシャリズム》」とは異なる。スミルノフいわく、政治的理由というよりは、エリート層の家父長主義が優勢な政治と法の文化が原因で、帝政ロシア、ソ連、そして現代ロシアにおいてさえ、国民の大部分は自由よりも平等、合法よりも公平に重きを置くのである。スミルノフは家族を再生産するための指針と国に選挙を司る機関がないことを自身の分析の根拠とはしていないが、この点において彼の分析はエマニュエル・トッドによるロシアの近代化分析に非常によく似ている。

下斗米伸夫はロシアの政治を、アリトテレスの政治体制カテゴリーに基づいて論証する。ここでは第一次プーチン政権の独裁政治（二〇〇〇年～二〇〇八年）、二頭政治の双頭体制《タンデム》（二〇〇八年～二〇一二年）、第二次プーチン政権の政治局（二〇一二年～現在）、そしてそれらの代わりとなりうる解釈が、一九九一年から二〇一三年にわたるロシアのエリート政治の詳細な分析に基づいて論じられている。アリストテレスのカテゴリーは独裁政治から多元性まで広い範囲を網羅しているため、過去二五年のロシア政治を理解するために有益であり、また、ロシア政治を画一的な独裁政治という枠組みにはめ込むことは、さらなる理解の妨げになりかねないと下斗米は述べる。二〇一三年から二〇一四年、意思決定の中心は大統領府、とりわけイーゴリ・セーチンと燃料・エネルギー複合体に集中している。特に、ロシアがヨーロッパ、アメリカ、そして日本の経済危機、エネルギー資源価格の下落、自己主張を繰り返す中国の行動に直面しているこの時代、ロシアの政治的手段のひとつとしてプーチンの権限が強化されることになるのではないかと下斗米は予想する。

スミルノフと下斗米はともに、ロシアの政治を鋭くかつ綿密に分析している。スミルノフは彼が言うところの新封建政治の歴史的起源を掘り下げ、下斗米はロシアのエリート政治を理解するためにアリストテレスの範疇論をうまく用いている。

日本の経済

日本の経済を論じる原田は、政治による解決と改善が待たれる日本の経済問題の主要リストを作り、各政策課題がなぜ易しく、なぜ難しいかについての理由を述べる。リストにはデフレーション、公共投資、年金、高齢者医療が含まれている。デフレを終わらせることは容易だと原田は見ている。事実、安倍総理のアベノミクスは、〇パーセントから約一〜一・五パーセントの物価上昇へと、程度は低いながらもデフレからインフレへと変えることに成功している。その手段は、二〇一三年三月以降、日本銀行によって実施された量的緩和だ。公共投資は成長を促進しているように見せかける手段として政治家が好む政策のひとつだが、原田によれば、それは無駄であるばかりか成長にとって有害ですらある。成長への対策として、原田は環太平洋パートナーシップと地域包括的連携協定の合意に代表される自由化戦略を推奨する。だが政治家が自由化に賛同するとは限らない。多くの政治家が主張する成長戦略にはまた、部門ごとや地域ごとの産業政策がある。これについても原田は、役にも立たなければ成功もしないと考える。政治家は貧しい地域に仕事を与えて収入を増やそうとする。しかしそうした貧しい地域の人々は建設産業で働くには年を取りすぎていることが多い。高齢化こそがもっとも深刻な問題なのだ。財政収入と巨額の累積赤字は、高齢者に十分な年金と医療を与えることを不可能にする。ところが政治家はその処方箋に沿って国民を説得することに及び腰である。一〇〇億ドルあまりに達するとてつもない額の累積財政赤字の問題で、原田が触れていない点がひとつある。アベノミクスが第一の矢（量的緩和）、第二の矢（財政緊縮と消費増税）、第三の矢（規制緩和と改革）をうまく推し進めていくと、長期的には財政赤字の問題が軽減されるかもしれない。二〇一四年五月現在においてデフレは止まっている。しかしながら、日経平均株価は二〇一三年二月の一万円という底値からは上がったものの、二〇一三年末の一万六〇〇〇円の最高値からは下がり始め、二〇一四年五月には一万四〇〇〇円の水準となった。もっとも深刻に懸念されるのは、貿易の自由化、研究開発の進歩、人口減少傾向の解消といった第三の矢の戦略が不足していることである。

ロシアの経済

ロシア経済に関するカレロヴァの見方は、日本経済に対する原田の見方より広くもあり狭くもある。カレロヴァが、国と社会の関係、エリートの交代、汚職、効果的な政治制度にまで広げてロシアの経済ならびに社会経済の近代化を考察しているという意味では、原田より広い。一方で、「エネルギー資源の積極的利用を促進する」革新戦略が「経済の戦略的分野を強化して、ロシアの世界的地位を向上させるために役立つかもしれない」という議論に集中しているという点では、原田より狭い。カレロヴァに目立つのは、ロシア近代化の見通しを現実的に語っているところだ。「上からの保守的な近代化」では、現状にしがみつくエリート層からいくら聞こえのよい計画やプログラムが提案されたところで、おそらくささやかな成功しかもたらされないだろう。カレロヴァが予測したとおり、プーチンの三度目の任期までには、景気づいていた資源分野の輸出による巨額の利益は過去のものとなった。章全体が中東、カフカス、中央アジアに見られるような、資源に頼った汚職まみれの発展途上経済のひとつを論じているように感じられる。

日本の外交政策

袴田茂樹は日本の外交政策に対して、みずからが言うところの、本物で現実的な見解を述べている。本物というのは、日本の外交政策の枠組みは、袴田が言う近代主義後《ポストモダニズム》の世界観に基づいており、そこでは外交政策を立てるうえで国家主権と権力政治が表に出てこないという意味においてである。この種の世界観は、民主党政権（二〇〇九年～二〇一二年）時の日本政府の外交に悪影響を与えた。その呪縛から逃れた安倍晋三率いる自民党のアジア太平洋政策における最優先課題は、第一にアメリカ主導の国際秩序をともに支えていくためにアメリカとの連携を図ること、第二に過度に中国を刺激することなく地に足をつけて中国との関係を保つこと、第三に共通点に目を向けてロシアとの関係を継続して深めていくこと、第四に東南アジア、インド、オーストラリアとの結びつきを強化すること、第五に新たなエネルギー政策を策定すること、である。

セルゲイ・チュグロフは日本の外交政策をスタテュ・ナセンディ、すなわちいまだ形成途上にあると考える。つまり、日本の外交政策は姿勢が十分に明確になっておらず、まとまりきっていないということだ。もしかすると、先の民主党政権による外交政策とのちがいを意図的に際立たせようとしているのかもしれないが、安倍晋三はアベノミクスや「アベ・ジオポリティック」などの政治的発言において、ことさらはっきりと意思表示をしている。ロシアから見れば、とりわけ目立つのが、日米関係、中国の勢力拡大、憲法改正論、北朝鮮による軍事挑発、そして自由貿易共同体への加入、交渉、その結果だ。安倍晋三の「積極的平和主義」という言葉がそれをうまく要約している。その内容は、日本は、平和、法の支配、民主主義、人権の原則に基づいて、国際秩序を維持するためにアメリカなどの各国と協力し、積極的に外交を進めるということである。ここではまたロシアの外交エリート、マスメディア、学者の見解が紹介されている。第二次プーチン政権が直面しているのは、景気が停滞して政治的に対立しているヨーロッパ、ロシアの善意をしばしば妨害するアメリカ、あちらこちらで発言と言葉にとどまらない力を誇示する中国、エネルギー資源価格の下落である。こうした世界の流れを認識しているロシアは、日本の積極的平和主義が具体的に表れているアメリカとの同盟、エネルギーと領土問題におけるロシアに対する政策、憲法改正論、中国や北朝鮮への対応について、若干の懸念を抱いている。

袴田茂樹とセルゲイ・チュグロフは、安倍晋三政権下の日本の外交政策について、合わせてふたつの特徴を示している。袴田は多少大げさに自民党政権（二〇一二年以降）と民主党政権（二〇〇九年〜二〇一二年）を比較し、一方でチュグロフは、積極的平和主義の具体的な形はまだわからないものの、日本が形成途上の状態から初期の軍国主義ならびに反露主義の既成事実化へと進んでいくのではと、いくらかの懸念を示している。

ロシアの外交政策

セルゲイ・オズノビシェフはロシアの外交政策を実利的現実主義と呼ぶ。これは意味の広い言葉である。脆弱な国家機関に膨大な仕事量が課せられているロシアは、自国の長期的発展に必要な物事に十分に集中することができず、どうしても事後対応にならざるをえない。二〇一二年以降の第二次プーチン政権は、三つの大きな困難に直面している。それは、ロシアが国家の歳入源として大きく頼っている輸出エネルギー資源価格の下落、完全回復にはいたっていないアメリカ経済の全般的な危機にからんで、やや予測不能なオバマ政権二期目の外交政策路線、ヨーロッパにおける、予想外の経済危機からの回復とクリミアやイランに関するNATO主導の反露姿勢である。国内の経済発展のためにアメリカ、ドイツ、日本から高度な技術の導入を必要とするロシアは、こうした国々ほか各国との友好的な関係を望んでいる。しかし現実は非常に複雑だ。ロシアは近隣諸国とも遠方の国々とも問題を抱えており、それが悪影響を及ぼしているうえ、その対処に追われて国家機関は手が塞がった状態である。クリミアやイランの問題は、独自の問題を抱える日本との関係をも左右する。

河東哲夫はロシア、ソヴィエト連邦、ウズベキスタンにおけるみずからの長い外交官経験をもとに、ロシアの外交政策の進化を描く。彼がロシアの外交政策形成に見るものは、ロシアの国益を損なうと考えられる物事への場当たり的な対応だ。多くの場合、国家機関が能力不足で、効率が悪く、役に立たないために、結果として権力の具現化とそれにまつわる問題が生じる。ロシアは国境とその向こう側の平和を優先させるために、外交政策の問題が次々に持ち上がり、それに対処するヴラジーミル・プーチンは行き当たりばったりになる。ロシアの優先事項が経済発展であることから、政策では資源経済とその管理に重点が置かれ、結果としてエリート集団のあいだで勢力争いが繰り返される。ロシアと日本の関係については、今後のプロジェクトははっきりしているものの容易ではない。ロシアが領土問題で歩みより、日本がシベリアと極東開発で歩みよるというのが河東の示す解決策である。しかしながら、クリミア問題はそれがいかに難しいかを示している。なぜならクリミア情勢に対する姿勢は、尖閣諸島と北方のクリル諸島（千島列島）の問題、そしてＮＡＴＯとＧ７に追随してロシアに制裁を課す日本の立場と直接関係があるからだ。クリミア問題が生じるまでは、両国とも、少なくとも外交的に一歩前へ進むかに見えていた。

セルゲイ・オズノビシェフと河東哲夫の分析は、それぞれ正反対のアングルでありながら一点に集中している。国内外で苦しめられているロシアは実利的現実主義を好む。ロシアでは優秀な人材が不足しているうえ、エリートグループ間で激しい勢力争いが繰り広げられることが少なくないために、最高レベルで即席の意思決定をせざるをえないのである。

注

＊野村財団と新潟県立大学からの資金援助に謝意を表する。

（1） Martin Lipset, *Political Man: The Social Bases of Politics*（New York: Doubledday Publishing, 1960）（S・M・リプセット『政治のなかの人間——ポリティカル・マン』、内山秀夫訳、東京創元新社、一九六七年）

（2） Alexander Gershenkron, *Economic Backwardness in Historical Perspective*（Cambridge: Belknap Press of Harvard University Press, 1962）（アレクサンダー・ガーシェンクロン『後発工業国の経済史——キャッチアップ型工業化論』、絵所秀紀、雨宮昭彦、峯陽一、鈴木義一訳、ミネルヴァ書房、二〇〇五年）

（3） Ronald Dore, *British Factory-Japanese Factory: The Origins of National Diversity in Industrial Relations, With a New Afterword*（Oakland: University of California Press,1973）（ロナルド・P・ドーア『イギリスの工場・日本の工場——労使関係の比較社会学』、山之内靖、永易浩一訳、筑摩書房、一九八七年）

(4) Albert Hirschmann "The Principle of the Hiding Hand," http://www.nationalaffairs.com/doclib/20080516_196700602theprincipleofthehidinghandalbertohirschman.pdf (accessed May 13, 2014).

(5) Jeremy Adelman, eds., *Worldly Philosopher. The Odyssey of Albert O. Hirschman* (Princeton, NJ: Princeton University Press, 2013).

(6) T. J. Pempel, *Uncommon Democracies: The One Party Dominant Regimes* (Ithaca, NY: Cornell University Press, 1990).

(7) 猪口孝「東アジア比較政治体制論——日本政治への新視覚」、『レヴァイアサン』3（一九八八年）、三一七ページ。

(8) Alexander Gershenkron, *Economic Backwardness in Historical Perspective.* エマニュエル・トッドは、日本はヨーロッパと比べてけっして遅れていないと反論している。トッドは、S. B. Hanley and Kozo Yamamura, *Economic and Demographic Change in Preindustrial Japan, 1600–1868* (1977) Princeton: Princeton University Press 1978)（S・B・ハンレー、K・ヤマムラ『前工業期日本の経済と人口』、速水融、穐本洋哉訳、ミネルヴァ書房、一九八二年）を引き合いに出しながら、女性の初婚年齢という点から見て、日本とヨーロッパは人口統計学的につりあいが取れており、人類学的にも安定していると主張している。日本の人口統計学データ（Hanley and Yamamura 1977）は、一六八〇年から一八七一年の間、日本女性の初婚年齢は二二歳から二四歳だったことを示している。その点についてトッドは、日本は人口統計学的な均衡と人類学的な一貫性という意味でヨーロッパよりも進んでいたと言うかもしれない。Emmanuel Todd, *Sekai no Tayosei: Kazoku Kozo to Kindaisei* (*La diversité du monde: Structures familiales et modernité*) (Tokyo: Fujiwara Shoten, 2013): 393.（エマニュエル・トッド『世界の多様性・家族構造と近代性』、荻野文隆訳、藤原書店、二〇〇八年）

(9) 升味準之輔『日本政党史論』、東京大学出版会、二〇一一年。Harukata Takenaka, *Failed Democratization in Prewar Japan* (Stanford: Stanford University Press, 2014).

(10) Peter Gourevitch, Takashi Inoguchi and Courtney Purrington, eds., *United States–Japan Relations and International Institutions after the Cold War* (San Diego: University of California Graduate School of International Relations and Pacific Studies, 1995)（猪口孝、ピーター・グレビッチ、コートニー・プリントン編『冷戦後の日米関係——国際制度の政治学』、NTT出版、一九九八年）

(11) Dmitri Trenin, *Post-Imperium: A Eurasian Story* (Washington, DC: Carnegie Endowment for International Peace, 2011)（ドミートリー・トレーニン『ロシア新戦略——ユーラシアの大変動を読み解く』、河東哲夫、湯浅剛、小泉悠訳、作品社、二〇一二年）

(12) Alena Ledeneva, *Can Russia Modernize? Sistema, Power Networks and Informal Governance* (Cambridge: Cambridge University

Press, 2013). Ben Judah, *Fragile Empire: How Russia Fell in and out of Love with Vladimir Putin* (New Haven, Conn: Yale University Press, 2013). 24

第2章　日本の政治——リーダー、政党、経済政策

猪口孝

1　ふりこの政治*

二〇一一年三月の東日本大震災、巨大津波と原子力発電所の事故から半年後の二〇一一年九月、野田佳彦は民主党の代表選で勝利した(1)。野田は三人目の民主党総理大臣となった。彼は、安倍晋三、福田康夫、麻生太郎、鳩山由紀夫、菅直人という五人の前任者よりも総理大臣としての在任期間が長かった。しかし、この六人には共通点がひとつある。自民党であれ民主党であれ、彼らの支持率が同じような経過をたどったのだ。当初の支持率はたいてい五〇～六〇パーセントだが、毎月五パーセント程度ずつじわじわと下がり、一年ほど経つと各リーダーの支持率はどん底の一〇～一五パーセントとなる。その時点で、まるで自動回転ドアを通ってきたかのように

次の総理大臣が現れるのである(2)。野田の在任期間がわずかに長かった一因は、増税法案を成立させたからだったとも言われている。二〇一二年一〇月現在で、野田の支持率は二〇~二五パーセントあたりをさまよっている。しかし流れは同じように見える。遅かれ早かれ、また別の総理大臣が登場するだろう。その現象についてここで説明する前に、まずは二〇一二年の大変動で日本の政治に何が起きたのかをまとめてみたい。それから全般的な評価を行うことにする(3)。

野田佳彦はどのようにして民主党の三代目総理大臣になったか

野田が二〇一一年八月の代表選で勝ったのは、民主党の結党に関わったトロイカ体制の三人が、それぞれの欠点が露呈して消えていったあとである。つまり、小沢一郎が金銭的な不正行為の容疑による起訴、鳩山由紀夫が沖縄県普天間基地問題の不手際と東アジア共同体の構想、菅直人が二〇一一年の自然災害と原子力発電所事故の処理における指導力の欠如で失脚したあとだ。代表選の決選投票では小沢の傀儡《かいらい》候補である海江田万里が破れ、反小沢派を迅速に取りまとめた野田が勝利した。野田はすぐに、この困難な時期になんとしても総理大臣とのパイプを持ちたい重要なふたつの省庁、すなわち財務省と外務省から全面的な支持を得た。民主党が圧倒的勝利を収めた二〇〇九年の選挙戦では、「国民の生活が第一」、「政治主導」(脱行政)というふたつのスローガンが掲げられていた(4)。困難な時期という言葉はふたつの意味で用いられている。二〇〇八年のリーマン・ショックと二〇一一年の大震災(地震、津波、原子力発電所)の両方が政府の財政対応を悪化させたのにくわえて、そこへ民主党の選挙公約と不適切な社会保障予算処理が重なったことである。さらに、まるで傷口に塩を塗るかのように、鳩山がアメリカ政府の支持を得ることに失敗したことで、日本は近隣諸国の「猛攻撃」にもさらされることになった。すなわち、北方領土(南クリル諸島)、竹島(独島)、尖閣諸島(釣魚島)という、地域各国が領有権を主張する三方の島々で領土問題に火がついたのである[5]。

野田の四つの使命――復興、政府の赤字、社会政策、日米同盟

野田の最優先課題は二〇一一年の震災からの復興だった。野田は被災地からのごみやがれきを迅速に処理する必要性を認識していたが、廃棄場所に指定された地域の反発で手間取っていた。それよりもさらに重要課題だった被災者の移転は急がなければならなかった。被災地から仮設住宅、そしてゆくゆくは元の場所あるいは新天地に仮ではない住居を再建できるようにする必要があった。被災者が待ち望むゴーサインが出るまでの各省庁間の調整には数カ月、あるいは一年もしくはそれ以上もの膨大な時間がかかる。経済を前に進めるためにはインフラを再統合しなければならない。水道、下水道、電気、ガソリン、道路、橋、鉄道、空港、電話、テレビ、ラジオ、新聞、郵便といった、なくてはならないものは復旧した。一方、長期、中期、短期的な計画あるいは行動、またはその両方が求められる項目が、日本列島中に点在する四〇あまりの原子力発電所である。再稼働の是非、原子力に頼らない発電方法、原子力発電所がない場合の発電効率、不必要な二酸化炭素排出を避ける発電方法、原子力発電所廃止による国際的な力関係への影響など、この鎖をとかれたプロメテウスをどのようになだめるかについて論議が続けられた。原子力発電所撤廃の是非について、世論は割れた。産業や家庭消費向けの慢性的な電力不足をまねかずに、核以外の方法で電力を得るようにするためには何年かかるのかということについても意見が分かれた。福島第一原子力発電所の事故直後にＷＩＮギャラップ・インターナショナルが五〇あまりの国で行った世論調査では、日本の世論は割れているものの、所得、職業、学歴を問わず「冷静に向き合う」傾向があることが明らかになった[6][7]。それでも、注目に値する規模と勢いの反原発デモが次々に起こり、二〇一二年八月はほぼ連日のように数千人に及ぶ人々が首相官邸前に集まって抗議活動を行った。政府、国会、非営利団体からの

評価報告に対する政府の反応から、デモの扇動者は、いくら困難でいくら時間がかかろうとも原子力発電所を全廃することについて、実際には政府が前向きではないことを感じ取ったようである。広く普及しているエコロジーや反戦を訴える人々も原子力に異議を唱えた。政府が迅速かつ有効な正式判断を先延ばししている、あるいはできないでいるとみなされたことは、支持率が徐々に下がる大きな一因となった。「決められない政治」が日本政治の特徴を表す言葉のひとつとして用いられるようになった(8)。

日本政府と国民に公平を期するために言うと、諸外国の基準から見れば復興は早い。福島第一原子力発電所を除けば、ハリケーン・カトリーナに襲われたニューオーリンズや二〇〇八年の四川大地震などの自然災害の被災地と比べると、被害にあった東北地方の復興はとても順調だといえる。

二番目の優先課題は政府の赤字である。過去四〇年にわたって、財務省あるいはその前身の大蔵省はすべての総理大臣に消費税導入や引き上げを迫ってきた（たとえば野田の引き上げが達成されれば、導入時の三パーセントから八パーセントへ、さらに一〇パーセントとなる）。逆境にもかかわらず、野田は消費増税の法律制定については手際がよかった。竹下登（一九八七年〜一九八九年総理大臣）は消費税導入には成功したが最大級の犠牲、すなわちみずからの総理大臣辞任を伴った。大平正芳（一九七八年〜一九八〇年総理大臣）をはじめとする多くの総理大臣は、税制について何気なくほのめかすか、あるいは可能性にでも触れようものなら、少なくとも支持率の大幅な下落に直面せざるをえなかった。大平総理にいたっては、一九八〇年の選挙戦で消費税導入を訴えている最中に心臓発作で命を落としさえした。野田の支持率は、二〇一二年八月に消費増税法を成立させたときにわずかに上昇している。しかしその後、まるで定めとでもいうかのように支持率はじわじわと下がった。政府の赤字に関して言えば、国民は過去四〇年のあいだ一貫して増税を拒否し続けてきた。結果として政府は長期にわたって膨大な額の国債を発行し続けなければならなかった。国債はおもに、一般的に国民の巨額な預貯金を抱えている銀行などの金融機関を通して購入されている。多くのエコノミストによれば、国債がおもに国内貯蓄に支えられているので、必ずしもギリシアのような国家破綻につながるとはかぎらない。それでも政府の予算はある意味で異常である[9]。第一に、通常の貯蓄預金が〇パーセント金利のときに、政府は銀行などの金融機関に対して、とても「妥当」とは言えないような利率で多額の金利を支払っている。国債の利払費や債務償還費の総額は政府予算のおよそ二五パーセントを占める年額二二兆円だ。それと同じくらい大きいのが地方政府への資金の移し替えで、年予算のおよそ一八パーセントにあたる一六兆六〇〇〇億円である。地方政府は、社会政策、病院、教育、警察、土地保全、交通、内部コミュニケーションなどの分野において草の根レベルでの実務を行う。残りの五四パーセントほどの予算はさまざまな中央政府の課題にふり分けられる。すなわち外交、金融、内政、健康と労働、教育と科学、裁判、財務、農業、林業と水産業、経済、産業と貿易、環境、防衛、治安、国家戦略、沖縄および北方領土、災害対策、男女平等、人口減少、地方主権、消費者保護と食品の安全、原子力発電所行政、宇宙政策、経済ならびに財政、科学技術政策、新公共財、行政革新などである。社会保障費は二六兆円で予算のおよそ二八パーセントを占める。財務省の長期戦略は二重戦略だ。第一に、多額の国債を発行するのではなく、消費税の増税によって歳入と歳出のバランスを是正する。第二に、消費税の一定割合を地方政府へ直接割り当てることで、中央政府からの移し替えを減少させるのである。

第三の優先課題は、大規模な政権交代をまねいた二〇〇九年の総選挙で公約した社会政策、社会給付の実現である[10]。二〇〇八年のリーマン・ブラザーズが発端となった景気後退時には、当時の自由民主党の総理大臣らが有権者の判断を受けないまま権力の座についていたこともあって、「国民の生活が第一」というスローガンを掲げて国民を優先するという姿勢が受け入れられやすい環境だった。かくして民主党初の総理大臣となった鳩山の支持率は七〇～八〇パーセントと非常に高くなった。その後、有権者の支持は鳩山の支持にまわったときと同じスピードで鳩山から遠ざかった。民主党を支持しない人のなかには、社会給付の約束について民主党にうそつきのレッテルを貼る向きもあるが、民主党、特に野田総理は政府の歳入から実行可能となったときに必ず約束を果たすと訴え続けている。このたび消費増税法が国会を通過したことで、民主党が二〇〇九年の総選挙で公約した最低限の社会給付を維持するのに十分な歳入に届くなら、関連法案は参議院で快く受け入れられたことだろう。政府与党は参議院では多数派ではない。野田総理が増税と社会給付のふたつの政策を明確につなぐ法案を出すとなると、自民党と公明党の支持が不可欠になる。問題は、二〇一二年八月に野田総理が述べた「近いうちに」総選挙を実施するという「口約束」に対して自民党が断固として反対し、秋の国会再開と同時に不信任案を提出すると表明したことだ。そうした自民党の姿勢のために、野田総理は国会の再開をできるかぎり先延ばしにした。一〇月初め現在、野田総理が率いる内閣の支持率は二〇〜二五パーセントの範囲である。たとえ一〇パーセントへの消費増税が二〇一五年に実施されたとしても、政府の歳入を著しく増やすことにはならないだろう。したがって、ふたつの政策をつなげるという議論は、少なくともその方向へ向けた誠実な議論であることはわかるが、薄っぺらに見える。一方、民主党の支持率が確実に蝕まれていることを見てとった民主党議員は、特に衆議院で、ひとりまたひとり、またときには束になって民主党を離党しているようである。二〇一二年一〇月八日の時点で、国会における民主党の過半数維持は危うくなっている。衆議院であと五人の民主党議員が離党すれば過半数を下まわり、野田総理にとって法律制定はいっそう困難をきわめるだろう。

四番目の課題は日米同盟である。二〇〇〇年代のイスラム原理主義者のテロ容疑に対するアメリカの一方的な政策の押しつけと、二〇一〇年代になって攻撃的になったといわれている中国に対してバランスと焦点の見直しを図る現在のアメリカの転換戦略に嫌気がさして、鳩山由紀夫と小沢一郎が率いる民主党のいわゆる「反米」派は、二〇〇九年から二〇一〇年に、アメリカから距離を置いて中国との結びつきを強化する方向へと日本の方針を切り替えようとした。その試みは国内外の反対派によって押しとどめられた(11)。これは民主党のスローガンである「政治主導」が一因でもあった。官僚、特に同盟関係に携わっていた外務省はこのスローガンと、官僚に説明も相談もなく意思決定を図ろうとする姿勢に辟易していた。さらに、小沢が訪中の際に北京で民主党議員全員に習近平国家副主席と握手するよう促したのにくわえて、鳩山はアメリカ抜きで東アジア共同体を創設するよう呼びかけて、アメリカ政府内から即座に不信感を買った。また、鳩山は沖縄県民に向けた発言で沖縄の普天間空軍基地をできれば県外あるいは国外に移転させたいと述べたが実現できず、結果として政府に裏切られたと感じた県民が激怒することにもなった。こうした行動は、政治資金不正利用容疑による小沢一郎の起訴と民主党代表辞任（小沢は二〇〇九年の総選挙直前に代表を務めていた）、さらに鳩山の総理大臣辞任へとつながった。トロイカ体制のうちのふたりが失脚した一因が同盟だったことを心得ていた菅総理は、同盟支持の方針を貫いた。二〇一〇年秋の尖閣諸島（釣魚島）をとりまく中国との領海問題をきっかけに、菅は、のちに野田総理が拡大することになる政策路線を展開させた。二〇一一年三月一一日、地震、津波、原子力発電所という三つの災害が発生した。北朝鮮の核実験の可能性に備えて空母ロナルド・レーガンを先頭に西太平洋へと向かっていた米軍は、任務を変更して日本の被災地域へと向かった。すばやく現地に到着した彼らは、そこできわめて有効な救援活動を実施した。活動はトモダチ作戦と呼ばれた。日本国民は熱狂的にアメリカの援助を歓迎した。日本人のアメリカに対する信頼は、ずいぶんと長いあいだ見られなかったほどの高さまで急上昇した。アメリカとの同盟を強調しながら、菅は二〇一一年六月に日米安全保障協議委員会を閣僚級に格上げし（「２＋２」、日本の外務大臣と防衛大臣、アメリカの国務長官と国防長官が出席）、二〇一一年末には野田が、次世代戦闘機として、ステルス性能を有して突破能力にすぐれていることを理由に、いくつかの競合機のなかからF35を選択した。菅と野田はまた、小沢と鳩山が進めた東アジア共同体には触れることなく、東アジアサミットはＡＳＥＡＮ諸国と日本、韓国、中国、さらにインド、オーストラリア、ニュージーランドを意味すると強調した。日本の政治家は環太平洋パートナーシップへの参加について論じているが、二〇一二年一〇月現在では、おそらく国内の意見の違いが妨げとなって日本の参加は遅れると思われる。

日本の近隣諸国との関係は近年になって悪化している。二〇一〇年秋に中国と領海問題で言い争ったあと、胡錦濤との会談で尖閣諸島（釣魚島）を国有化すべきではないという中国側の超えてはいけない線引きを伝えられてからわずか二日後、野田は尖閣諸島の国有化を発表した。明らかに、胡錦濤は国有化がそれほどまで差し迫った事態であると野田が伝えなかったことに激怒し、それを受けた中国指導部は中国全土で大規模な対日抗議活動を起こさせる決断をした。中国人の多くが尖閣諸島（釣魚島）は日本に盗まれたと考えているために、反日感情も高まった。一九七二年の日中国交正常化四〇周年に計画されていたイベントのほとんどはキャンセルされた。中国の抗議デモ参加者が多くの日系店舗や工場を襲った。一方で、韓国との関係もまた悪化した。二〇一二年八月に、イ・ミョンバク大統領が竹島（独島）に上陸したのである。大統領は記者団に向かって、二〇一二年春に韓国の犠牲者が損害賠償を請求できるという判断が憲法裁判所で下されたことを受けて、行動に駆り立てられたのだと語った。イ・ミョンバク大統領は戦時中の韓国の人権記録（慰安婦がほのめかされている）を是正する行動を起こしていないことで非難されている。だが日本政府は無神経にも、戦争関連問題は一九六五年の日韓基本条約をもってすべて解決済みとの主張を貫いた。二〇一一年五月に東京で日中韓の三カ国協力対話が行われたとき、三首脳はそろって被災地を訪れた。だが対話は二〇一二年春には行われなかった。代わりに野田は、九月にウラジオストクで開かれたアジア太平洋経済協力（APEC）会議の外で、イ・ミョンバク、胡錦濤にそれぞれ個別に「言葉をかけた」。それは会話ですらなかった。

グローバル化時代の日本の政治

遠くから眺めると、二〇一二年の日本の政治はマクロ的にどう見えるのだろうか。そこでは三つの特徴が際立っている。第一に、国境を越えた市民社会の関係が目立つようになった(12)。日本の市民社会は領土問題で目を覚ました。なぜ領土紛争が表に出てきたのか、なぜ日本政府は近隣諸国の政府からだけではなく、近隣諸国の市民社会からの反発に備えができていないように見えるのかとやや困惑しながら、日本の市民社会の一部は愛国的になることでこうした反発を自衛する態度に出た。尖閣諸島、竹島、北方領土に対する政府の妥協しない姿勢を反映するかのような愛国心の高まりが顕著になった。同時に、日本の市民社会は自分たちが言うところの自国の弱さと備えのなさを嘆いた。一方で、それにひけをとらない数の人々が問題を冷静に受け止めたようである。日本の政治との関係からもっとも注目すべき点は、市民社会の一部が、近隣諸国の市民社会がきわめて上手に行っている行動に目を向けたことである。中国や韓国に見られる例を挙げるならば、たとえば、中国の女性作家崔衛平《クイ・ウェイピン》が先頭に立ち、「日中関係に理性を取り戻そう」と題してインターネット上で連携して中国の知識層に訴えかけている行動がそれだ[13]。訴えの支持者は日本政府による尖閣諸島の国有化には強く反対するが、同時に以下に対しても異議を唱えている。一、愛国意識を利用して自己利益を追求している政治集団。代わりに政府の責任と中国国民を導く根拠を示すよう問うべきだと訴える。二、反日デモの暴力。これは多くの中国国民を代表した行動ではないと主張する。そして三、日本関連書籍の発行禁止である。一方、韓国にも同様の動きがあることが日本でも報告されている。中国や韓国の市民社会のさまざまな行動が、日本の市民社会にどれほどの影響を与えるのかは正確にはわからない。しかしそれが広く読まれている日刊紙や月刊誌、同様にインターネットを通しても報告されているという事実に変わりはない。日本でも、韓国や中国でも、過去には権威的な政府の発言がそうした影響をかき消していたように思われる。膨大な数の教養ある市民とインターネット利用者が、感情をかき立てる側でも冷静を呼びかける側でも、国境を越えて行動しているのだ。国民には自国の政治に言いたいことを言う権利があることを人は忘れがちだ。だがその事実ですら時代遅れである。二〇一二年初め、ギャラップ・インターナショナルは五〇あまりの国々でアメリカ大統領選挙に関する世論調査を行った[14]。北アジア、すなわち中国、日本、韓国、香港では、平均して八〇パーセントの回答者が、アメリカ大統領選挙が自国に影響を与えるかどうかという質問に肯定的な返答をしたことは驚くにあたらない。だが、北アジアの回答者の四九パーセントもの人が、あなたの国の国民にアメリカ大統領の選挙権を持たせるという提案に同意するか、しないかという質問に肯定的な回答をしたことはいささか驚きである。もし合法的に国内でも国際的にも法律が制定されたとしたら、アメリカ・北アジア国の北アジア地域はまぎれもなくオバマ支持だろう(15)。

第二の特徴は、グローバル化の波が押し寄せるにつれて、国内にある社会の中間組織が、数という点でも勢いという点でも減少するということだ。中間組織とは、おもに国家と国民のあいだで社会のさまざまな関心を代弁したり仲介したり、あるいはその両方の役割を果たす組織を指す。そこには利益団体、政党、官僚、軍、議会、非政府組織などがすべて含まれる。たとえば政党を取り上げてみよう。ポール・ホワイトリーは縮小する政党（ポリティカル・パーティー）活動をもじって「パーティーは終わり？」と修辞疑問で述べている(16)。彼が集めた数字にはイギリスだけにとどまらず、世界全体からのものが含まれている。日本の政党は以前から、草の根レベルの党員ではなく議員が優勢な政党である。政党の党首選に出馬する立候補者の必要条件を見れば、日本の二大政党である民主党と自民党のいずれにおいても自分の党の一定の議員数だけが立候補の条件だ。二〇一二年九月の与党民主党の代表選挙、あるいは自民党の総裁選でも、ひとつの特徴だけははっきりしている。自民党の有効票総数が四九万一二〇五票、一方の民主党では党の有権者の合計が三二万六九七四票だった。党員数の減少は中間組織のいたるところで起きている。その理由について、ここでは三つの推測ができる。ひとつ目は、現在では政党を含むいくつかの中間組織は国からの助成を選択できることである（日本では総務省から）。ふたつ目は、非政府組織は非課税組織として登録すると国の監視下に入るということ。そして三つ目は、国民は今では自分たちの代表である議員を通さなくても自由に自分の好みや意見を述べられることだ。彼らはみな国境を越えて参加している。ギャラップ・インターナショナルの世論調査結果がそうした進化をはっきりと証明している。

第三の特徴は、たとえば三〇年あるいは五〇年前と比べると、市民が多忙になっていることである。仕事は以前より組織化され、厳密に監視されている。仕事のグローバル化も進んでいる。能力とチームワークを継続的に高めていかないかぎり、自分の賃金上昇やその他の権利の向上は期待できない。つまりそれは、仕事が種々のストレスと結びついていることを意味する。インターネット、スマートフォンなどの機器はコミュニケーションと共同作業を容易にする。中間組織はもちろん重要だが、その度合いは下がる。二〇〇〇年代になって、インターネットで身をかためた市民、いわゆるネット市民《netizen》は北アジア、特に日本よりも中国と韓国で着実に増加してきた。二〇一〇年代に入ると、日本のネット市民の増加もそれに追いついたように見える。大阪を中心とした維新の会や名古屋の減税日本などが地域主導で出現した背景には、ひとりでいるのが好きだが電子機器を用いて他者とつながることも好きなネット市民の発展が大きく関わっている。彼らはひとりでいるけれども、つぶやく《ツイートする》ことで他者とつながりたい人々である[17]。条件さえ合えば、階級や部族に基づく社会や冷酷な能力主義社会よりも、ネット市民優位であるほうが日本社会にとっては気楽であるように見受けられる。スタイン・ロッカンやシーモア・マーティン・リプセットが描く階級に基づく社会はヨーロッパ社会を捉えている。部族に基づく社会はアフガニスタン社会に語りかける。そして冷酷な能力主義社会は違いはあれど、中国とアメリカを映し出している[18]。日本の社会はエリート意識を容易には受け入れないため、ビジネスや政治のエリートは一般人のように見えなければならない。日本経済団体連合会の第四代会長だった（一九七四～一九八〇年）土光敏夫は貧しい農家出身だったことにくわえて、一膳のごはん、豆腐のみそ汁、わさび漬け、めざしという質素な朝食が日課であったことでも知られている。人々が彼の言葉に耳を傾けたのは、彼がほかの人と同じように一般人の家柄だったこともひとつの理由だった。日本の官僚エリートには他の社会の官僚エリートと異なる点がひとつある。日本の官僚には修士号や博士号などの高い学位を持っている人間がほんの一握りしかいないのである。インターネットが社会に普及すると、階級、宗教、民族、富、功績などの多くの境界線がぼやけてくる。あるいはトーマス・フリードマンの言葉を借りればフラット化するのだ[19]。グローバル化のなかで日本社会のフラット化はいちだんと容易になっている。感情が一塊になって一方向へゆれると、多くの市民がその方向へ傾く。同じように、共感度が下がれば、多くの市民が一夜にして反対方向へ離れていくのである。

日本の政治はこのあともまたすぐ、このふりこのような揺れを繰り返すのだろうか？　そうでもないかもしれない。スマートフォンなどの電子機器を使って、二〇一二年夏の耐えられないほどの蒸し暑さのなかで、二〇一一年三月一一日の災害以来停止していた原子炉の再稼働を決断した野田総理に、繰り返し抗議した何万もの人々を見てもらいたい。抗議の規模はこの半世紀にはない空前の水準に達した。一九六〇年五月、日米協定の改定が定められたことをめぐって抗議行動が起き、国会とその周辺に大勢の人が抗議に集まった。その影響は絶大だった[20]。当時総理大臣だった岸信介はただちに辞任した。しかしその規模は原子力発電所の再稼働に反対して集まった人々の比ではない。原発に反対する人々とその活動に関する新聞やテレビの報道は明らかに過小報告だった。野田総理は一度だけ抗議者の代表と官邸で会談することを承諾した。半世紀前に岸総理が抗議者に国会を囲まれて辞任せざるをえなかったという考えは、野田の頭にはおそらく一度も浮かばなかったのだろう。野田総理は辞任しなかった。それでも支持率は下がり続けている。そして民主党を離党する議員も止まる気配はない。

反原発の抗議のみならず、米軍基地に反対する反米抗議活動も勢いが衰えない。一九九五年、沖縄でふたりの米海兵隊員が少女に性的暴行をくわえた。それが引き金となって、日本政府は密集した市街地にある米海兵隊普天間飛行場を、それより人口の少ない辺野古の海岸へ移設する交渉をアメリカ政府と始める決断をした。一九九六年には、橋本龍太郎総理とビル・クリントン大統領が率いる日米両政府が、東アジアの米海兵隊中核部隊を移転させる同意書に署名した。その一九九六年以降、米軍基地に反対する抗議活動は程度こそ下がったもののあとを絶たない。二〇〇五年、ドナルド・ラムズフェルド米国防長官は、北朝鮮問題でソウルへ出向く途中で、この問題の進捗状況について確認しようとした。彼が心底驚き困惑したことに、共同声明から一〇年が経過していたにもかかわらず移設問題は何ひとつ進展していなかった。冷戦終了直後、日本の政治は自国の問題にかかりきりだった。自民党は徐々に崩壊して、一九九三〜一九九四年には一時的に政権の座を失った。一九九五年に海兵隊による少女暴行事件が起きたときには、日本社会党と自民党が連立を組んでいた。その後、一九九八年になって自民党単独政権が復活し、社会党が連立からはずれた。しかしそれから一〇年のあいだ、日本の政治は自民党政権下で不安定なままだった。小泉純一郎の在任期間（二〇〇一～二〇〇六年）は一時的に人気が沸騰した。そして二〇一二年一〇月一六日、また別の米海兵隊員が別の女性を暴行した。この事件が起きたのは、ヘリコプターと飛行機がひとつになったような長距離輸送機オスプレイの配備に反対する反米抗議活動が行われていたさなかのことだった。このときもまた、新聞とテレビは反米抗議活動の大きさを過小報道した。

結び

原子力発電所の再稼働と米軍基地に反対するデモと並んで、ふりこのようにゆれ動く有権者の動きと頻繁なリーダーシップの交代は今後も続くと言っていいだろう。ジュゼッペ・ディ・パルマは一九七七年に『Surviving without Governing（統治せずとも生き残る）』と題して、イタリアの政治体制に関する本を出版した[21]。二〇〇六年以降、自民党と民主党によって一年に総理大臣ひとりのペースで立て続けに作られた政府も、同じような方法で評価できるかもしれない。あるいは、二〇〇六年から二〇一二年の日本の政治にこの本の題名を利用するのは残酷だろうか。いずれにせよ、有権者の支持がふりこのようにゆれ動く傾向はまだしばらく続きそうである。

日本社会における国境を越えた影響力の浸透、中間組織の減少、官僚エリート主義の衰退、そして能力主義は、二〇一〇年代、特に二〇一二年の日本政治に顕著な特徴をなおさら際立たせているように思われる。かくして、有権者はまたすぐにふりこのように支持を変える。二〇一二年に民主党が直面した逆境の数々にもかかわらず、野田総理は巧みに立ちまわった。けれども野田は総理の在任期間を縮める方向へ作用する、半ば自動的な構造の力に対抗して走り続けることはできなかった。徐々に減り続ける民主党の議員数。八月下旬に安倍晋三に向かって近いうちに総選挙を実施すると約束したにもかかわらず、はなはだしく総選挙を先送りしていることに対する世論の圧力。そのふたつを天秤にかけた野田総理は、二〇一二年一一月一六日、みずから命じて総選挙に立ち向かった。賽は投げられた。結果は民主党の大敗と自民党の圧勝だった。民主党は五七議席（選挙前は二三三議席）、自民党は二九四議席（選挙前は一一八議席）を獲得した。矛盾しているのは、小選挙区で五九・三二パーセント、比例代表で五九・二一パーセントと、第二次世界大戦後初の総選挙が行われた一九四六年以降で投票率が最低だった一方で、政党数は占領下で次々に誕生した一九四六年に次いで多くなったということである。有権者が無関心にならずにはいられないのに、立候補者のあいだでは飽きずに論戦が繰り広げられているという食い違いだ。自分の選ぶ政党が中間組織として自分にとって役立つものであるのかどうか、有権者は当惑していた。多くの人から見れば、民主党は明らかに破綻状態であり、自民党は古くさい。知らぬ神よりなじみの鬼という考えにこだわる人が多いなかで、きのこのように急に増殖した多くの小政党はあまり信用できない。候補者は自分こそがふさわしいとばかりに議席の獲得に必死だった。団結すれば総務省から政党に政党交付金と呼ばれる恩恵を受けられることを知る自民党候補者は結束した。民主党の看板を背負って立候補すれば議席を失うことは確実だと考えた民主党議員は次々に離党して、便宜的に新しい小さな政党を作った。

二〇一二年一二月二六日、安倍晋三が国会で内閣総理大臣に指名され、内閣を組織した。二〇一二年一二月二八日、安倍晋三内閣の支持率を調べた世論が大手各紙で報じられた。それは五五～六五パーセントにわたっていた。安倍はこの内閣を危機突破内閣と名づけた。内閣にはふたりの重要人物が配された。かつて総理大臣を務めた麻生太郎副総理兼財務大臣、そして菅義偉官房長官である。麻生は経済政策と防衛政策の両方で安倍に非常に近い。菅は一貫して安倍に忠実である。岸田文雄外務大臣と小野寺五典防衛大臣は重鎮とはいえないので、安倍、麻生、そして主要な複数の総理大臣補佐官がとりしきるのだろう。注目すべき点はふたつある。インフレ目標に絡んでどのようにマクロ経済政策を転換するのかということ、そしてアメリカ、中国、韓国との相互関係をどのように強化あるいは修復するのかということだ。自由貿易や原子力発電所など扱いの難しい過熱した問題は、二〇一二年一二月の自民党総裁選で戦った林芳正と石原伸晃のふたりに任された。党の重要ポストでは、二〇一三年七月の参議院選挙での勝利を念頭に、自民党総裁選において地方の議員票で圧勝した主要対戦候補の石破茂が幹事長に任命された。安倍は有権者のふりこのような悪循環を止めたいと考える。現状を打破する手段と戦略で武装した内閣ならできるにちがいない。

2 混乱状態の政党*

ドミートリー・ストレリツォフ

日本の政党制度

政治学においては、政党は特権や権力に抗議する形で誕生するというのがもっとも一般的な見方である。しかしながら、日本の政党はそうした役目を果たしたことはない。現代の政党制度が誕生してからというもの、日本の政党は時の権力体制のなかで組織され、反対勢力に対抗する力の手段として存在してきた。一九〇〇年に初の政党内閣を結成した最初の大きな寡頭政党、政友会の主たるイデオロギーは政権の右に座すだった。

二〇世紀を通して、政権を取っていない、あるいは取ったことのない党は政党などではないというのが日本の通念だった。この考えに照らし合わせれば、党が政権の座について、党員が内閣入りや意思決定における重要ポスト就任などの特権を得ることこそが、党の究極の活動目的と存在意義ということになる。

実際、第二次世界大戦後の日本の意思決定は、支配陣営だけが政治的影響力を行使できるのは当然だと考える特徴を持っていた。与党自由民主党（自民党）の多分野にわたる政務調査会は政府のいくつかの機能と重なっており、政府法案の行く末について強力な発言権を持っていた。また、与党の議員が国会内で多数派の派閥や圧力団体を形成した。

日本の政党のきわめて重要な特徴はもうひとつ、過度に政略的なことであり、その結果、イデオロギーが漠然としていて無節操でさえある。多くの人の目には、政党は有権者のニーズに応えることをおもな仕事としておらず、党員に対して権力への道を開く互助会であるかのように映る。指導者が過度に実利主義で、権力抗争で道徳が軽視され、短期的な目標のために基本方針が安易に犠牲となることから、政党に対する有権者の失望感は広がっている。もっともよく知られている例は社民党で、連立与党を組んだとたんに安全保障条約への反対を撤回し、実際に党の自滅をまねいた。個々の政治家においては、優勢な勢力に応じて所属政党をころころと変えることが日常になっている。選挙で勝つためならそれまでの罪は帳消しにされ、かつて離党した政党も含めてどこでも喜んで歓迎してくれる。たとえば、二〇〇五年の小泉郵政改革に反対して自民党を追放された裏切り者の議員が、二〇〇六年の安倍晋三政権では復党を許されている。

「五五年体制」時代、自民党はみずからを、いかなる社会層の有権者でもほしい「もの」が見つかる「スーパーマーケット党」と位置づけた。主要野党だった社会党の支持層が、おもに輸出産業で雇用されていた労働者の利益を反映させる大企業の労働組合で形成されていたのに対して、自民党が国民全体の利益のために活動すると訴えたことは、冷戦下の構図では受け入れられるものだった。この二極のあいだのイデオロギー闘争は主として外交政策課題に向けられていたが、一九六〇年代以降、有権者の関心は持続的に低下していった。冷戦時代が終わるとイデオロギーの二極性は当初の拠りどころを失い、政党間で対峙する限られた空間は消滅した。日本社会党や日本共産党といったイデオロギー政党の役割は著しく狭まり、結果として大衆の支持を失った。

一九九三年から一九九四年に行われた政治改革では、首唱者は、行政制度における政党の役割を強化したいと考えた。彼らが目指したのはアメリカやイギリスをモデルにした二党体制の構築で、それはつまり二大政党が周期的に政府と野党を入れ替わることを意味する。しかしながら、その改革によって、各政党が戦略的な選択肢として異なる概念を本格的に競合させることにはならなかった。実際にはすべての政党が「きれいな政治」、「弱者支援」、「地方分権」など、似たりよったりのマニフェストで有権者に訴えたのである。彼らはこぞって「暗い」

過去から脱却して、官僚から政治家への権力の再分配、汚職の根絶、福祉の強化などを目指す改革と取り組む意志を表明した。小泉の構造改革で党の計画からいくつもの事項が「盗まれた」と主張した民主党のように、ときに政党は自分たちが剽窃《ひょうせつ》の被害者だと考えさえした。結果として、イデオロギー闘争の主要な対象であるはずの政党に一種の自己喪失感がもたらされた。

一九九三年から一九九四年の政治改革以降、実質的にはどの政党も、急を要する多くの課題に対して異なる政治的アプローチを用いて一線を画すことができなくなった。自民党政権が政治課題として次々に導入した「政治改革」「行政改革」あるいは「財政改革」のスローガンは、実際には大衆から幅広い反応を得られなかった。一方で、校内暴力、非正規労働者の収入、男女不平等、高い自殺率など、実際には有権者の気持ちに近いはずの「小さな政治」や「地方政治」は、ほとんど完全に党のマニフェストからはずされ、公開討論でも取り上げられなかった。

事実、政党は有権者の心をつかむことに失敗した。世論調査によれば、一九九〇年代半ば以降、有権者のほぼ半数は既存の政党のいずれも支持していない。ほとんどの選挙で六〇パーセントもの票が「浮動票」だと考えられている。もうひとつ注目すべき傾向は三〇パーセントを下らない高い棄権率で、二〇一二年末には前代未聞の四〇パーセントの水準にまで上がった。

その理由の一つは、政党が、有権者のニーズを調査して結果を党本部に報告するアメリカ式の「フォーカスグループ」を作らなかったことである。たとえば、一九九〇年代の自民党は、政治資金規制法で定められた国からの政党交付金のうち、わずか一パーセントしか調査（地方の状況調査と政策概念の作成）に使わなかった。残りは広報と事務所費を賄うために用いられた。

二〇〇九年の政権交代後でさえ、二大政党体制を作ると口では言うものの、自民党と民主党は主要な公共政策の問題で、互いをそれぞれ「保守」と「リベラル」に区別するだけの境界線を引けなかった。安全保障条約、アジア統合、地球温暖化、核拡散の脅威などの課題に関する両党のマニフェストに実質的な差はなかった。財政、税、経済政策のほとんどの領域でも似たような見解が認められ、それより程度は低いものの、国の社会的機能に対するアプローチでも、民主党がヨーロッパをモデルにした社会保障制度の提案者としてみずからを位置づけたのに対して、自民党は社会問題に向けて「自助努力」のアプローチを取ると主張するにとどまった。

日本の土壌に「伝統的」イデオロギーの対立を根づかせることの難しさ

二党体制を取る西側民主主義諸国の主要政党間に見られる「伝統的な」区別では、リベラルと保守というふたつのイデオロギーが対立していることが基本である。日本では、保守が政治的な選択範囲内の特殊な位置にあるため、この枠組みが通用しない。

日本思想史のなかで、保守というイデオロギーはいつも隅のほうに位置してきた。哲学と美学の伝統によって、保守が強大なイデオロギーの場に成長することが妨げられてきたためである。その結果、保守が主要な政治問題に対処する国家的概念となったことは一度もない。

第二次世界大戦後、イデオロギー対立の軸は外交と経済政策で異なる姿を見せた。五五年体制では、アメリカを支持する政治集団は「保守派」と呼ばれ、共産圏と連帯することに前向きな集団は「革新系」と名づけられた。国内政策においては、「保守」に属することは特権集団の「特別な利益」に預かることで、ひいては社会の進歩を拒否することと結びつけられ、したがって「保守である」という言葉は反革新を意味する「反動的である」と同義語になった。

この状況の矛盾点のひとつは、「保守派」がしばしばリベラルやさらには社会主義政策の擁護者として活動したことである。半世紀以上にわたって政権の座についていた自由民主党が戦後の日本経済の道を切り開けたのは、イデオロギーの固定観念に縛られることなく実利的で柔軟だったからだ。

戦後の日本国内の暮らしでは、奇妙なことに、保守は平等主義に基づいており、社会的格差、対峙、発展の不均衡は避けるべきという考え方に則っていた。こうした考え方の支持者は、地方から出てきたけれども出身地との結びつきは失っていない都会の人々で構成されている中流階級だった。国内政策は、個人あるいは地方間の差をなくして日本社会をきわめて同質にするべく、おもに経済成長から生じる所得の再分配にかぎられていた。保守的な考え方を広めるにあたっては、「会社」という企業組織が重要な役割を果たし、また会社は、市場経済の社会的費用を最低限に押さえたい政府にとって富の再分配政策のターゲットにもなった。

一九九〇年代の初めごろまでには、長引く景気停滞の影響で、余った富の再分配を行う政治権力の役目は著しく減少した。政治集団は地方から出てくる人々の地元を慕う気持ちに訴えかけることができなくなり、選挙区の有権者に政治計画や国の目標でアピールする必要に迫られた。その結果、地域あるいは市町村に基づく保守という社会基盤は弱まり、その低下は小泉内閣の構造改革によって加速することになった。

実際、社会発展モデルの選択肢はそれほどたくさんあるわけではない。数年前、日本の研究者である山口二郎と宮本太郎が、日本にとってもっとも望ましいモデルはどれかという調査を実施した。「スカンディナヴィア諸国のように福祉に重点を置いた社会」、「昔の日本のように終身雇用に重点を置いた社会」、そして「アメリカのように競争と効率に重点を置いた社会」の三つのモデルが挙げられた[1]。言い換えれば、選択肢は、国が保証する非常に発達した社会保障制度はあるがきわめて高い税金を伴う社会民主主義、社会保障は少ないが税金は安く、国民生活に国はほとんど干渉しない市場原理主義、そして法人税が高くて所得税が安く、国は国民生活にほとんど干渉せず、家族や地域といった昔からある日本の社会制度が社会問題と取り組むうえで重要な役割を果たす「日本人の価値観」の三本の道からの選択である。この選択肢は日本に固有のものではないことは述べておくべきだろう。しかしながら、日本では高齢化によってその重要性がますます高まっており、社会保障問題は国の政治議

表2-2-1　発展モデル別の国民の支持

支持政党	アメリカのように競争と効率に重点を置いた社会	スカンディナヴィア諸国のように福祉に重点を置いた社会	昔の日本のように終身雇用に重点を置いた社会	わからない／無回答
合計	6.7	58.4	31.5	3.4
自民党	6.3	50.3	41.4	2.0
民主党	5.5	61.3	31.5	1.8

出典：Jiro Yamaguchi and Taro Miyamoto, "What Kind of Socioeconomic System Do the Japanese People Want?" Posted Japan Focus on March 28, 2008, http://japanfocus.org/-T-Miyamoto/2709 (accessed August 29, 2013).

題のトップに挙げられている（表２-２-１を参照）。

多くの日本人にとって、昔ながらの道徳規準と相反するアメリカモデルは実行可能な選択肢には見えない。現実的な選択肢は、民主党に代表される社会民主主義か、自民党が掲げる「日本人の価値観」による自助努力のアプローチである。それでいて多くの人々は、高い年金と質のよい医療といった手厚い社会保障を夢見ながら、悪名高い消費税のような高い税金を払ったり国の保護に頼りきりになったりすることには反感を示す。

近年実施された多くの選挙結果からは、心の拠りどころとしてふたたび登場したかに見える「日本人の価値観」に国民の関心が高まってきていると解釈できなくもない。こうした価値観は明らかに保守の精神と結びついているため、「保守ルネサンス」が起こりつつあり、保守のイデオロギーが独創的な主張として復興しつつあると言えるのかもしれない。「日本人の価値観」の支持は続いているものの、将来の経済繁栄においてそれだけを頼りにできないことは明らかである。政治集団はのきなみ極端な新自由主義に対してきわめて否定的なために、経済は自発的な市場の力に委ねておかなければならないことを考えると、日本社会にとってもっとも有力なシナリオは、日本ならではの特徴を備えた社会民主主義の道だろう。正確には、「日本人の価値観」と「社会福祉国家」の組み合わせである。つまり、今日の日本のパラドックスは新自由主義の拒絶が根底にある保守主義と社会民主主義の結合であり、そこから社会発展の新たな「異種混合《ハイブリッド》」モデルが生まれつつあるということになる。

二〇一二年総選挙における政党間のイデオロギーを差別化する軸については、堺屋太一の最近の書籍に興味深いアプローチが示されている(2)。彼は政党を二次元のグラフに分け、横座標を「供給者目線」から「消費者目線」へ、縦座標を「現体制の維持」を望む立場から崩壊させたい立場に置く。堺屋が分析した環太平洋パートナーシップ（TPP）、原子力エネルギー、消費増税に対する各党の姿勢から、自民党が依然としてもっとも幅広い見解を持つ万人向けの「スーパーマーケット」党であるのに対し、民主党は改革派と現状維持派がいるものの、明らかに「供給者目線」だという結論に達する。堺屋によれば、強い改革精神を伴い、明らかにもっとも「消費者目線」を持つ党は日本維新の会とみんなの党であり、それに対してエコロジー第一のアプローチを取る日本未来の党は消費者目線に立ってはいるが改革には消極的だという。

この調査は、日本の政党政治の未来に多くの疑問を投げかけている。「消費者―供給者」の立場を表す軸と「リベラル―保守」（あるいは「市場―国による規制」）の「伝統的」ジレンマのあいだにはどのような相関関係があるのだろうか？　市場優先の原則は「消費者」と、規制優先は「供給者」と結びついていると考えてよいのだろうか？　「体制の維持」は政治的な意味で「保守」と呼んでよいのだろうか？　いずれにしても、日本の政党マニフェスト間の競争は、西側諸国に根づいている古典的な「イデオロギー」のモデルを根拠としていないことは明らかである。日本のケースは独特なのだ。

二〇一二年衆議院総選挙の結果

二〇一二年一二月の総選挙は、国内の政治勢力図を劇的に塗り替えた。少なくとも表面的には、政府の変化はそのわずか三年前に起きたものに劣らず驚異的で、もしかするとそれ以上に衝撃的だった。

与党民主党が長年のライバルである自民党に打ち負かされ取って代わられるだろうということは、長いあいだ言われ続けていた。また、自民党が議会構成で安定多数を獲得するだろうということも予想されていた。しかしながら、いくつかの展開は経験豊富な政治評論家をも仰天させた。

第一に、変化の規模が驚くほど大きかった。民主党が維持した議席数は、選挙前の二三〇議席の四分の一にも届かない五七議席だった。予想されていた小選挙区だけではなく、これまでなら比較的安全だと考えられていた比例代表選挙区でも、民主党は手痛い敗北を喫した。比例代表で民主党が獲得した議席はわずか三〇で、四〇議席を獲得した日本維新の会に次ぐ第三位だったのである。

第二に、議席を一一八から二九四に増やした自民党の勝利は予想を超えていた。自民党は一九県で県内すべての小選挙区の議席を獲得するという圧倒的な勝利を手にした（三年前は二県でしかそれが達成できなかった）。以前から連立を組んでいる公明党と合わせれば、自民党は今や衆議院で三二五議席を支配できる。言い換えれば、連立与党で衆議院の三分の二という特別多数を占めることになり、参議院の拒否権をくつがえしていかなる法律でも制定することが可能になる。二〇〇九年に衆議院の自民党議員が三〇〇から一一九に落ち込んだとき、多くの人がこの党の回復に少なくとも一〇年はかかると考えた。だが、民主党が不手際のせいで多くの支持者を失ったことは、自民党にとっては思いがけない幸運だった。

第三に、この二党以外の政党の結果が予想されたよりも著しく悪かった。たとえば、社民党はわずか二議席、共産党は選挙前の九議席に対して八議席しか獲得できなかった。みずからを「第三極」と位置づける日本維新の会と日本未来の党の成績も同様にふるわなかった。日本維新の会は期待していた一〇〇議席には届かず五四議席で、民主党に次ぐ三位となった。代表の石原慎太郎が少し前まで知事を務めていた東京の小選挙区では一議席も取れなかった。選挙前には衆議院で六一議席を有していた小沢の日本未来の党に関しては、獲得議席九議席では完全なる敗北としか言いようがないだろう。「有望株」のなかでは、一八議席と数を倍以上にしたみんなの党だけが唯一成功したと言える。

第四に、投票率がかつてないほど低かった。六〇パーセントを下まわり、前回よりも一〇パーセントあまり下がったのである。投票率の低さは、一九九四年に小選挙区制が導入されてから顕著になった。日本の有権者はぎりぎりまで選択に迷う。読売新聞が実施した世論調査によれば、投票日の一〇日前にあたる一二月七日になってもまだ四分の一以上の有権者が決めかねていた。つまり、選挙は、有権者の甚だしい無気力、政治的無関心、投票の目安の欠如に直面しているのである。

選挙結果は数々の疑問を生み出した。なぜ日本人はつい最近信頼を失ったばかりで、選挙前の支持率が二〇パーセントに届かなかった政治勢力に投票したのか？　近年まで現代日本を左右する有権者だった無党派層のあいだに蓄積した現状への不満が、自民党に有利に働いたのはなぜか？

まちがいなく、おもな理由のひとつは与党に退場を望む気持ちがあったことだろう。多くの有権者のあいだに広がっていた民主党に対する感情は失望、そして憤りでさえあった。民主党は、勝利を収めた二〇〇九年の選挙公約をほとんど果たさなかった。子どもに対する幅広い福祉、農家への戸別補償制度の制定、高速道路の無料化は導入できず、消費税は引き上げないという約束を破った。もっとも消費税については、民主党自体が二年前に政綱で無効であることを認めてはいた。厳しい経済状況も民主党にとって逆風となった。国内総生産（ＧＤＰ）は停滞したままで、選挙前の四半期はすべての動向がマイナスだった。正確な数字から判断すると、民主党の二〇〇九年マニフェストに記されていた一七〇項目のうち、政府が達成できたのはおよそ三〇パーセントのわずか五三項目だった[3]。

専門家である官僚の権限を弱めて国政に対する与党政治指導者の特権を強化するという「政治主導」を実現しようとした民主党の試みは、不成功とは言わないまでも、少なくとも不明瞭だったと言えるだろう。民主党が始めた官僚「たたき」キャンペーンは、政府の財務効率を上げることもなければ、判断の質を向上させることもなかった。それとは逆に、いくつかの例では政治家と官僚のあいだに不自然な摩擦が生まれたことで麻痺状態になったり、明らかな敵意が生まれたり、政治の最高峰で下された決断をあからさまに官僚が無視したりすることもあった。他にも、改革によって政府の技術官僚部門の自発性が失われたりもした。恐れをなした官僚は上からの指示を待つだけとなり、かたや政治家は能力不足か情報不足か、指示を出すことができなかったのである。たとえば福島での原発事故後の関連政策のように、政府による手際のよい取り組みが特に求められた場面では、それがなおさら目についた。福島の惨事に対する民主党の対応は率直に言って悪かった。事故直後の内閣の不活動は「犯罪」と批判されて当然である。専門家によれば、そのせいで本来なら回避できたはずの巨額の損害を被った。

民主党指導部が試みたロビー活動の廃止もまた完全な失敗だった。民主党が政権についた直後、うわさどおり政策調査会が廃止された。族議員の拠点とみなされていたこの部会の廃止は、政策決定過程から排除された党の平議員から広く不満をまねいた。そのため廃止からわずか一年後に、党の指導者はほぼ同じ形で組織をふたたび創設しなければならなくなった。

外交面でも民主党の失敗は続いた。普天間基地を沖縄県外に移設するという約束を果たせなかったため、民主党代表の鳩山は総理大臣就任から一年もたたないうちに総理辞任に追い込まれた。多くの人が、日本の中国、韓国、ロシアとの関係が冷え込んだのは民主党の責任だと非難している。ひょっとすると民主党政権下で、戦後何十年も経って初めて、日本は「四方を囲まれた要塞」のような立場にいると感じたのかもしれない。

もうひとつ、多くの有権者が民主党から離れた理由は、党が立場のはっきりした一枚岩に見えなかったことである。公共政策の根本的な問題について立場の異なる党内のさまざまなグループが目に見えて対立したことで、党が引き裂かれ、民主党としてあいまいではない明確な決断を下すことができなかった。有権者の目に映った党のイメージは、小沢の支持者と反小沢派のあいだで延々と続く内輪もめだった。二〇一二年八月に小沢グループが離反したあとでさえ、民主党の自滅の動きは終わることがなかった。野田の忠告にもかかわらず、その後数カ月で二十数名の国会議員が民主党をあとにした。さらに、残った民主党代議士の多くは党の規則を無視して、正式な党の決断に公の場で異議を唱える始末だった。ほかにも、たとえば原子力発電所の未来、日本のTPP参加などの問題について野田の発言が二転三転したことは、党の信頼のためになったとは言いがたい。民主党はまた、緊急の公共政策に関する多くの課題で首尾一貫した道筋を描けなかった。本格的な政治綱領としての魅力に欠けた民主党のマニフェストは、朝日新聞で「たんなる約束の長いリストにすぎない」と呼ばれた(4)。

読売新聞が実施した選挙後の世論調査で、民主党の敗北理由としてもっとも多かった回答は「民主党内の団結の欠如」(五一パーセント)、次いで「民主党の成果に失望」(二一パーセント)、最後が「総理大臣に対する不満」(四パーセント)だった(5)。

こうした要因すべてが重なって、民主党に議席からの退場を望む結果を生んだ。言い換えれば、民主党に票が集まらなかったのは、しっかりとした政治的スタンスではなく、不適当な運営に対する感情的な反応だったのである。

民主党代表が政治的な駆け引きを迫られながらも、近い将来の選挙における党の崩壊を防ごうとしていたことは明らかだが、政治に熱心な有権者の多くは当然のことながら、その行動を基本方針の欠如(あるいは裏切り)だと考えた。民主党が抱えるイデオロギーの「雑食性」があだとなる時がきたのである。

「第三極」の要素は期待されたほど選挙で大きな役割を果たさなかった。日本維新の会は、民主党に幻滅した有権者を取り込むためにできることはすべてやったように見える。二〇一二年二月、日本維新の会は政治家予備軍向けに大々的な「政治塾」を開き、党代表はすべての小選挙区に候補者を立てるつもりだと繰り返し述べた。ゆえに石原慎太郎代表の、選挙結果は「想定外」で準備期間が足りなかったという言い訳はほとんど滑稽ですらある。事実はまさにその正反対だ。選挙は党にとってもっとも都合のよい時期に行われた。実際には、橋下が率いていた党は選挙の数カ月前から大きく支持を失っており、指導部の過激なアイデアが受け入れられなくなっていた。したがって、日本維新の会が、比較的人気のある東京都知事の太陽の党と合併した直後に選挙が公示されたことは、実は党のイメージを回復するチャンスだった。有権者が直前の中国や韓国との領土のもめごとに影響されていたことも、日本維新の会にとっては好都合だった。言い換えれば、石原が選挙のスローガンに掲げた「日本人精神の復活」や「原点に返る」という呼びかけは絶好のタイミングで行われたのである。それにもかかわらず、日本維新の会の結果はあまり芳しくなかったと言ってよい。一方、日本未来の党に関して言えば、小沢一郎と嘉田由紀子の舞台裏での会合に絡んだ選挙数日前の結党と、慌てふためいた運営は、ひどい茶番劇を思わせた。

第三極は準備不足かつ力不足の政治プロジェクトであり、そこに属する選出されたばかりの議員は自己本位の目的を追求している、すなわち二大政党に対して広がる不満を利用して議会に乗り込もうとしているとの印象から逃れることは難しい。嘉田が約束した原子力発電所の即時中止に見られるような大衆受けする公約を打ち出すリーダー同士の競争、「混乱と優柔不断」、著名な政治家を互いに引き抜こうとする舞台裏の駆け引き、目にあまる口論は私の目を引いた。人々に道を示すことのできる「ただひとつの本物の第三極」を狙って、彼らがつばぜり合いを演じていた印象は避けられない。有権者はそれを鋭く感じ取った。彼らは民主党の人気取り政策でやけどをしたばかりだ。くわえて彼らは通常、リスクを避けるために、想定外のことはほとんどしないと思われる「凝り固まった」自民党に投票する。「第三極」のメンバーもそれを認識していた。たとえば、新党改革の舛添要一代表は「自民党は第三極が混乱していたことに助けられた」と述べている[6]。

当の自民党について言えば、同党への投票は、理想を信じられなくなった有権者の「捨てばちな」行動にたとえることができる。多くの人が選挙は予想どおりの展開だったと考えている。なぜなら、新たな人気取り集団が掲げる色とりどりのスローガンに不信感を抱く有権者は、抗議したい心境だったからだ。

むろん、マニフェストを受け入れて意識的に自民党に投票した人がいることは否定できない。安倍の国家主義的な言葉に感銘を受けた人もいる。安倍は、憲法を改正して「防衛軍」を創設し、尖閣諸島に軍を常駐させると約束した。それはつまり、中国や韓国とのあいだで悪化する領土紛争を念頭に、国益を守るためにはできることはすべてやるという姿勢である。

有権者の一部、特に従来から公共事業に依存してきた経済的にふるわない地域の人々を引きつけたもうひとつの理由は、インフラ改善に資金をつぎ込んで、政府支出によって経済を刺激すると自民党が約束したことである。「ばらまき政治」とも言われる古きよき公共事業体制は、ふたたび日本に繁栄にもたらすかに見える。国の負債がGDPの二〇〇パーセントをすでに超えているなかで、誰がその費用を負担するかということだけが唯一の疑問である。

しかしながら、先に述べた政治的無関心の「ルネサンス」が選挙中に全開になったようだ。投票率の低さは民主党に向けられた力強い抗議の姿勢である。民主党のおもな支持層だった「都市部の住民」が選挙ボイコットの大半を占めた。投票率が低いと、五五年体制時と比べればはるかに弱まったとはいえ、今なお全国的な票集めに長けている自民党に必ず有利に働く。現在「組織票」集めの構造がもっとも安定している公明党の有権者もまた、小選挙区では慣習にしたがって自民党に票を投じた。

大政党に有利に働くという日本の選挙制度の特殊事情は、自民党の当初の優位性を大きく増幅した。これまで二大政党である自民党と民主党のあいだの戦いは小選挙区で顕著だった。それ以外の政党と比べると、この二党は全国に候補者を擁立することができていた。ところが小沢グループと決別した民主党は、すべての選挙区で自民党に対抗できる候補者を出すことがもはやできなくなった。その結果、ほとんどの選挙区では当選ラインが著しく低くなった。つまり、自民党候補者は前回の選挙時よりも著しく少ない得票で当選できたのである。

自民党が記録的な二三七議席を獲得した小選挙区では、ほとんどすべての自民党候補者が当選した。重複立候補制度があるために、比例代表リストの一番下の方に載っていた、議員経験のまったくない地方の下位の党役員にいたるまで、ほぼすべての候補者が議席を獲得した。自民党は実際、小選挙区でわずか四三パーセント、比例代表では二八パーセントの得票率で、議席の六一パーセントを占めたのである。以下の数字がそれを如実に表している。自民党は小選挙区で民主党のわずか一・九倍の票を得たに過ぎないのに対し、小選挙区議席は民主党の八・八倍もの数を獲得したのだ。「死に票」の数は五三パーセントだった。つまり、小選挙区票の半数以上は自民党以外を選んでいたことになる。したがって、自民党の「決定的勝利」は日本の有権者が無条件に同党に政権の綱取りを任せたのだと述べることには、当然懐疑的にならざるをえない。

二〇一三年参議院選挙

二〇一三年七月二一日、日本では参議院選挙が実施された。三年ごとに議席の半数が改選されるため、争われたのは一二一議席だった。十数の政党から四三三人が立候補して議席を争った。

予想どおり、選挙では与党自民党が六五議席を獲得して勝利した。結果として、連立与党である自民党と公明党を合わせて、参議院で安定多数となる一三五議席を得ることになる。こうして自民党の主目的が達成された。すなわち、与党は野党の意見を無視することができ、内閣によるすべての法案は衆参両院で支持されることが確実となったのである。これは、衆議院と参議院を異なる政治勢力が支配する「ねじれ国会」の状況が少なくとも今後三年間は起きないことを意味している。

しかしながら、自民党は単独で参議院の三分の二を確保するという最大の目標を達成できなかった。安倍内閣の政治議題の重要部分をなす憲法改正を実行するには、自民党がそうした多数を得ることが不可欠である。たとえ自民党が、みんなの党や日本維新の会といった、憲法改正に対して同じような姿勢を取る党の支持を受けたとしても、参議院を通すことはできないだろう。

日本の主要政党は異なる手法で選挙戦を戦った。自民党はアベノミクスの成功に賭けた。アベノミクスとはつまり、インフラへの大規模な公共投資で経済を積極的に刺激して、銀行の貸し出し金利を意図的に低く据え置きながら、デフレ脱却のために通貨供給を集中的に増やすなどの政策である。

一方の野党は、混乱状態で選挙に臨んだ。三一ある一人区のすべてで、野党が自民党の脅威になれないことは初めから明らかだった。野党にできるのは、人口の多い都道府県、たとえば東京都、大阪府、神奈川県、千葉県などの複数区で二位以下の議席を狙うことだけだった。

最大野党の民主党は、二〇一二年衆議院選挙の壊滅的な敗北から立ち直る前に選挙に突入した。党のおもな問題は海江田万里代表の人気の低さと、政治の議題に上がっている多くの緊急課題について統一した姿勢が取れていないことだった。民主党は異なる「系列」の内部グループがいくつも寄り集まったもろい状態のままで、TPP参加、社会経済政策、税制改革、外交、安全保障という重要な問題について正反対の見解を示し合っていた。

さらに、党の選挙公約未達成が有権者の頭に残っていたことが原因で、一二月に壊滅的な敗北を喫したことを忘れていない民主党は、今回はマニフェストに数字による指標をいっさい盛り込まず、抽象的な宣言にとどめることを選んだ。重点はおもに、国民の社会福祉、男女平等、子どものいる家庭への公的支援、教育制度などに置かれた。マニフェストにおける詳細の欠如と党の弱いイメージはマイナス要因となり、多くの投票予定者を遠ざけた。原子力の未来についてさえ、民主党は明確な姿勢を取らなかった。どうやらその問題について党内で一致が得られなかったようである。

民主党の目標は、二〇一二年と同じような議席の減少が参議院で起きないようにすることだった。しかし、だれにとっても驚くにはあたらないが、党は壊滅的な敗北を避けることはできず、わずか一七議席しか獲得できなかった。従来は民主党が強かった比例代表選挙区でさえ七議席と、一九九八年の結党以来最悪の結果だった。しかしながら、二〇一〇年の選挙で得た議席があるため、民主党は今なお参議院で、与党自民党に次ぐ議席数五九を保持する最大野党である。

いわゆる「第三極」に望みをつないでいた日本維新の会の選挙結果はさらに危うい状態で、八議席を獲得したに過ぎない。第二次世界大戦時の慰安婦を正当化しようとした橋下徹代表の疑わしい発言後、当初高かった党の支持率は急落した。日本維新の会のもうひとつの問題は、国家主義的思想を持つ政治家の石原慎太郎が合流してから党が右寄りに傾き、中道左派の多くの投票予定者を遠ざけたことである。かねてより、日本の政治情勢は政治の領域において大きく右に寄る傾向があった。今回は自民党と日本維新の会の両方で国家主義の動きが高まった。しかしながら、民主党はイデオロギー的な意味を避けたあいまいな発言に終始して、社会民主主義の党というブランドを売り込むことに失敗した。そのような状況下で、「組織政党」に幻滅した有権者は共産党を選び、この選挙で八議席を獲得して参議院全体で一一議席となった共産党が、参議院での法案提出権を手に入れた。

自民党の勝利にいくつもの理由があったことは見てとれる。第一に、期待の要素が大きな役割を果たした。アベノミクスは経済危機から脱する有効な手段としての魅力をまだ失っていない。実際、安倍内閣の最初の六カ月に、経済はゆるやかな成長を示し、海外からの投資が流入し、輸出産業の発展を妨げていた行き過ぎた円高が是正されて円は米ドルに対して目に見えて価値を下げた。長期にわたる景気停滞のあとで、多くの有権者は新首相を信頼して自民党に票を投じた。

第二に、過去数年の万華鏡のような内閣交代と、「ねじれ国会」によって生じた恒常的な政治危機状態が日本社会をいらだたせていた。

第三に、野党が分裂したという要因もまた大きかった。民主党は社会の信頼を取り戻すことに失敗し、「第三極」勢力は内輪もめを克服することができないとわかった。たとえば、みんなの党は、代表発言によって信用を失った日本維新の会との選挙協力を拒否した。こうした状況で、自民党に疑問を抱く多くの有権者は投票所へ足を運ぶことすらしなかった。五三パーセントという投票率は戦後で三番目に低い。

予想どおりに見えるこの選挙結果を明確に評価することは難しい。むろん、日本は長年待ち望んでいた政治的安定を得ようとしており、それはプラスの結果だと考えられる。しかしながら、有権者が安倍内閣に与えた白紙委任状があだになる可能性もある。野党による歯止めが利かなくなったことで、政府は社会からのフィードバックを失う危険があり、他の状況ならば阻止されるであろう過激な主張の多くに青信号が灯される。それと同時に、現在多くの専門家は、制御されていないインフレ、ＧＤＰ比で世界最大の雪だるま式に増えつつある国債、広がる社会格差など、アベノミクスの重大な危険を指摘している。くわえて、内閣はまだ、長年にわたる効果のない経済ガバナンス、自由市場競争の欠如、政府による特定企業利益の優先、過度の規制などの問題にどのように対処するかについて決断を下していない。こうした背景に対して、今後の政治展開は、政府による経済政策の具体的な成果と、民主党が党内の矛盾を克服して、保守の支配に対するもうひとつの選択肢としてしっかりとした社会民主主義を強化することができるかどうかにかかっているだろう。

次はどうなるか？

政治の世界が過激化する要因のひとつに、日本の有権者の社会像が質的に変化したことが挙げられる。有権者の政党に無関心かつ個人志向という現象が徐々に衰退していると語るにはまだ時期尚早だが、以前と比べると選挙結果は多分に政治的に動機づけられた有権者層によって決定されるようになってきている。最近の小選挙区選挙で、浮動票の影響力の大きさが繰り返し示されていることは注目に値する。何十年も続いてきた都市化は、既存のいずれの政治勢力にも入らない浮動票の割合を増加させた。より多くの日本人が個人志向ではなくなり、明確な政治マニフェストを選んで票を投じるようになった。彼らは積極的に政治マニフェストの内容に関心を示し、選挙のたびに数学的な正確さで、選挙前の公約のうち現職はどれを果たしたのか、どれを果たさなかったのかを確かめている。同時に、有権者の動機づけという点で、政党ブランドの価値が大きく高まった。政党マニフェストは有権者から多くの注目を引きつけている。

政治的選択の大部分が、出身、社会的地位、慣例に対する姿勢などによって決定されていた従来の有権者とは対照的に、脱工業化社会が生んだ浮動層は政治選択において気まぐれであるようだ。二〇〇九年衆議院選挙における民主党の圧勝は浮動層の支持が決定づけた。そして二〇一〇年夏の参議院と二〇一二年の衆議院選挙における民主党の大敗も浮動層の支持を失った時点で決まっていたようなものだった。有権者は主観的な感情に基づいて最後の瞬間に決断することから、投票の最終的な結果はますます予想できなくなってきている。

政治的選択が政治指導者の人気／不人気のイメージに左右されるという意味で、最近の選挙はポピュリズムの影響力が高まっていることを裏づけている。この点については、政治家の倫理的な評判と、たとえば税金、年金、政治献金などの分野で、政治家個人にあからさまな汚職のみならず軽い法律違反を犯す傾向があるかどうかということに、特に重点が置かれている。

このたびの選挙結果によって、いくつもの内閣で政治議題に上げられている重要問題のひとつ、選挙制度改革の問題にいっそう注目が集まるようになった。多数決原理は選挙のたびに権力構造に劇的な変化をもたらした。二〇〇五年、二〇〇九年、二〇一二年の総選挙では、いずれの場合も勝利した党が憲法上の多数に近い三〇〇議席前後を獲得する圧倒的勝利を飾った。

当然のことながら多数決原理はいくつかの側面で批判を集めている。たとえば選挙では、国民感情の変化という波に乗り、優勢な党の有力者が後ろ盾となって経験の浅い新人が大量に投入される。これはしばしば「チルドレン」や「ガールズ」現象と呼ばれている。国会議員は国政選挙のときに大物の政治家によって党の公認候補として選び出されるため、自分の後ろ盾に忠実であることが多い。二〇〇五年から二〇〇九年は「小泉チルドレン」、二〇〇九年から二〇一二年は「小沢ガールズ」がそうだった。実際には、彼らのほとんどは一期を超えて議席を維持することができない。たとえば、八三人の「小泉チルドレン」のうち二〇〇九年の選挙で生き残ったのは九人（離党者を除く）だけだった。政治世界に彼らが登場したことで議員の質が下がり、そのために時の政権に対する国民の不満がさらに高まることにもつながっている。

もうひとつ批判の対象となっているのが、選挙規則が政党綱領の一貫性に及ぼす負の影響である。有権者意識のほんの小さな動揺が投票結果を左右する可能性があるために、政党は、たとえ限られた数の有権者が異議を唱えるだけであっても彼らを「追い払ってしまう」ことを危惧して、明確に表現された政策マニフェストを提出しないことを選ぶ。くわえていくつかの党は、はっきりした政治路線を打ち出すと特定支持グループの利益を損ない、有力な組織によって提供される資金援助が減ることを恐れている。たとえば、全国農業共同組合連合会（全農）と日本医師会からの政治献金を失うことを恐れた自民党と民主党はともに、選挙マニフェストからＴＰＰについての明確な方針をはずすことを余儀なくされた。重要な問題について政党が明確な姿勢を打ち出せなくなった結果、政党間の政策の違いはぼやけ、有権者が個人の好みではなくイデオロギーに基づいて慎重に選択することができなくなっている。

現在の規則の下では、政治的に生き残る本当のチャンスが比較的大規模な政党（ここでは大政党と呼ぶ）の手に委ねられていることは、先の選挙で裏づけられた。実際、こうした大政党だけが、各選挙区で競争相手への対抗策を打ち出すことが可能なのである。それ以外の政党は独立したプレイヤーというよりはむしろ二大政党のどちらかの連立候補とみなすことができるかもしれない。したがって、政界は二極化の影響に支配され、「第三」、「第四」ほかの極を作る政党は、主要二勢力のいずれかに引き寄せられる。

他の多くの国と比較すると、さらに悪いことに、日本政治の二極化では小政党が存続できる政治的な隙間がない。歴史的に見て、人種、民族、宗教、性、少数派の権利を政治的に守る必要性があまりなかったので、そうした人々の関心を政治上で制度化する必要もなかった。そのうえ、中流階級が多い日本社会は経済的な意味でも比較的均一で、資本家と労働者の差も妥協できないほどではない。

二極化の影響を大きくするもうひとつの要因は、日本の有権者意識の特徴が保護主義政策動機づけ型であることだ。彼らはおもに、実際に政権の座につきそうな政党を支持する傾向がある。先にも述べたが、政党の究極の目標は、たとえイデオロギーの方針を犠牲にしてでも権力の座につくことだと一般的に考えられている。その点から見ると、「第三極」の政党が、社会と企業の利益団体に対して特定利益の便宜を図るために、特定の法律に修正を加えることができるほどの政治活動を行おうとするなら、まずは連立与党に参加しなければならないことになる。その典型的な例が、多くの人にとって自民党内の「反戦派」のように見える公明党だ。

むろん将来的には、多くの事例において、小政党が政治プロセスのなかで重要な役割を担うようにならないとは言い切れない。彼らは、国会の両議会で選挙制度が異なることや、衆議院の議席の多くが比例代表で選出されるという選挙制度に助けられている。ときには小政党が、大政党（自民党と民主党）に対してたびたび失望感をあらわにする有権者の新たな投票行動の傾向と結びつくこともある。日本を茫然とさせている政治危機を解決する鍵は彼らが握っている。特に「ねじれ国会」で、政府が参議院の拒否権を覆すために衆議院で三分の二の多数を必要とするときはそうだろう。

個人的な理由が大半だが、ときに大志を掲げた政治家が意を決して大政党から離れて独自の政党を結成するとき、人気が物をいう大衆政治の勢いが増していることは小政党に有利に働く。たとえ限られた期間であっても、カリスマ的な指導者が大衆に直接訴え続けることで、国民の大きな支持を享受できることに疑問の余地はない。そうやって小政党は大政党の一部から生まれては、合併や解散を繰り返していくだろう。しかしながら一般的な傾向を無視するわけにはいかない。二極化現象を背景に、小政党は大きな一団とともに演壇を妨害するか、たんに政治の舞台からいつのまにか消えてしまうかのどちらかを迫られるだろう。

選挙の結果、二大政党という国会の構図は、戦後の日本政治史で初めての「一大、二中（公明党を含めれば三中）」政党モデルに道を譲った。このモデルがきわめて不安定だということは明らかだ。おもに先に述べた浮動票と、多数決原理に起因するふりこの効果がその理由である。小政党が大政党あるいは中政党に引き寄せられることは避けられないので、将来的に日本政治の主流派には、全体構造のバランスを取ることができるふたつの政党とひとつかふたつの中政党だけが残るだろう。

注

【1】

＊本項は、カリフォルニア大学理事会の許可により、*Asian Survey*, 53: 1（2013）: pp. 184-197より転載したものである。

（1） Ellis Krauss, "Crisis Management: LDP and DPJ Style," *Japanese Journal of Political Science*, 14: 2（June 2013）: 177–200.

（2） 小林良彰『政権交代——民主党政権とは何であったのか』、中央公論新社、二〇一二年。

（3） Takashi Inoguchi and Purnendra Jain, eds., *Japanese Politics Today: From Karaoke to Kabuki Democracy*（New York: Palgrave Macmillan, 2011）（猪口孝、プルネンドラ・ジェイン編『現代の日本政治——カラオケ民主主義から歌舞伎民主主義へ』、原書房、二〇一三年）。猪口孝『ガバナンス』、東京大学出版会、二〇一二年。John Keane, *The Life and Death of Democracy*（London: Simon and Schuster, 2010）（ジョン・キーン『デモクラシーの生と死』、森本醇訳、みすず書房、二〇一三年）

（4） 小林『政権交代』

（5） Kimie Hara, *Cold War Frontiers in the Asia-Pacific: Divided Territories in the San Francisco System*（London: Routledge, 2006）.

（6） WIN-Gallup International, "Global snap poll—tsunami in Japan and its impact on views on nuclear energy," March–April, 2011.

（7） Yuichi Kubota, "Facing Crisis with Calmness? The Global Response to the Fukushima Nuclear Disaster" *Japanese Journal of Political Science* 13: 3（September 2012）: 441–466.

(8) 「決められない政治の源」、日本経済新聞電子版、二〇一二年九月二三日、http://www.nikkei.com/article/DGXNASFS21024_R20C12A9SHA000/ (accessed September 23, 2012).

(9) 「国の予算 どうやって作るの？」、毎日新聞、二〇一二年一〇月二八日。

(10) 堀江孝司「福祉政治と世論」、『福祉政治』、宮本太郎編著、ミネルヴァ書房、二〇一二年、八五―一一〇ページ。

(11) Takashi Inoguchi, "Introduction to the Special Issue: Japan-China Fragile Partnership," in *Japanese Journal of Political Science*, 14: 1 (March 2013): 1-7. Takashi Inoguchi and G. John Ikenberry, eds., *The Troubled Triangle: Economic and Security Concerns for the United States, Japan and China: Duality between Economy and Security* (New York: Palgrave Macmillan, 2013) (猪口孝、G・ジョン・アイケンベリー編『日本・アメリカ・中国――錯綜するトライアングル』、原書房、二〇一四年)。孫崎享『日本の国境問題――尖閣・竹島・北方領土』、筑摩書房、二〇一一年。

(12) 猪口『ガバナンス』

(13) 崔衛平インタビュー「冷静に市民同士連携しよう」、毎日新聞、二〇一二年一〇月二八日。

(14) WIN-Gallup International, *Global Poll on American Elections: 2012*, Press Release, October 18, 2012.

(15) 猪口、アイケンベリー編『日本・アメリカ・中国』の序論、一―一一ページ。

(16) Paul F. Whiteley, "Is the Party Over? The Decline of Party Activism and Membership across the Democratic World," *Party Politics*, 17 (January 2011): 21-44.

(17) Sherry Turkle, *Alone Together* (Cambridge, MA: MIT Press, 2012).

(18) Takashi Inoguchi and Seiji Fujii, *The Quality of Life in Asia: A Comparison of the Quality of Life in Asia* (New York: Springer, 2012).

(19) Thomas Friedman, *The World Is Flat: A Brief History of the Globalized World in the Twenty-first Century* (New York: Farr, Straus and Giroux, 2005) (トーマス・フリードマン『フラット化する世界――経済の大転換と人間の未来』、伏見威蕃訳、日本経済新聞社、二〇一〇年)

(20) George Packard, *Protest in Tokyo: The Security Treaty Crisis of 1960* (New York, Greenwood Publishing Group, 1978).

(21) Giuseppe Di Palma, *Surviving Without Governing: The Italian Parties in Parliament* (Berkeley: University of California Press, 1977).

【2】

＊野村財団と新潟県立大学からの資金援助に謝意を表する。

（1） Jiro Yamaguchi and Miyamoto Taro, "What Kind of Socioeconomic System Do the Japanese People Want? " *Japan Focus*, March 28, 2008, http://japanfocus.org/-T-Miyamoto/2709.

（2） 堺屋太一『「維新」する覚悟』、文藝春秋、二〇一三年、二〇―三〇ページ。

（3） "Political system damaged by DPJ's aversion to bureaucracy," *Yomiuri Shimbun*, November 18, 2012.

（4） "DPJ shouldn't shy away from painful problems," *Asahi Shimbun*（EDITORIAL）, November 28, 2012, http://ajw.asahi.com/article/views/editorial/AJ201211280023（accessed August 29, 2013）.

（5） "58% Approve LDP's Return to Power," *Yomiuri Shimbun*, December 20, 2012, http://www.accessmylibrary.com/article-1G1-312602152/58-approve-ldp-return.html（accessed August 29, 2013）.

（6） http://www3.nhk.or.jp/news/html/20121217/k10014228681000.html（accessed December 17, 2012）.

第3章　ロシアの政治――リーダー、大統領府、前進《フペリョート》政治

ヴィリヤム・スミルノフ

1　不安定な政治*

二〇一一年～二〇一二年、連邦選挙期

ソヴィエト連邦崩壊後のロシアは、選挙と政党制度改革をほぼ絶えまなく実施し続けている状態だ。しかしながら、その進行中のプロセスのなかにも一定の段階あるいは周期がある(1)。そうした段階や周期には、過去二〇年のロシアで激しい論争と摩擦を引き起こしてきた改革が反映されているが、同時にまたそれが新たな改革をまねくことにもつながっている。結果として、そうした変革の本質と結果について、さまざまな憶測が飛び交うこ

とになる。有権者と政党に関わる政治改革は、一九九〇年代初めに現れたロシアの新封建政治ならびに法体制のなかで、地方の大実業家による専制政治を倒そうとするものだった。国家の統一と法の支配を復活させる取り組みは、社会からいくばくかの支持を受けた。

ところが国は、法的、政治的、そして技術的にも、地方権威主義から一極集中権威主義へと変化した。まず中小政党が排除され、三〜四政党による政党制度を作ることが強制された。「政権政党」の支配がゆるぎないものになった。制度作り、あるいはエリートや指導者の採用においては、選挙の役割が制限され、連邦機関の長官を選出する選挙が廃止された。そして連邦当局による選挙管理が強化された。こうしたトップダウン式の変化は、国内外のアナリストに選挙権威主義という言葉を使わせるようになった(2)。同時に、選挙結果が国の政府の構成を決定することはなく、議会が実行する国内外の政策に対しても限られた影響しか及ぼさないのであるから、下院議会選挙はいくらか無意味でもある。

ロシア人の大半はこうした政治展開に対して、専門家とはやや異なる姿勢と見解を示した。総じて、ロシア国民は民主主義への転換に失敗したことに失望し、一九九〇年代の貧困と社会的剥奪に憤りを感じていた。連邦政府と、それが具現化されたヴラジーミル・プーチンという人物との暗黙の取引とも言える枠組みのなかで、ロシア人はロシア連邦憲法で宣言されている国民の権力の一部を手放し、安定、秩序、生活水準の向上と引き換えに自分たちの政治的権利が制限されることに目をつぶるつもりだったのである。連邦当局に厳しく管理されるなか、二〇〇七年の議会選挙と二〇〇八年のドミートリー・メドヴェージェフ大統領の選挙に、この多数派が参加した。

二〇一一年から二〇一二年の連邦選挙期が近づくと、政治経済の状況に変化が現れた。この変化の裏にはいくつかの理由があった。第一に、金融危機の悪影響と二〇〇八年から二〇一〇年の景気後退、さらには社会と経済の二極化にも直面していた国民にとって、安定と秩序が次第に重要ではなくなってきたことである。そして第二に、それぞれ原因は異なるが、ロシアの移り変わりがもたらす結果とその方向性に対する不満が、リベラルから共産主義者や国家主義者にいたるまで、ほぼすべての社会層から噴出したことだ。

政治の近代化を含むロシアの近代化計画は、おもに戦略分析研究所がまとめあげ、メドヴェージェフが二〇〇八年の大統領選挙綱領の一環として提出したものだったが、それが国民に政治改革を求める声を上げさせた。当時の選挙制度とその実施方法に対する批判は、選挙制度と選挙法の修正案として法律上正当なものとなり、二〇〇八年と二〇〇九年のロシア連邦会議の演説でメドヴェージェフ大統領によって発表された。

修正案のほとんどはうわべだけで抽象的だった。依然として世論に耳を傾けられない支配層エリートの限界を示す一例である。たとえば、二〇〇九年五月一二日の連邦法は「国営テレビ局とラジオ局が議会政党とその活動を等しく報道することを保障する」としている。しかし、その法律は議会で代表される政党にしか適用されない。そのうえ、法律の第六条が選挙運動中の適用を事実上排除してしまっている。なぜならこの条項が、選挙運動期間中に放映できなかった番組分の補償は認めないとしているからだ。

挙げ句の果てに、与党である統一ロシアの議会で、メドヴェージェフとプーチンが大統領と首相の立場を入れ替わるという決定が発表された。これは国民の意志を露骨に軽視しているうえ、投票するという主権を侵害していると認識された。

二〇一一年から二〇一二年の選挙運動は、選挙に対する世論が大きく動いたことを示し、ロシアは政治理念というよりは政治感情の国であることを裏づけている。有権者の一部は従順に統一ロシアに投票したが、別の一部はアレクセイ・ナヴァリヌイの「他の政党に投票しよう」という呼びかけに応じた。その結果、二〇一一年一二月四日の選挙では、統一ロシアの得票率が五〇パーセントを下まわったのに対し、すべての野党が前回の議会選挙よりも多くの票を獲得した。全体としては、政治とイデオロギーの領域で社会が左方向へ動いた。

この選挙運動ではまた、メディアとその膨大な運営ならびに財政資源の使い道に対して、大統領府による権限独占にも限界があることが明らかになった。もしかすると、連邦当局にとってもっとも予想外だったのは、選挙で抗議の姿勢が示されるだけではなく、実際に抗議行動が取られたことではないだろうか。正当、公平、透明な選挙を求めて、国中で政治志向の異なる何十万という人々が集まった。圧力、制御、操作といういつもの手法を使おうとした当局の試みはもちろんのこと、ロシアで起こりうる「オレンジ革命」を阻止するために考案されていた方法までもがいっさい役に立たないことが判明した。

これを受けて、連邦政府は戦術を変えた。抗議に対して譲歩するだけではなく、意欲的な反体制指導者にとっての障壁の一部を迅速に引き下げる、あるいは取り除きさえする手順を作ることを決めたのである。政治制度が改革され、また同時に、反体制指導者は政治的影響力のある地位につくことが可能となる法的な機会を与えられた。一般市民に対しては、市民の政治参加を強化する機会が提供された。

二〇一一年一二月、六度目の議会召集の初日、メドヴェージェフはロシア連邦議会の大統領演説で、プーチンと共同で作り上げた政治体制改革の包括的計画を発表した。重点は次のとおりだった。

- 政党登録を大幅に簡略化する。
- 連邦機関長官の選出を直接選挙に変更する。
- 下院と地方議会選挙の立候補で、投票用紙に名前を掲載するための署名集めを廃止する。
- ロシア連邦大統領選挙の投票用紙に名前を掲載するための署名数を削減する。
- 下院議員選挙の選挙制度に複数の方法を復活させる。二二五議席は比例代表制度に基づいて選出され、残りの二二五議席は多数決制度に基づいて一選挙区一名が選出されるものとする。
- 中央ならびに地方選挙委員会において各政党の代表を増員する。

この改革の主要点を通じて、選挙や政党に関する反体制派の重要な関心や要求が大幅に法律化され、連邦政府は反体制指導者と直接意見交換をした。

右で述べた法の改革からは、連邦の権力者が反体制派に対する譲歩を最小限に食い止めようとしたことが見てとれる。たとえば、連邦法第一八条の新しい文言によれば、「ロシア連邦における立法（代表）機関と行政機関の一般原則のもとに」地方長官の直接選挙が復活した。ただし、立候補者として指名されるためには、地方自治体議員の五〜一〇パーセント、ならびに（あるいは）地方自治体選挙で選ばれた地方長官の支持を得ていなければならない。なお、議員ひとりにつきひとりの候補者しか支持できない。

二〇一二年の立候補手続きと、ロシア連邦内で統一ロシア以外の政党から地方長官に立候補した実際の人数（とそれより多い自己推薦の数）を見ればわかるが、統一ロシア幹部の同意と大統領府による舞台裏の支援がないかぎり、候補者として登録するために必要な支持を得ることはほとんど不可能である。手続きが終わるころには、議員の大半と地方自治体長官は統一ロシアに属しているか、あるいは同党の支配を受けていた[3]。

こうした手段のほか、すべての投票所に監視カメラを設置したり、ロシア大統領に忠実な人間を動員して反体制派の街頭集会や行進を阻止したりする方法によって、抗議の波は抑え込まれた。全体として、プーチンはもっともらしく選挙に勝利することに成功した。

過去二回の連邦選挙運動から得た教訓、抗議が継続する可能性の高さ、そして政府の三機関すべてに対する信用の低下を見れば、いちだんと多くの国民が、連邦ならびに地方を支配しているエリート層に自分たちの選挙の力が奪われていることに対して、強く反対を唱えようとしていることがわかる。こうした状況では、継続的に政治と国家を変革することが必要不可欠だ。今後ロシアで政治と法の改革がどのような形とスピードで進むのかというシナリオは、政党制度の詳細を含め、多くの要因に左右される。

政党——強制的な合併か、差別化の促進か

一九九〇年代、政界には多くの政治起業家組織が存在していた。その多くは実際にはごく初歩的な政党や単独指導者の政党で、党員はおもに紙の上に記されているだけであり、その活動はモスクワ環状道路の外側に限られていた。彼らは直接あるいは間接的に新興財閥《オリガルヒ》の個人、企業、あるいは経営者から資金援助を受けていた。自由民主党を初めとする大多数の政党では、党予算と党指導者の収入のおもな資金源はロビー活動だった。したがって、こうした指導者は容易に連立を組んだり解消したり、一政党から他の政党へ移ったり、イデオロギーや政治のスローガンや傾向を変えたりした。

自己中心的な悪い慣行が生まれた原因は、強い政党がなく、また社会が細分化されていなかったためである。それが国家、経済、政策、支配グループの行動に悪影響を及ぼした。くわえて、有権者の大部分が連邦ならびに地方当局とその政策を拒否したことも、しっかりと機能する支部を備えた本格的な政党を築き、国内の多くの地方で支持を得ようと、一〇年にわたって努力していたリベラル改革者の助けにはならなかった。

二〇〇〇年代、政府は政党の登録に厳密な法的条件をつけた。たとえば、政党はロシア連邦の半分以上の地域に地方支部を置かなければならず、ロシア連邦各地域に設立する政党地方事務局はひとつに限られていた。また、政党は最低でも五万人の党員を有していなければならず、各地方支部には少なくとも五〇〇人の党員が必要だった。

政党数の削減はまた、下院選挙を完全な比例代表制へ移行する動きの一環でもあった。この移行によって、二〇〇七年一二月の選挙から選挙区が廃止され、議席を獲得するために必要な最低限の得票率が五パーセントから七パーセントに引き上げられた。こうした取り組みに伴って、下院や連邦内の立法（代表）機関にすでに党派を持っていた政党への優遇策も強化された。たとえば、そのような政党集団は議員候補者名簿を届ける際の署名集

めや補償金を免除された。また政党交付金が制定され、名簿に掲載された候補者、また承認された政党の党首候補者が獲得した票の割合に応じて大幅に増額された。

大統領府が採用したこれらの方法は、政権がらみの人脈の活用と並んで、ほぼすべての反体制勢力の排除につながり、また連邦ならびに地方の立法（代表）機関で彼らの立候補を阻止することにもなった。結果として、統一ロシアが率いる政権に忠実な二～三の主要政党だけが残った。そうした政党は下院で派閥の統合に協力したため、政治的領域の左右に属する小さいながらも重要な社会政治勢力は下院議員にはなれなかった。

ソ連崩壊後の時期は、共産党と自由民主党というわずか二つの政党だけがその肩書きを保ち続けていた。共産党は国の有権者の八～一三パーセントと比較的少ないながらも安定した支持を得ている。自由民主党はカリスマ的指導者で才能と人気のある政治家、ヴラジーミル・ジリノフスキーが率いている。議会選挙のたびにこの党に投票する有権者がほとんど完全に入れ替わることからわかるように、この政党が存続しているのは、おもに大統領府と政府系メディアから大きな支援を受けているためである。

二〇一一～二〇一二年の議会ならびに大統領選挙では、統一ロシアとその連合を含めた政府を擁護するすべての政党に対して、有権者の信頼度が下がったことがわかる。この傾向は、若く、教養があり、都会化された非常に多くの有権者が、選挙は不公平で不正でさえあると考えたことに起因している。こうした考え方と国民による抗議の拡大によって、政府と社会のあいだに危機が生じた(4)。

連邦当局はこの政治的危機から脱しようと、政党に関する法律に目を向けた。そのため、政党の強制的な合併から政党を差別化する方向へと方針が転換された。たとえば、政党の登録に必要な最低党員数が五万から五〇〇に削減されたのである。

こうした改革の主たる目的はだれの目にも明らかだ。カリスマ的な反体制指導者の一部を選んで政界に取り込み、そうした指導者の要求に耳を傾けることで、社会のもっとも活発に動いている集団に譲歩を示すのである。

この戦略を裏づけるように、二〇一三年四月現在、選挙に参加する権利を持つ政党の数は六五にのぼっている。いくつものヨーロッパ諸国で見られる方法と同じように、左派的な感情の復活に応える形で政党リストには三つの左翼政党が含まれている。だが、そうした政党は、イデオロギー集団を操作して分裂させ弱体化させるために、大統領府の政治技術者が作ったものだ。

いくらかの注意は要するが、ロシアの権力集団には、国内の主要部分すべてに未解決の問題が山積していて、本格的な政治危機が起こる可能性があるという脅威に気づくのが遅い傾向があると言えるだろう。次の選挙時期には、台頭しつつある新中流階級の不満がそうした危機の引き金となりうる。それゆえに、少しずつばらばらに政治の多元化を進めて、より開けた公的機関の構築を目指す反体制派の権利を拡大する政策をとることになる。こうした政策はまた、国家の包括的な近代化を求める社会の声が高まっていることへの、ロシアエリート層の答えでもある。

変化する世論

社会学者と政治学者は日頃からロシアの権威者の行動に批判的だが、そこへロシア社会で高まりつつある国民の声が重ねられた。ロシアの政治において、ふたたび大衆による街頭での抗議が可能になったのである。

調査によれば、国民は不満を抱え、中央と地方政府の政治的支持基盤は衰え、変化を求める声が高まる傾向は拡大しているという。自発的な政治的抗議、市民の積極行動主義、そして競争の方針がよみがえったのは、大都市圏の若くて教養ある有権者という想定外の集団の力に負うところが大きい。市民社会の再構築、ブロガーのコミュニティを含む独立したネットワークの形成、公共政策の非政府組織への回帰は、新しい倫理ならびに政治規範と行動パターンの出現に付随して起こり、また加速した。

正当、公平、透明な選挙を求める声は、異なる政治思想を持つ何十万ものロシアの有権者をひとつにした。当局の常套手段である圧力、制御、操作の試みはすべて徒労に終わった。そのため、連邦政府は戦術を変えて、抗議する人々をなだめようと譲歩した。政府はいくつかの障壁を低くする、あるいは取り除きさえするための緊急手段を取った。一般市民はより広く政治に参加できる見通しとなった。そして、選挙と政党政治に関する法的条件の改善を求める反体制派の要求の大部分が法律的に認められ、連邦政府が反体制指導者と直接意見交換をすることにもなった。

これらの手段にくわえて、投票所に独立した監視カメラを設置したり、プーチンの支持者を動員したりすることで、抗議の波は抑えられた。最近の世論調査からは、社会からの抗議の声が著しく減少したことがわかる。しかしながら、レヴァダ・センターによると、プーチンへの信頼度と支持率は下がっている。表3-1-1、表3-1-2、表3-1-3、表3-1-4は、レヴァダ・センターが集計した質問に対する回答データの一部である。

先に述べた改革の法的経緯は、権力側が反対勢力に対する譲歩を最小限にとどめたかったことを示している。たとえば、連邦法第一八条の新たな文言によれば、「ロシア連邦の主体である国家権力の立法（代表）機関と行政機関における一般原則のもとに」地方長官の直接選挙が復活した。しかし、立候補者の指名には地方自治体議員の五～一〇パーセントならびに地方自治体長官の支持が必要だ。

くわえて、地方自治体の議員はそれぞれひとりの候補者しか支持できない。地方自治体候補者の指名推薦については、ロシア連邦内の多くの調査結果が示すように、議員と地方自治体長官の大多数は統一ロシアに属しているか、あるいは同党に支配されている。したがって、それ以外の政党の候補者や自己推薦候補者にいたってはなおのこと、統一ロシア指導部と大統領府の同意を得ることなくして候補者登録に必要な支持を集めること自体がほぼ不可能な状況である。

連邦政府はまた、連邦各地における最高責任者の候補者選びについて、反体制派のみならず地方のエリートや

表3-1-1　どの言葉がプーチン大統領に対する自分の意見を反映しているか？（%）

	2000年５月	2005年11月	2010年１月	2011年10月	2012年１月	2013年３月
喜び	3	4	3	3	3	2
共感	28	32	28	24	20	18
悪いところは思いつかない	35	36	36	33	32	30
中立	8	11	18	17	19	22
慎重、注意深く待つ	18	5	4	7	11	10
よいところは思いつかない	3	8	5	9	8	8
反感、嫌悪	1	3	3	3	5	7
答えられない	4	2	3	5	2	3

出典：Presidential Election in Russia: Post-Electoral Analyses. Analytical Report. Analytical Center of Yuri Levada, Levada-Center, Moscow, 2013 (in Russian). ©2003-2014 Levada-Center.

表3-1-2　ヴラジーミル・プーチンをどの程度信頼するか？（%）

	2008年５月	2009年９月	2010年８月	2011年１月	2012年１月	2013年３月
全面的に信頼している	28	28	25	12	12	7
少し信頼している	56	48	53	58	51	50
信頼していない	10	12	12	18	22	25
まったく信頼していない	2	6	4	4	7	10
わからない	4	6	6	8	9	7

出典：Presidential Election in Russia: Post-Electoral Analyses. Analytical Report. Analytical Center of Yuri Levada, Levada-Center, Moscow, 2013 (in Russian). ©2003-2014 Levada-Center.

表3-1-3　次の６年間もプーチン大統領がよいか、メドヴェージェフか、それともまったく別の人物がよいか？（%）

	2012年５月	2012年８月	2012年12月	2013年３月
今後６年間のロシア大統領はプーチンがよい	17	22	23	22
今後６年間のロシア大統領はメドヴェージェフがよい	6	7	6	8
プーチン大統領の６年の任期が別の人物だったらよかった	43	50	45	47
わからない	34	22	27	23

出典：Presidential Election in Russia: Post-Electoral Analyses. Analytical Report. Analytical Center of Yuri Levada, Levada-Center, Moscow, 2013 (in Russian). ©2003-2014 Levada-Center.

表3-1-4
プーチンが今の任期を終える2018年にもまた彼がロシアの大統領に選出されるべきか？（%）

		2012年10月	
	はい	34	
	いいえ	40	
	わからない	26	

出典：Presidential Election in Russia: Post-Electoral Analyses. Analytical Report. Analytical Center of Yuri Levada, Levada-Center, Moscow, 2013 (in Russian). ©2003-2014 Levada-Center.

指導者の一部、特に複数の共和国からの批判にも直面した。彼らは、地方の重要ポストの候補者選択にあたって自分たちの権限がなくなることを危惧した。だがなによりも、こうした地方のエリートや政治活動家は、地方長官の候補者をすべての有権者に選ばせることで、民族や宗教の関与から安定性の懸念にいたるまでのさまざまな利害関係が結果を左右し、攪乱するのではないかと不安を抱いたのである。結局、連邦政府はこれらの懸念に理解を示し、連邦内の立法（代表）機関にそれぞれ自分の地域の地方長官選挙の方法を決める権限を与えた。

先のふたつの連邦選挙運動から得た教訓と、政府の三機関すべてに対する市民の抗議が将来的に起きる可能性の高さから、いちだんと高い割合の市民が、連邦と地方のエリートが国民から選挙の力を奪っていることに対して強く反対の声を上げていこうとしていることがわかる。このような状況となっては、国の政治改革の続行は避けて通れない。改革がどのように進展していくのか、今後の政治と法の改革がどのような性質でどのようなスピードで進んでいくのかは、世界とロシアの金融危機の行く末を含む多くの要因に左右される。

しかしながら、こうした改革のひとつの領域、ひとつの戦術的目標は明らかだ。一九九〇年代に行われたように、政治社会と市民社会で特に活発に声を発している集団からの要求と期待に対して、一部の反体制指導者を含む選ばれた政治起業家を受け入れ、またすべての政治活動家に地位向上の機会を与えるなどして、いくつかの譲歩を組み合わせることである。政党とその最近の発展はそうした改革の一例だ。現在、六五の政党が選挙に参加する資格を有している。裏を返せばそれは、政党間の隠された選挙連立を通して反体制勢力を抑え込み続けようとするイデオロギー的政治勢力が存在していることの証しでもある。

いくらかの注意は要するが、ここで国民生活にとって重要な領域すべての未解決問題に対する見通しを論じることができる。また、危機が本格的な政治闘争にエスカレートする可能性も認識できる。ゆえに、少しずつばらばらに政治の多元化を進めて、より開けた公的機関の構築を目指す反体制派の権利を拡大する政策が検討されるのである。

本質的に、われわれが目の当たりにしているのは、国の政治改革の過程で起きている変化である。たとえば、いくつかの非政府組織を「外国の諜報機関」として登録することを義務づける試みがその例だ。強制的な「エリートの国家主義化」がそこにある。

経済地理学、人口統計学、社会学、政治学、地域学の学者は、社会文化、経済、政治指標といった重要な観点に基づいて、かなり前からロシアの地方格差が広がっていることに警鐘を鳴らしている。ラテンアメリカ最貧諸国の水準に近いロシアの社会経済的不平等と、ロシア人のあいだの著しい差異と利益の衝突は、国の統一に深刻な脅威を与えている。もしかするとそれが連邦政府にとって一番大きな課題であるかもしれない。

近代化と政治の近代化

ロシアの指導者は政治の近代化を含む包括的な近代化の必要性を認識している。それが必要であることは社会の異なる領域でもいっそう認められつつある。独立国家共同体（ＣＩＳ）では、経済、文化、科学が衰退するにつれて、うわべだけの近代化と旧態依然とした考え方が復活しており、政治改革の必要性が高まっている。ソ連崩壊後のそれらの国々では、近代化と改革によって前進するどころか、政治と法の体制が後退する可能性が生じている。そうした政治機関が追い求めることのできる近代化の形はたくさんある。

近代化の形とスピードは、何にも増して、転換期にあるその国の歴史的特色、優位を占めている政治と法の文化、近代化へのエリートの支持水準、そして改革を達成する方法とコストに対する世論の同意レベルに左右される。それはロシアにもあてはまる。

ロシア史におけるこれまでの近代化の試みはすべて「上からの」指示で行われ、程度に違いはあれど暴力を伴っていた。市民権を欠いた社会は本質的にこの種の西洋化に対して受け身である。国を変えようとしたマルクス主義・ボリシェヴィキの計画は大衆受けする言葉だったにもかかわらず、それ自体は前衛的な革命で、その宣言と実際の目的は、大衆の恐怖と政党国家による絶対支配を抜きにしては達成することのできないものだった。そういった理由から、一九八〇年代後半のペレストロイカとそれに続く過激なリベラル改革はすべて、かなりの程度において、互いに競い合う新旧のノーメンクラトゥーラ（共産党・政府の特権的幹部）によって実行された。こうした集団は、近代化の目的やもっとも有効な達成方法について、優勢な世論の動向や近代化に対する社会的な条件が整っているかどうかで判断するのではなく、周囲の指導者やエリートの考えに基づいて国を変革しようと互いに結びついていた。

ロシア史のほぼ全体に通じる指導者とエリートによる不変的な支配は、ロシアの政治と法の文化が政治的被支配者に対する家父長的思想に根差していると考えることで、ある程度説明できるかもしれない。帝政とソ連時代のロシア、そして現代ロシアにおいてさえ、圧倒的多数の住民が、自由より平等、正当より公平に価値を置いているということは述べるに値するだろう。

一九九〇年代に現れた社会と国家は、古くから受け継がれてきたロシアの歴史と文化の特徴、指導者とエリートの近代化への欲求、統制の取れていない反体制勢力の改革に対するさまざまな形の抵抗、そしてロシア人の多くが見せた新しい状況への受動的な適応が、複雑に絡み合った結果として生まれたものだった。

共産主義後のロシアはかつてないほど複雑な問題に直面した。すなわち、三つの歴史的な課題をいかにして同時に解決するかということである。それはつまり、ラテンアメリカ、東南アジア、東ヨーロッパの過渡期にある国々に対して異なる順序で段階を追って対処すること、政治経済市場を作り上げること（近代化）、そして新しい国家アイデンティティーを模索することだ。

国連といった国際機関、国際通貨基金（ＩＭＦ）や世界銀行といった専門機関の協力を得て、経済近代化の基準については合意がなされた。しかし、こうした合意は政治の世界には存在しない。政治の近代化についてはいくつかの運営指標を提案することができる。

- 権威区分の程度
- 裁判所の独立度
- 法を遵守する国家形成の度合い
- 人権と自由の段階
- 市民社会と非政府組織の成熟度
- 政府と政府機関の透明性と応答性
- 政党制度の成熟度
- 国際標準と国際基準に対する選挙の適合
- エリートの性質と循環、異なる層や集団間の縦方向の移動機会
- 政治参加の意味と結果
- マスメディアの独立性と市民のマスメディアへの手の届きやすさ
- 政治的反対勢力のための法と活動の機会
- 地方政府の質

右記の指標とロシアの進捗状況を考えると、この二〇年におけるロシア近代化の結果はまちまちで不完全である。

近代化の障害のひとつは中流階級の規模が小さいことで、もっとも楽観的な推測でも人口の三〇パーセントにさえ届かない。それに輪をかけているのが、西側諸国の何倍にも広がる、上位一〇パーセントの富裕層と社会の

底辺の人々との格差だ。発展の不十分な国の特徴であるこの極端な貧富の差は、恒常的に社会や政治の緊張と紛争の源となっていて、種々の政治的過激主義の温床となっている。

また、ロシアは今なお市民社会と法の支配に向けた近代化プロセスの初期段階にあり、個人軽視と、個人の権利と自由の否定という何世紀にもわたって続いてきた慣習から抜け出せずにいる。

憲法には権力の分離が明記されているにもかかわらず、各国家機関が力不足であるために、法的な政治権力、そしてその実行という意味ではさらに大きな度合いが大統領府に集中している。その程度があまりにも大きいために、西側のアナリストからはしばしば、ロシアの政治制度は「超大統領制《スーパープレジデンシャリズム》」と不都合なことを隠すための「イチジクの葉」にすぎない議会と称されている。

世界とロシアの両方が経験してきた物事を見ると、近代化の時代には指導者とエリートが「上から」重要な役割を果たしていることがわかる。そうした経験からはまた、民主主義と自由市場という名であってもなくても、その「上から」指示される暴力的な近代化の時期に、市民社会、政治経済の多元性、制度の照合と均衡がすべて発達しない場合には、社会で優位に立つエリートが社会とはかけ離れた勢力へと進化することがわかる。彼らがどのようなイデオロギーを掲げようと、その関心は反対勢力の潜在的可能性を押さえつけて自分の権力を延ばすことだけに向けられるのである。

そのような状況では、選挙はおもにさまざまなエリート同士の勢力争いのようになり、代表制民主主義が衰退してエリートの権威主義政権となる。ロシアの選挙は正当性、透明性、競争過程という点で国際水準に十分適合していない。それが、国民の有効な政治参加や市民による公共団体の監視といった、民主主義らしい憲法機能を果たせない理由である。選挙はもちろん代表制民主主義そのものが、権力を握っている者の正当化と自己増殖の手段となっているのである。

エリートとその絶え間ない勢力争い、連立の変化、そして連立のなかでの勝利と敗北が、ロシアの政治的発展と近代化の大部分を決定づけている。

連邦当局は市民社会と人権に対して二重基準の政策を実行している。一方で、当局は、憲法上の表現の自由を強調し、マスメディアは守られるべきだと訴える。市民フォーラムを開催して、非政府組織に有利な法律と金融の条件を整える。ロシア大統領は二代続けて、官僚政治と汚職の排除、市民による自由で民主主義的な権利の享受、強い市民社会なくして、世界的な競争力と創造力に富んだ経済を築き上げることは不可能だと宣言している。

他方では、同じ当局がしばしば人権を侵害する。会合、行進、デモ、ピケを張ることの自由は反体制派では制限され、積極的に政府に反対する組織は抑圧される。諸外国の非政府組織のほとんどはロシアを離れることを余儀なくされた。非政府組織を「外国の諜報機関」とみなす法律が二〇一二年七月に可決された。この法律によれば、外国から資金提供を受け、政治的な状況に関わるすべての非政府組織は、外国の諜報機関として特別なリストに登録しなければならない。

「汚職や官僚政治化との戦い」はもっぱら象徴的な意味でしかない。実際には、そしてほとんどのロシア国民の目には、この国は法令遵守と独立した裁判所制度からはほど遠い[5]。

ロシアを支配するエリート層は、世界的な金融危機と国内の緊張の拡大や社会政治的な紛争の影響を受けて、自分たちの富と権力に対する脅威の大きさを認識し始めた。そのような状況下で、一九九〇年代以降はさまざまな形での近代化計画が提案されてきた[6]。

現在のメドヴェージェフによる近代化計画においては、政治的に活発で教養ある社会層の期待やリベラルな改革派による着想と提案、かたや改革の結果とロシアの民主主義への転換が不成功に終わったという認識とのあいだに大きな隔たりが認められる。この近代化計画は、イデオロギーの空白のなかで、実利的で抑制された国家案ともいうべき役割を果たすようデザインされている。

この曖昧な近代化計画の改革主義的な潜在的可能性をどのように動かし、固め、評価するのかはまだ不透明だ。

その一方で、ロシアの近代化について当局と社会のあいだに話し合いが進展していることから、国民が多くの未解決問題に目を向けるようになり、解決方法を模索しようとする勢いが生まれる可能性はある。

ロシアが過去二〇年の共産主義後の改革で学んだ重要な教訓は、古い体制の崩壊は必ずしも新しい体制が生まれる条件になるとは限らないということである。民主主義と人権は、たとえそれが国の憲法で宣言されていたとしても、支配層のエリートにとって価値あるもの、あるいは目標であるとは限らない。それを国内外政策の優先課題にするためには、覚醒したばかり、生まれたばかりの市民社会からの圧力が不可欠である。

著名なジャーナリストは述べている。「プーチン―メドヴェージェフの時期はロシアにとって非常に重要となる可能性がある。現在この国はみずからの首を絞めるような国政を続けているが、それでもなおこの時期は近代化の絶好の機会だ」(7)。この数カ月の集中した議論では、ロシア近代化における国内の障壁と、持続可能な発展へと移行するための政策方針の必要性について、より率直で批判的な意見が交わされた。こうした議論はすべて、政府に新しい方針が必要であることを示している。

一方で、二〇一三年の政策はもとよりそれ以前の政策もきわめて不安定なままだ。ロシアは今なお、エリートと社会のあいだにある深い溝を乗り越えるために役立つような制度、管理、規範の有用な構想を模索している。この二〇年間、ロシアは権力主義で官僚主義的な管理モデルを追ってきた。しかしそのさまざまな形すべてをもってしても、ロシアの問題を解決するにはいたらなかった。

同時に、特にビジネス、さらには学問の世界においてさえ、転換期にある現在のロシアに成熟した西側諸国型の民主主義を適用することを懐疑的に見る傾向が広がっている。この右派改革主義の動きはまた、西側諸国の異なる学問分野や学派の学者からの影響を受けてもいる。マイケル・パワー（ロンドン・スクール・オブ・エコノミクス）は、アラスデア・ロバーツの著書『The Logic of Discipline: Global Capitalism and the Architecture of Government（規律の論理――グローバル資本主義と統治の構造）』の書評のなかで次のように強調している(8)。

民間と公共とのパートナー関係の事例は、公共政策の多くの分野が特有の改革理念、すなわち『規律の論理』に支配されているというロバーツの普遍的な主張を裏づけている。この理念の中心にあるのは、民主主義がいくつもの重要な政策分野で効率と効果に危機をもたらしているという仮定である。特に、政治と政治家の影響は有害で、短期的な目標を優先することを促し、安定を脅かし、利己主義を助長する。それだけでは足りないと言わんばかりに、公務員は重要なプロジェクトに求められる実行能力に欠けている。要するに、規律の論理では、統治のしやすさと民主主義化を求める圧力は逆効果であり抑制すべきで、代わりに技術官僚の一団に委任するほうがよいと考える。彼らはそもそも政治の栄枯盛衰とは関係がないからだ[9]。

有名なロシアの社会学者は述べている。「ロシアの近代化におけるおもな障壁は（中略）ソヴィエト型人間あるいはソヴィエト崩壊後人間（ホモソヴィエティクス）にある。そうした人間は暴力に適応するという経験のせいで基本的に世界を信用できず、そのため複雑な道徳的志向や相互関係を受け入れることができない。つまり、組織になじめず、対話という新しい社会の形に適応できないのである」[10]。この結論についてはほんの一部分しか賛同できない。

大都市では、カイ・エリクソン（ヘルシンキ大学）が言うところの参加型政治への要求が高まっている。「参加型政治は、市民、企業、政府のあいだの活気あるパートナー関係と、民主主義の基礎となる活発な市民行動を生み出す。社会は動的な相互関係ネットワークと定義づけられ、理論的に言えば、市民は政治コミュニティの自己組織化プロセスにいっそう携わるようになるのである」[11]

こうした要求は、台頭しつつある中流階級が、開かれた政府、開かれた統治を望んでいることと関係し合っている。そこでは活動的な市民が政治と統治の情報の主たる発信者であり、消費者でもある[12]。

2　専制政治と多元性*

下斗米伸夫

はじめに

政治の理解はいつでも難しい。政治体制とその動向が絶えず変化するうえ、観察者によって見解が異なる可能性があるためだ。ましてや民主主義と権威主義傾向のあいだをゆれ動くロシア政治となると、なおさらである。それでも、二〇〇〇年から二〇〇七年のヴラジーミル・プーチン政権は、民主主義の度合いは下がったとはいえ、それまでの変わりやすい時期よりも安定性と予想可能性が上がった(1)。その時期に続いたのがドミートリー・メドヴェージェフ大統領とプーチン首相による双頭体制《タンデム》、つまり二頭政治である。ふたりの指導者によるこの体制下では物事が複雑になり、広く注目を集めた。この双頭体制によるリーダーシップは正式には二〇一二年に終わり、二〇一二年五月以降は第二次プーチン政権と呼ばれる新政権が発展しつつある。

学者やアナリストのあいだでは、第二次プーチン政権体制についての解釈が分かれる。プーチニズムと現在のロシアの政治体制に対する日本人の見解もまた、専門家によってさまざまだ。かの有名なアリストテレスによる、支配者の数に応じた政治制度の分類にしたがえば、ひとり支配、双頭すなわちふたり支配、寡頭政治などの少数による複数支配、民主主義と呼ばれる多数支配に対する日本人のものの見方を知ることができる。本章ではこの論法に沿いながら、独裁制について数字的主題、すなわち「体制」の人数に特別な視点を向けて、プーチニズムの変化を分析する。

ヴラジーミル・プーチンのひとり支配

ひとり支配の政治体制に焦点をあてると、ロシアの政治体制における独裁専制的な特徴が際立つ。一部の学者は、プーチニズムのこの側面を強調する。独裁的なイヴァン雷帝、ピョートル大帝、レーニン、スターリンの時代から引き継がれてきたロシア政治文化の歴史的背景はよく知られている。ゆえに、一部ではなおさら、権力が絶対的で、エリートと機関を完全に掌握しているプーチンを「独裁者」と見る向きがある。この説によれば、ロシアは典型的なひとり支配の国である。こうした見解はまた、一部の大統領府イデオロギー信奉者や政治戦略家によって広められている。

現代の日本の文献のなかでは、木村汎のような学者や名越健郎といったジャーナリストがこの見解に傾いている。研究者の永綱憲悟もある程度そこに含まれるかもしれない。なかでも木村はこの流派のもっとも見識ある擁護者と位置づけられるだろうか。最近の大作『メドベージェフ vs プーチン――ロシアの近代化は可能か』のなかで彼は、プーチンは独裁者であり、政権はひとりの人間に依存していると述べている。木村によれば、プーチンの独裁政は「美しい場所であるが、一旦登ってしまうと降りる道がない」(2)［木村汎『メドベージェフ vs プーチン――ロシアの近代化は可能か』、藤原書店、二〇一二年、四四七ページより引用］。彼はメドヴェージェフとの双頭体制支配を「プーチンによるプーチンのための偉大なる発明」と考える(3)。もし政権がプーチンの四期目が終わる二〇二四年まで続いたなら、三〇年統治したスターリンに次いで二番目に長い在任期間となる(4)。同じような方向で、ジャーナリストの名越は著書『独裁者プーチン』のなかでプーチンを「黒い皇帝」と描写する。名越は政治学者オリガ・クリシタノフスカヤのデータを取り上げている。そこでは、プーチンのエリートのほぼ八〇パーセントはサンクトペテルブルク派出身で、元ＫＧＢの同僚だと述べられている[5]。彼らは同じ思想、同じ利害関係を持つ同質の従者だ。

木村がプーチンをソ連崩壊後の独裁者と捉えているのだとすれば、永綱はプーチンを、今なおソヴィエトの価値観を追求し、ソヴィエトの規範を復活させようとする「ソヴィエト時代」の人間だと考える[6]。むろん永綱は、「社会主義経済」がもはや持続不可能であり、ソ連連邦共産党が政治体制として容易に復活できないことは理解している。したがって彼の主張は、元ＫＧＢ課報員のプーチンがソヴィエトの価値観に非常に近い指導スタイルと本質的価値観を有しているという点にある[7]。ホモソヴィエティクスの遺産は容易には克服できないのだ。

永綱が描くプーチニズムのソヴィエト像は、とりわけ民営化と自由市場経済への移行に対するプーチンの肩入れを考えるとやや時代遅れだが、それでもやはりその考察には重要な意味が含まれている。二〇一二年大統領選におけるプーチンの最初の選挙運動は、ロシアの新聞イズヴェスチヤに掲載された「ユーラシア連合」への思い入れから始まった[8]。この記事を、ソ連崩壊後の空所を「ミニ・ソ連」へと統合しようとする彼の意思表示だと考える専門家もいる[9]。実際、ソ連崩壊は「二〇世紀最大の地政学的悲劇」だったという趣意のプーチンの声明は、そのあとに「ソ連の復活を欲する者には頭がない」と言い添えられてはいるが、よく知られている[10]［名越健郎『独裁者プーチン』、文藝春秋、二〇一二年、二一一ページより引用］。

ひとり支配をやや修正したかのようなプーチニズムでは、彼の人民主義、すなわちポピュリズムが目を引く。プーチンの統治期間にロシア社会が劇的に変化したこともあって、ポストモダニズムの政治傾向であるポピュリズムはプーチニズムを表す言葉のひとつとして考えることができるかもしれない。日本では、二〇〇四年の日本比較政治学会で行われた「ポピュリズムの比較」パネルディスカッションで、プーチンのポピュリズムが討論された。比較アナリストの大多数が、プーチン政権のロシアはポピュリズムという概念には当てはまらないとの結論に達した[11]。

プーチンとそのチームが、なかでも二〇一二年の「民主主義」問題に直面したときに、ナーシ（「われらの」の意）といった青少年組織を動員しようとしたことは事実である。そしてまた、保守党「統一ロシア」が政権与党としてとどまっていることからも、第二次プーチン政権をポピュリズムと呼ぶことができるかどうかは疑わしい。

大統領府は二〇一二年秋までに、プーチンの印象をたくましい男から「賢い長老」とでもいうような、精神あるいは道徳の指導者へと変えたいと考えていた[12]。抗議活動を行って逮捕された女性バンド、プッシー・ライオットの事件が、こうした見方を行動に移すきっかけとなった。また二〇一二年一二月のプーチンの大統領声明では、「国家の思想と精神の繁栄」の重要性が強調されている。レーニン廟がはるか昔に逝った精神の指導者たちに敬意を払うギリシア正教の伝統を受け継いでいることをほのめかして、プーチンが廟の撤去要請を拒否したことには理由があるのかもしれない[13]。彼は対談のなかで、共産主義をひとつの「宗教」と捉えてさえいる。作家アレクサンドル・ドゥーギンといった「古儀式派」が同様の主張をなぞっていることは偶然ではないかもしれない[14]。

ここまで最近の日本の研究におけるプーチンの独裁的なイメージを論じてきたが、日本のジャーナリストの作品にはそれよりも慎重でバランスのとれたプーチン像も見ることができる。ジャーナリストの佐藤親賢は最近の著書『プーチンの思考——「強いロシア」への選択』で、ジャーナリストらの分析によく見られる解釈を示している。彼は、プーチンの垂直の権力には実は限りがあると主張する。その一方で、プーチンは憲法上の制約を受けない「君主主義の皇帝」に分類されるべきだという映画監督ニキータ・ミハイルコフの言葉を引き合いに出してもいる。しかしながら、佐藤本人は、「プーチンは皇帝ではない」と主張する著名なアナリスト、スタニスラフ・ベルコフスキーと同じ結論をたどって、プーチンの権力は制約を受けた行き過ぎないものだと考える傾向にある[15]。

ふたり支配、双頭体制の再来

ロシアの政治には古いギリシアの政治用語があふれている。財閥系寡頭制《オリガルヒ》支配者を現代の世界に復活させたのはボリス・エリツィンのロシアだった。アリストテレスの分類による第二のカテゴリーは、ふたり体制を含む少数の支配者による支配である。双頭体制は定義としてはふたりの支配者による統治を指す。ロシアの双頭体制とは、指名されたばかりのメドヴェージェフ大統領とプーチン首相による二頭政治が始まった二〇〇八年五月以降の時期の、ふたり支配体制の呼称である(16)。このメドヴェージェフとプーチンによる政治形態は、プーチンがふたたび大統領に就任する二〇一二年五月まで続いた。

この期間に実際にはだれが最重要問題について判断を下していたのかを見分けることは難しかった。大統領と首相の憲法上の権限はそれほど明確ではない。プーチンとメドヴェージェフの真の関係にはいくつかの説があった。ある分析グループはプーチンを優位と見る傾向にあったが、別のグループはメドヴェージェフがますます上に立つようになってきていると主張した。もしかするとイデオロギー的なニュアンスによるものなのかもしれない。ふたりの関係は「協力」「競合」「服従」「役割分担」などの言葉で描写された。テレビでは、たいていの場合はメドヴェージェフが先に報道されたが、公のイメージとしてはプーチンに遅れを取っていた。

二〇一〇年の秋に現職だったメドヴェージェフ大統領が二期目にも意欲を見せると、政治的な不透明感さえ広がった。この政治的にあいまいな状態はしばらく続き、結果的にはプーチンが「統一ロシア」議会で新大統領候補として指名された二〇一一年九月二四日にようやくおさまった。

しかしながら、三期目を禁じる憲法の迂回に示されるプーチンの権力支配をこれまでどおりに解釈することに比べると、双頭制度の問題は根が深い。一九九三年のロシア憲法はソヴィエト体制の崩壊後すぐに書かれたために、その内容にやや矛盾がある。一九九三年一二月にロシア連邦の新憲法が国民投票によって採択されたとき、ロシアの政治制度は旧ソヴィエト国家体制のがれきのなかから生まれた。エリツィン大統領によって正式に提案された憲法はソヴィエトモデルの面影を残している。ロシアは大統領制と議会制を併せ持つ国家となった。一九九三年にエリツィン主導で導入されたこの半大統領制は、ソ連崩壊後のロシア政治が抱える、形がはっきりしないどころか異なるものが混ざり合ってさえいるという特徴を悪化させた。

エリツィンのもとで新たに出現した政治体制はあいまいな特徴を受け継いでいた。その一因は、憲法が、ゲンナジー・ブルブリスらエリツィンの側近が擁護した強い大統領制と、ルスラン・ハズブラートフらが提唱したソヴィエト議会制のあいだの一種の妥協策だったことである。政治勢力の連携は、強い大統領を望む勢力とそれに反対する勢力とのあいだでゆれ動いた。エリツィン大統領の最盛期である二期目においてさえ、ヴィクトル・チェルノムイルジン首相は、下院の野党勢力が強かったときには特に、大統領に拮抗する力となりえた。

見たところでは、絶大な権力を持つ大統領は強い首相と立ち向かわなければならないようである。エリツィンが二期目を務めたときのチェルノムイルジンがまさにそうだった。そのためエリツィンは首相を解任して、地元の新興財閥《オリガルヒ》出身だった若い技術官僚セルゲイ・キリエンコに置き換えた。ところが、キリエンコは一九九八年八月の経済危機後に辞任を余儀なくされた。エリツィンはチェルノムイルジンをふたたびに首相にすることを望んだが、議会の多数が指名に反対したため達成できなかった。議会では、ヤブロコ派の指導者グリゴリー・ヤヴリンスキーの呼びかけで大連立ができあがっていた。この共産主義とリベラルの連立は、元ジャーナリストで学者であり、かつてミハイール・ゴルバチョフの政治局員でもあったエフゲニー・プリマコフを首相に指名した。

こうして下院の多数が強い首相を支持したことで、エリツィンにとっては憲政の危機が現実の脅威となった。それでもプリマコフは一九九八年九月から一九九九年五月まで首相を務めた。一九九〇年代の分断され分極化された社会では、新自由主義的《ネオリベラル》な自由主義経済への移行政策が導入されて物不足が起こり、大多数の人々が貧窮に追い込まれていた。そのため下院の大部分、特に首相を支持する新興財閥《オリガルヒ》系のグループがエリツィン政権と敵対した。プリマコフはやすやすと経済危機を克服して支持を集めた。彼は、下院で多数を占めていた、共産主義者と過激な国家主義者議員からなる幅広い連立を頼ることができた。連立はエリツィン大統領政権と対立した。「民主主義の」エリツィン大統領は、実際には、国の富を私物化してみずからの権力と特権を最大限に強化しようと互いに競い合っていたボリス・ベレゾフスキーなどの大富豪の新興財閥《オリガルヒ》を支え、その支配を受けていた。そのためエリツィン派の「民主主義者」は、「民主主義者」に批判的な多数の議員と対峙した。ロシアの民主主義はときに「民主主義者」によって阻まれたが、「反民主主義者」と呼ばれる勢力に促進され、民主化は議会の多数派によって推し進められたのである。

このように、このロシアの統治危機は大統領と首相、とりわけ後者が下院で多数派の支持を受けているときの、両者のあいだの権限と権力構造をめぐる憲法上のあいまいさが原因だった。

しかしながら、「プリマコフ現象」は長くは続かなかった。プリマコフが経済の安定化に成功したにもかかわらず、エリツィンは一九九九年五月に彼をその地位から解任して、セルゲイ・ステパーシンに置き換えたのである。けれどもステパーシンは能力不足であることが判明し、結局一九九九年八月にヴラジーミル・プーチンが首相に任命された。プリマコフは議員を辞職したが、反エリツィン連合によって大統領候補に指名された。モスクワ市長だったユーリ・ルシコフや、タタルスタンのミンチメル・シャイミエフといった地方の権力者数名が彼を支持した。こうしてプリマコフは、矛盾する政治構造の象徴となった。

この「プリマコフ現象」は強い首相と議会の多数で成り立っていた。それが大統領の権限を強化したいと考える大統領府にとっては問題となった。この現象はロシアの政治エリートを悩ませ続けた。大統領府とプーチンの双方が「プリマコフ現象」を注意深く研究していたことは興味深い。

プーチンはみずからの大統領就任までにプリマコフの支持者を親プーチン派と連合させ、それによって「統一ロシア」を政党として組織して自分の体制のなかへ取り込みたいと考えた。そうすることでプーチンは、ボリス・ベレゾフスキーやヴラジーミル・グシンスキーなど、プーチン大統領を弱体化して自分たちの利益や目標を推し進めるために利用しようとするライバルの新興財閥《オリガルヒ》を排除することができた。二〇〇〇年の選挙では、プーチンは票のわずか五四パーセントを得ただけの弱い大統領だったのだ。

この「プリマコフ現象」は今なおロシアのエリートや新興財閥《オリガルヒ》を悩ませている。二〇〇三年の政治危機では復活さえした。そのときは、また別の新興財閥《オリガルヒ》であるミハイール・ホドルコフスキーが、二〇〇四年の選挙に向けて強い首相モデル寄りの政治改革を導入しようとしたと言われている。ホドルコフスキーは議会の「民主主義者」と「共産主義者」の両方から金融支援を受けていた。プーチンは逆にホドルコフスキーを逮捕することでそれに対抗した。逮捕、裁判、そして有罪判決ののち、ホドルコフスキーはプーチニズムの永遠の対極となった。弱い大統領と強い首相という双頭体制の起源をたどるならば、それが憲法の枠組みと、プーチンの政治戦略に影響を及ぼしたプリマコフの遺産効果に由来していることは明らかである。

双頭体制の危機

あとからふり返れば双頭体制は「プリマコフ現象」の再来のようなものだったが、このときは異なる形でプーチンに利用された。政治学者ヴィヤチェスラフ・ニコノフによると、強い首相にはそれに相応する大統領がいた。しかしながら、二頭政治の正式な憲法上の枠組みにも、長期的に見れば権力の再分配の機能がある。事実、二〇一〇年一〇月までには、現職大統領だったメドヴェージェフが力のあるモスクワ市長ユーリ・ルシコフを追い出して大統領の真の権力を暗に示したことで、体制に危機が訪れた。続いてメドヴェージェフは、日本とのあいだで領土紛争となっている地域のひとつ、国後島を訪問した。プーチンの同意についてはよくわかっていないが、このメドヴェージェフの行動は、自分が国家のリーダーであることを知らしめようとした国内的な理由によるものだとロシアのアナリストは指摘した(17)。彼の顧問団のイーゴリ・ユルゲンスは、急進的な政治の近代化を擁護していた。二〇〇八年一一月のメドヴェージェフによる大統領演説は、議題項目として限りはあったものの、政治改革と近代化の論議から始まった。それは、三八〇人もの死者を出すにいたった二〇〇四年九月のベスラン学校占拠事件という悲劇以来、プーチンが権威主義的な選択肢として管理を強化してから放置されてきた議題だった。メドヴェージェフはまた、自分の誕生日のころにヤロスラヴリ政策フォーラムを開催した。それがちょうどプーチンが顧問や専門家を交えて会合するヴァルダイの会議と同じ時期だった。当時研究者だったマイケル・マクフォールは、二〇一〇年九月に行われた親メドヴェージェフのヤロスラヴリ・フォーラムで「民主主義と経済の近代化」という論文を発表した。二〇一一年一二月、彼は駐ロシア米国大使に任命された。彼はメドヴェージェフ寄りに傾いていた。

メドヴェージェフとその側近が、いつ、プーチンから距離を置いてメドヴェージェフ自身の権力中枢を築く計画を始めたのかはわからない。アンドラニク・ミグラニャンといった親プーチンの政治学者が、メドヴェージェフによる二〇〇九年の論文「ロシアよ、進め!」はメドヴェージェフ自身の政治計画だと主張していることはまちがいない(18)。しかし、メドヴェージェフの政治的見解はすでにプーチンのそれからはやや離れており、ロシア政府のイデオロギーの担い手であるヴラジスラフ・スルコフと主権民主主義の概念を討議した二〇〇六年から二〇〇七年には、いっそうリベラルにさえなっていた。スルコフはプーチニズムの権威主義を強く擁護していると考えられていた。不思議なことに、二〇一二年一二月にクレムリンをあとにしたのに続いて内閣官房長官に任命されたスルコフは、以前より「民主主義」に傾き、メドヴェージェフに近くなった。二〇一一年までには、メドヴェージェフはプーチンよりも改革志向であることが明らかになった。

そうするあいだにも、二〇一二年から二〇一八年の大統領としてだれが立候補するのかという問題あるいは議論が、専門家のあいだで盛んに取り上げられるようになった。アメリカに本拠を置く専門家ニコライ・ズロービンが二〇〇八年九月のヴァルダイ・フォーラムでプーチン首相に対して投げかけた、プーチンの再登板はあるのかという有名な質問がきっかけだった。プーチンは相談のうえで決定すると答えた。二〇一〇年から二〇一一年の時期までには、グレブ・パヴロフスキーやユルゲンスのようなメドヴェージェフのイデオローグのほうが、より公にメドヴェージェフの大統領二期目を推進していた。現代発展研究所としても知られるユルゲンス研究所が、その理事会長であるメドヴェージェフに近代化の新しいイメージをもたらす役割を果たしていた。二〇一二年三月、研究所は「戦略二〇一二」に関する意見書を発表した。そこでは本格的な政治改革が奨励されていた[19]。

プーチンの答えもまた明らかになった。二〇一一年八月までにプーチンは、それまでの双頭体制を消滅させるか、あるいはふたたび双頭体制の枠組みの役割を変えて、いずれにしても自分が次の大統領になるべきだとの結論に達していた。舞台裏の要因が何だったのか、どのようにしてプーチンがその決定にいたったのかは今でもわからない。「アラブの春」、とりわけリビアのそれに続く国際危機が決定的な役割を果たしたという説もある。実際、プーチンは二〇一一年三月に、リビア問題について、メドヴェージェフの立場とは矛盾する見解を述べた。プーチンは国際情勢への対応は大統領の権限であることを認めながらも、リビアにおけるアメリカの関与と介入を非難し、そうすることで国際問題に対するメドヴェージェフの姿勢を間接的に批判した。佐藤もまた、プーチンとメドヴェージェフは国家間の協力関係について意見が異なることを示唆している[20]。

二〇一一年には、プーチン、メドヴェージェフ、「統一ロシア」党の支持率が下がり始めたことで、さらに深刻な問題が持ち上がった。メドヴェージェフの支持率のピークは二〇一〇年三月で五九パーセントに達したが、翌年には五〇パーセントに落ち、二〇一一年八月には四三パーセントにまで下がっていた。プーチンの支持率は二〇〇八年がピークで七〇パーセントに達したが、二〇一一年三月には五七パーセント、二〇一一年八月には四九パーセントに落ち込んだ[21]。これは双頭体制の組織的な危機にほかならない。プーチンは反撃に出た。二〇一一年五月、プーチンは「人民戦線」という名のみずからの運動団体を組織させた。プーチンがいつどのように大統領に立候補する決意を固めたのかはあまり知られていない。大統領府の声をほのめかすことがあるロシアのメディア、アルグメンチ・ネデリは、プーチンが八月までに大統領立候補を決めたと報じている[22]。それを追って、二〇一一年九月九日のヤロスラヴリ・フォーラム直前には、メドヴェージェフによる漠然とした声明が発表された。そして二〇一一年九月二四日、メドヴェージェフは「統一ロシア」党会議で正式に大統領立候補を表明した。彼はまた二〇一一年一二月の議会選挙に向けて、現職の大統領を与党名簿の最上位に置くのが「伝統」だと指摘した。二〇〇七年一二月にプーチンが作った伝統である。

しかしながら、選挙運動はまとまりを欠き、結果は大統領府にとって、とても成功とは呼べないものだった。一〇月の世論では「統一ロシア」党の平均支持率は四〇パーセントあまりだった[23]。「統一ロシア」は半数に満たない四九・五四パーセントの票しか獲得できなかった。とりわけ予想外だった興味深い展開は、大統領選挙戦中に起こった汚職に抗議する活動である。一二月一〇日と、そして特に一二月二四日に大規模な抗議活動が行われて、一〇万人あまりがサハロフ広場に集まり、専門家の注目を集めた。こうした活動は、プーチンに反対する抗議とプーチンを支持する「反オレンジ革命」運動の両方がモスクワなどの都市で行われた二〇一二年二月に最高潮に達した。政治学者ミグラニャンらプーチニズムを擁護する人々は、パヴロフスキーやイーゴリ・ユルゲンスらメドヴェージェフをとりまく大統領府主導のリベラル派が、大統領府の提案か、少なくとも暗黙の了解を得て「反プーチン」の運動を行ったと主張した[24]。ミグラニャンはまた、反プーチン運動はメドヴェージェフの大統領二期目を念頭に置いたものだとも述べている。

大規模抗議活動に続く、こうしたプーチニスト指導者の不和によって、プーチニスト権威主義についての議論が活発になった。レヴァダ・センターの社会学者によれば、これはロシア政治の民主化ではなく一種の中流階級運動のようである[25]。

クレムリノロジーの復活か、政治局の返り咲きか？

二〇一一年九月二四日までに、プーチンは大統領選に立候補する意志を表明した。メドヴェージェフは、政府寄りの「統一ロシア」党が一二月の議会選挙でかろうじて勝利したときに首相に指名された。二〇一一年から二〇一二年にかけての冬、選挙結果の不正問題で激しい抗議活動が起きた。二〇一二年二月までに大衆運動は勢いを増し、民主主義を求める声が高まったが、親プーチン勢力も混乱を抑えるべく人員を動員した。プーチンは結局三月の選挙で勝利を収め、二〇一二年五月の就任後にいわゆる第二次プーチン政権が始動した。

プーチニズムのこのあいまいな移行期をどのように定義すべきだろうか？　政治学者や専門家もまた難題に直面する。二〇一〇年のロシアの政治的な混乱はプーチンが大統領として再選されるより前に起きたことから、ロシアの政治学者はそれを中央政府の動きを推測するという意味でクレムリノロジーの復活と呼んだ[26]。プーチンは用心しているようで、民主主義にはあまり関心を示さない。しかしながら政治的な見通しの範囲が広がったため、科学者やアナリストは二〇〇〇～二〇〇七年の第一次プーチン政権や二〇〇八～二〇一二年の双頭体制期に経験したときよりも、幅広い論争や問題点に対処しなければならなくなった。

第二次プーチン政権の政治体制についてもっとも注目を集めている論説は、政治局の復活説である。あまりにも多くの派閥や機関が影響力を競い合っていてひとり支配が適切ではない場合、独裁者支配と寡頭制《オリガルヒ》支配のいずれをもってしても政治状況を理解するには不十分である。したがって、第三のモデルの登場が、プーチンとその統治法の理解を助ける。ロシアの政治アナリスト、エフゲニー・ミンチェンコがプーチン政治体制を表すひとつのモデルを提案している。彼はそれを現代ロシア（二〇一二年）における「第二次政治局」のようなものだと考える[27]。ミンチェンコのモデルは、それまでのモデルでは物足りないと感じていた日本人アナリストの目に留まった[28]。二〇一二年の選挙後に六〇人あまりの専門家を取材したミンチェンコは、「ロシアで起きた非公式な意思決定」の体制が旧ソ連共産党政治局の意思決定に似ているという結論にいたった。

ミンチェンコは特に八人のメンバーを「政治局」に挙げている。それは、メドヴェージェフ（首相）、セルゲイ・イヴァノフ（大統領府長官）、ヴャチェスラフ・ヴォロージン（大統領府第一副長官）、セルゲイ・ソビャーニン（モスクワ市長）、セルゲイ・チェメゾフ（軍産複合体）、ゲンナジー・チムチェンコ（ノヴァテク社）、イーゴリ・セーチン（ロスネフチ）、そしてユーリ・コヴァリチュク（メディア王）である（プリビロフスキー、二〇一二年）。ミンチェンコによる特徴づけは、メドヴェージェフがプーチンに「劣るけれども対等な」地位から、さらには「後継者」候補の可能性からもはずれたという点で注目に値する。

また、候補というレベルではふたりの人物が挙がっているとモスクワ・タイムズ紙は述べている[29]。

大統領府は、リベラル傾向のアレクセイ・クドリン前財務大臣や国家主義のドミートリー・ロゴージン副首相といった影響力の大きい人物を、政治危機が起きた場合のリーダー候補として準備している。そして、ある有力なシンクタンクの新たな発表によれば、ヴラジーミル・プーチン大統領の統治体制は垂直権力というよりもソヴィエト政治局に類似している[30]。

ちなみに、別のシンクタンクもまた、クドリンとロゴージンの政治機運が高まっていると考えている。有名な社会学者で前副首相でもある戦略研究所のミハイール・ドミトリエフは、国家主義勢力のロゴージンとリベラル勢力のクドリンが後継候補、すなわち将来の指導者候補として浮かび上がっていると指摘する。クドリンは金融界出身で、ロゴージンは軍産複合体を預かる副首相に任命されていた。

ただ一方で、現在の体制を政治局モデルと結びつけることは見た目ほど容易ではない。政治局体制はスターリンの覇権リーダーシップから始まり、ニキータ・フルシチョフの「過渡期と異種混成」チーム、さらにレオニード・ブレジネフの「制度化された形式主義組織」を経て、ミハイール・ゴルバチョフの自滅チームという最終ステージへと進化してきた。ミンチェンコもまた、政治局体制そのものの定義づけと分類は行っていない。

ミンチェンコの論法をたどるならば、少なくとも三種の「政治局」論があるのかもしれない。まず、プーチンの政治局は同質のサンクトペテルブルク派ひとつだけで構成されている。ただし、ロシアの専門家は、この一派は同質とはほど遠いと口を揃える。少なくともあとふたつの異なるグループが、同じサンクトペテルブルク派から誕生し、存在している。それは治安国防関係者のシロヴィキと市民派のシヴィリキだ。

そうなるとふたつ目の形、あるいは「フルシチョフ型」と呼べるかもしれないが、異なるグループが互いに競い合ってライバルや反対勢力を追い出そうとする「過渡期」政治局モデルが持ち上がってくる。この解釈は最初のものより現実的かもしれない。実際、ミグラニャンのような内部に通じた政治学者の一部は、双頭体制が「変化を遂げて」、「メドヴェージェフ率いるリベラル派」と「プーチンとその一団」が優位を競い合っていると主張する。ミグラニャンによれば、イノゼムツェフ、ゴントマヘル、ユルゲンス、パヴロフスキーといった何人かの政治学者が、先行きの「暗い」プーチンに変わる道としてメドヴェージェフの上昇を手助けしている[31]。

しかしながら、ミンチェンコが第二次プーチニズムの参考として引き合いに出しているのは、ブレジネフのモデルだと述べるほうが無難ではないだろうか。その類推のほうがほかの時代のものよりもうまく当てはまるようである。第一に、ブレジネフと同じように、プーチンは初期の段階では大統領後継者になるようには見えなかった。両者とも自分よりも強い競争相手、あるいは政敵にさえ囲まれていた。第二に、ブレジネフとアレクセイ・コスイギンの双頭体制には、プーチンとメドヴェージェフのそれといくつかの共通点がある。首相だったコスイギンは、メドヴェージェフの例と同じようにいくらかの外交の権力さえ有していた。しかしながら、徐々にではあるが最終的にコスイギンが権力を失ったのに対して、ブレジネフは「同輩中の首席」から最高権力へと力を積み重ねていった。第三に、プーチンが二〇一八年の大統領任期終了まで正式に大統領職に就いていたなら、その期間は一八年に及ぶことになる。ブレジネフも同じだけの期間、政権を取っていた。第四に、ブレジネフはそれまでの指導者と比べると温和とはいえない幹部政策を意図的に追い求めたが、プーチンもまた同じように同じものを追求している。

しかしながら、ブレジネフとプーチンのリーダーシップの違いを詳細に見ていくと、この類推もまた行き詰まってしまう。第一に、ミンチェンコは政治局を非公式な仕組みだと述べているが、ソヴィエトの政治局は非公式からはほど遠かった。政治局には、幹部（ノーメンクラトゥーラ）政策を通して「指導的な役割」を果たす中央書記局機関の高度な管理体制と、膨大な国家機関、経済、社会を管理する非公式な体制があった。けれどもプーチン体制では、経済と社会で管理できる範囲がかぎられている。なかでも、プーチンの地方エリートに対する「垂直管理」と権威主義管理はすなわち、プーチンが地方管理の仕組みを持たないことを意味する[32]。地方長官選挙の論争が大統領の議題に上げられると、リベラル派が批判的だったにもかかわらず、プーチンは不承不承ながら長官選挙の再導入を許した。二〇一二年一〇月には、地域開発相のオレグ・ゴヴォルンが実行力不足を理由に解任された最初の大臣となった。

第二に、プーチンはほとんどの国営ならびに民間テレビメディアを管理しているとはいえ、プーチニズムにはイデオロギー的な管理機構が欠けている。第一次プーチン政権の絶頂期ですら、プーチンは民主主義指導者や外国メディアの批判に直面した。第三に、プーチンには正式な体制引き継ぎの仕組みがない。ソヴィエト政治局の場合は基本的に、ときに難しいことはあっても、ユーリ・アンドロポフ、コンスタンチン・チェルネンコ、そして最後にはゴルバチョフと、事実上「次の書記長」を指名することができた。しかしながらプーチンは、この一月のダヴォス会議でメドヴェージェフがみずからが後継者になると主張したことによって、自身の本当の後継者を失う可能性がある[33]。

実際の第二次プーチン政権

その後の形は、双頭民主主義の幕引き後に続いた政権のばらばらな、あるいは中央から遠ざかってさえいくかのような特徴を際立たせている。現在のロシアの政治家と政治機関のさまざまな立場や利害関係を伝える報道は、公式メディアによる内部統合の報道だけである。そうした状況では、イデオロギー、利害関係、機関がものを言う。

支配層エリートにイデオロギーの溝があることは、特に二〇一三年二月二四日、親プーチンと反プーチンの同盟が互いに結集したときに明らかになった。この選挙戦では「民主主義者」と保守的な「反オレンジ革命」のグループが別々に集会を開いた。マグニツキー法などの問題をめぐる討論に続いて、西側に傾くグループと西側を嫌うグループのあいだの亀裂があらわになった。メドヴェージェフがヨーロッパ文明に傾斜していることはよく知られているが、プーチンはロシアの方向性としてアジア重視を好み、それはウラジオストクで開かれたアジア太平洋経済協力（ＡＰＥＣ）サミットでも明らかだった。ロシアは東方にも目を向けている。

イデオロギーを引っ張っていたヴラジスラフ・スルコフは解任され、代わりにヴャチェスラフ・ヴォロージンがくわわった。ヴォロージンはサラトフ州出身の政治学者で総務局長を務める前は下院の「統一ロシア」派で書記を務めていた。考えられていたよりリベラルであることがわかったスルコフは内閣官房長官になったが、それに伴って役割は縮小したかもしれない。

さらに重要なことに、大統領府と内閣の関係が人員と能力の両方で大きく変化した。意思決定においては軽量の内閣よりプーチンの大統領府のほうが重い位置を占めるようになっている。ロシア経済と政治にとって最重要であるエネルギー政策がその一例だ。内閣ではメドヴェージェフが前大統領補佐官のアルカジー・ドヴォルコーヴィチを副首相に任命したが、プーチンはロスネフチ会長でエネルギー担当元副首相のイーゴリ・セーチンを大統領づきの燃料エネルギー複合体委員長に指名した。かくして、プーチンとセーチンが燃料エネルギー複合体の最高意思決定機関にくわわったのである。

民営化政策をめぐっては、慎重なセーチンと楽観的なドヴォルコーヴィチのあいだで深刻な論争が起きた。ロスネフチは二〇一二年秋までに第二位のエネルギー会社になった。また、極東開発政策においても、シベリアならびに極東開発の国営企業設立に反対するリベラル派と、賛成する勢力とのあいだで対立が起きた。

影響力の大きいかつての首相はみな大統領補佐に任命され、政府機関の監査、助言、管理を行う権限が与えられた[34]。また、タチアナ・ゴリコヴァ、エリヴィラ・ナビウリナ（経済政策、中央銀行総裁）、ユーリ・トルトネフ（エネルギー）、ユーリ・ウシャコフ（外交）といった人物も補佐に任命された。

メドヴェージェフ首相の政治的影響力は衰えつつある。すでにふたりのメンバーが内閣から追い出され、数人が厳しい懲戒を受けた。メディアは次期首相が誰になるのかを推測し始め、イーゴリ・シュヴァロフ、セルゲイ・イヴァノフ、ゲルマン・グレフ、ミハイール・プロホロフといった名前、さらには反対勢力に近いアレクセイ・クドリン、ドミートリー・ロゴージンさえ取り沙汰されている。

こうしたイデオロギー的な一面はロシアの国内勢力の利害関係とつながっている。メドヴェージェフとアナトーリー・セルジュコフ前国防相は外国製の軍用品を導入したいと考えたが、国防省のスキャンダルに続いてセルジュコフが解任され、セルゲイ・ショイグが任命された。彼は異例の状況で大臣を務めてきた。ショイグは連邦内の共和国出身で、国防相に任命される前は州知事としてモスクワへ移動してきていた。この指名は、幹部予備軍のなかでプーチンの支持者がいかに減っているかを暗に示している。

遠まわしの民主主義？

民主主義《デモクラシー》の定義は「民衆《デモス》の力《クラトス》」の体制、すなわち多数が支配するということである。しかしながら現在のロシアは、規範の価値観という点でも理解するためのモデルという点でも「民主主義」という言葉があてはまるとは言いがたい。プーチン主義者の支配のもと、この言葉は「反体制派」と呼ばれる少数派の反政府勢力に向けられた。エリツィン時代の副首相だったボリス・ネムツォフやさらにはプーチンの最初の首相だったミハイール・カシヤノフといった人物が、そうみなされた。彼らは結局プーチン政権に異議を唱えたものの、二〇一二年三月の大統領選でプーチンに挑戦することはできなかった。

しかしながら、反対勢力は政権の汚職に注目することでプーチンとその体制に挑むことに一部成功した。インターネットやソーシャルネットワークといった新しい形のメディアを通して、批判が世論を動かしたのである。弁護士でブロガーのアレクセイ・ナヴァリヌイは、二〇一一～二〇一二年の反体制派指導者として広くその名を知られるようになった。二〇一一年一二月の下院選挙と二〇一二年三月の大統領選挙のあいだに現れた民主化運動は、大都市の中流階級市民のあいだに自発的な抗議運動を巻き起こし、当初は有望に見えた。クセニア・ソブチャクや左派のセルゲイ・ウダリツォフといった新しい人物が、今後の新しい指導者像となって映った。

しかしながら政権は、特に三月の選挙以降、反体制派をあえて過小評価することで抗議の影響を最小限にとどめることに成功した。すべての社会運動には潮流がある。今回のように右派と左派、すなわち国家主義と民主主義が共存する反対勢力では、内部の相違点を容易に埋めることができない。結局、反体制派は二〇一二年半ばごろには認知度が下がって周縁に追いやられてしまった。彼らは二〇一二年秋までに連携委員会を立ち上げてナヴァリヌイをリーダーに選出したが、政治的な影響力が低下していたため注目を集められなかった。ネムツォフやカシヤノフらは二〇一〇年九月に国民自由党を結成したものの、政党としての登録が許可されず、体制から除外された少数派運動とみなされて、主流から取り残された。彼らは外国メディア、特にアメリカのメディアを招き入れて意見を発信し、支持を呼びかけたが、その戦術は多数のプーチン派に対しては逆効果となった。

前財務相クドリンのようにやや反体制に傾いている半反体制派は、既存のものに取って代わる発展モデルを示すために地方選挙に参加したいと考えている。彼に協力した戦略研究センターのドミトリエフは定期的にロシアの政治状況を発表しているが、反体制派は地盤が強化されるのを待っているものの、二〇一二年の後半に行われる地方選挙でもあまり期待は持てないようだと述べている。本質的には、政治的大変動の季節は過ぎ去りつつあるようだ。

プーチニスト政治の第二部は単一で保守的に見え、メドヴェージェフの影響力は衰えつつある。意思決定の中心は大統領府、なかでもセーチンと彼の燃料エネルギー複合体に集められている。時とともに、ヨーロッパの経済危機、アメリカのシェールガス革命の成功、中国の全面的な超大国としての地位の主張がプーチンの権力強化を余儀なくさせている。

注

【1】

＊野村財団と新潟県立大学からの資金援助に謝意を表する。

(1) 国内の研究者はこうした段階や周期をさまざまに区切って規定している。例として以下を参照されたい。Vladimir Gel'man, Grigorii V. Golosov, Elena Meleshkina eds., *The First Election Cycle in Russia, 1993–1996* (Moscow: Ves' Mir, 2000). Vladimir Gel'man, Grigorii V. Golosov, Elena Meleshkina eds., *The Second Election Cycle in Russia 1999–2000* (Moscow: Ves' Mir, 2002). Aleksandr Vladimirovich Ivanchenko and Lyubarev A.E., *Russian Election from 'Perestroika' to a Sovereign Democracy* (Moscow:

Aspect Press, 2006).

(2) 例として以下を参照されたい。Schleder Andreas, ed., *Electoral Authoritarianism. The Dynamics of Unfree Competition* (Boulder, CO: Lynne Rienner Publishers, 2006). Grigorii Golosov, "Electoral Authoritarianism in Russia," *Pro et Contra*, No.1 (January-February 2008).

(3) 詳細は社会経済・政治研究所の分析報告書に見ることができる。"Direct election of governors and municipal collection signatures system in 2012: The impact on the development of the political system and on directions for improvement," Moscow, November 2012.

(4) 危機をまねいた要因とその本質に関する研究結果は、前ロシア財務大臣アレクセイ・クドリンが率いる市民イニシアティブ委員会に宛てられた戦略研究センター専門委員会の報告書にある。"Society and the Power in the Political Crisis," Moscow, May 2012.

(5) 本章の著者が参加して行われた「連邦の目的計画『二〇〇七—二〇一一年のロシア裁判所システムの発達と市民や組織による裁判制度の評価』の実施状況の監視」という調査プロジェクトによって確認された。

(6) ある程度まではヨシフ・ジスキンがこうした見解やモデルをまとめている。Yosif Diskin, *Breakthrough: How We Can Modernize Russia* (Moscow: ROSSPEN Publishing House, 2008) (in Russian).

(7) Lilia Shevtsova, "Russia Today: Historical and Foreign Policy Implications of the Economic Crisis," Presentation, Kennan Institute 1 June 2009. *Kennan Institute Meeting Report* XXVII: 2 (November 2009).

(8) Alasdair Roberts, *The Logic of Discipline: Global Capitalism and the Architecture of Government* (Oxford: Oxford University Press, 2010).

(9) Alasdair Roberts, "The Logic of Discipline: Global Capitalism and the Architecture of Government," *Public Administration: An International Quarterly* 90: 4 (2012): 1114-1117.

(10) Gudkov Lev, *Abortive Modernization* (Moscow: Publishing house "ROSSPEN", 2011), 7 (in Russian).

(11) Eriksson Kai, "Self-Service Society: Participative Politics and New Forms of Governance," *Public Administration: An International Quarterly* 90: 3, (2012): 685-698.

(12) William V. Smirnov, *Open Government: The Way for Achievement* (Moscow: Institute of State and Law, 2005) (in Russian).

【2】

＊野村財団と新潟県立大学からの資金援助に謝意を表する。

(1) Lilia Shevtsova, *Putin's Russia, Revised and Expanded Edition* (Washington, DC.: Carnegie Endowment for International Peace, 2005). Aleksandr Tsipka, *Spory epokhi Putina* (Moscow: Literaturmaia, 2004). Vitarii Trechakov, "Nuzhen li Putin posle," *Rossiskaya Gazeta*, 2007.

(2) 木村汎『メドベージェフvsプーチン――ロシアの近代化は可能か』、藤原書店、二〇一二年、四四六ページ。

(3) 同上、四四六ページ。

(4) 同上、四二八ページ。

(5) 名越健郎『独裁者プーチン』、文藝春秋、二〇一二年、一五三ページ。

(6) 永綱憲悟（ロシア・東欧学会）「ソ連人としてのプーチン――個性とリーダーシップ」、二〇一二年一〇月七日に同志社大学で開かれた四学会共同シンポジウム「リーダーとリーダーシップを作るもの」より。

(7) Masha Gessen, *The Man without Face, The Unlikely Rise of Vladimir Putin* (New York: Riverhead Books, 2012)（マーシャ・ゲッセン『そいつを黙らせろ――プーチンの極秘司令』、松宮克昌訳、柏書房、二〇一三年）

(8) *Izvestya* (October 4, 2012). V. Putin, "New Integration Project of Eurasia."

(9) この言葉は名越健郎らによって用いられた。名越『独裁者プーチン』、二一一ページ。

(10) 旧ソ連諸国に対するロシアの関心については長く議論されている。ロシアの帝国主義的な統合あるいはソ連のモンロー主義はしばしば批判され、あるいは宣伝さえされた。より洗練された統合主義はカラガノフ、ミグラニャンら一部の専門家にも擁護されている。しかしながら、特に中央アジア諸国などの旧ソ連諸国に対する中国の存在を考えると、ソヴィエト統合主義の解釈は誇張されすぎているように現在の筆者には思える。

(11) Nobuo Shimotomai, "*Popular, but not necessary populist leadership, Putinism* in a post-transitional regime comparison" Panel F: Korea-Japan joint session, "Populism as a world phenomenon?" Sapporo, October 2, 2004.

(12) *Nezavisimaya gazeta*, December 4, 2012. 'Quiet wiseman, instead of Macho.' しかし翌日になって、プーチンの報道官D・ペスコフが記事は誤報だと批判した。

(13) 二〇一三年一二月二〇日、プーチン大統領の講演。

⒁ Aleksander Dugin, *Putin protiv Putina, Byvshii budushii president*［Putin against Putin, Former and Future President］（Moscow: Yauza Press, 2012）.

⒂ 佐藤親賢『プーチンの思考——「強いロシア」への選択』、岩波書店、二〇一二年、七八ページ。

⒃ "From the Crisis of Putinism to the fall of Tandemcracy," paper presented on December 15-16, 2011, at Hankuk University of Foreign Studies, Seoul, Korea. "Russia's Political System in Transition: A Search for a Unique Model or a Return to an Authoritarian System?"

⒄ "Islands for Domestic Use," http://www.politcom.ru/10989.html（accessed June 20, 2011）.

⒅ Ekspert Online, http://expert.ru/about/online/（accessed January 24, 2012）.

⒆ Sergei Belanovskii and Mikhail Dmitriev, "Politicheskii krizis v Rossii i vozmozhnye mekhanizmy ego razvitiia"［The Political Crisis in Russia and Possible Mechanisms for Its Development］, Tsentr strategicheskikh razrabotok Fond（CSR）, http://www.csr.ru/index.php?option=com_content&view=article&id=307:2011-03-28-16-38-10&catid=52:2010-05-03-17-49-10&Itemid=219（accessed June 25, 2011）.

⒇ 佐藤『プーチンの思考』、一二一ページ。プーチンとメドヴェージェフのあいだの意見の相違は、プーチンが大統領だった二〇〇七年にさえ存在していたことは強調しておかなければなるまい。二〇〇七年九月に当時の首相が解任されてズブコフが首相になったのはそのためだった。

㉑ "Fond Obshchestvennoe Mnenie,"［Public Opinion Foundation］, *Monitoring* No. 35（2012）: 2, 4.

㉒ Andrei Uglanov, "Dvulikii Putin（Ambivalent Putin）," *Argument Nedel*（August 31, 2011）.

㉓ www.politcom.ru/12955.html article by O.Stanovaya. モスクワとサンクトペテルブルクの市民においてはプーチンとメドヴェージェフの支持はともに他より低い。両市の市長が、プーチンに忠実である（ソビャーニン）か、あるいはＫＧＢと関係のある政治家（Ｇ・ポルタフチェンコ）であることと無関係ではないかもしれない。

㉔ Andranik Migranyan, "Pochemu ushel Surkov," Exspert Online, January 24, 2012, http://expert.ru/about/online/（accessed January 30, 2012）.

㉕ 二〇一二年九月一八日、レヴァダ・センターの社会学者レヴ・グドコフへのインタビュー。

㉖ Nicolai Zlobin, "Kremlinology: Balanced Tandem," in *Russia beyond the Headlines*, October 27, 2010, http://rbth.com/

articles/2010/10/27/kremlinology_balanced_tandem05070.html.

(27) Alexander Bratersky, "Report on Putin's 'Politburo 2.0' Sets Tongues Wagging," *The Moscow Times*, August 22, 2012, http://www.themoscowtimes.com/news/article/report-on-putins-politburo-20-sets-tongues-wagging/466951.

(28) 石郷岡建、名越、常盤などのジャーナリストや学者が、ミンチェンコの論文について意見を述べている。『第三回学術専門家会議報告集』（二〇一三年）を参照されたい。なかでも石郷岡がミンチェンコ報告書を詳しく紹介、説明している。九五―一〇六ページ。

(29) ミハイール・ドミトリエフの研究所である「戦略的重点センター」はむしろやや反体制的な姿勢に傾いている。五月一二日の報告書、"Society and Power in a Condition of the Political Crisis" ではまた、未来の指導者候補として四人の名前が挙げられている。すなわち、ミハイール・プロホロフ、A・クドリン、D・ロゴージン、アレクセイ・ナヴァリヌイだ。"Obshchestvo i Vlast v usloviyakh politicheskogo krizisa", *Moscow*（2012）: 49–52.

(30) 同上。

(31) Ekspert,（July 15 ,2012.）: 57. A. Migranyan, 'Propaganda of Healty Meaning.'

(32) プーチンが大統領府で最初に任じられた仕事は、地方の問題を管理する長官であったことは述べておくべきだろう。

(33) "Politburo instead of Vertical," *Nezavisimaya gazeta*, January 24, 2013.

(34) Vlast, December 24, 2012. E. Surnacheva, "Bes peremen."

第4章　日本とロシアの経済

1　経済が重要だ*

原田泰

序文

日本の経済は一九九〇年代から停滞したままである。実質GDP成長率は一九八〇年代の四・六パーセントから一九九〇年代は一・二パーセント、二一世紀最初の一〇年は〇・六パーセントに下がった。この減少は成長率を理由に大停滞と呼ばれているが、低いとはいえ平均がマイナスではないことから不況とは言えない。原因は何か。ひとつは政治が症状に効果的に対応していないことである。一九九〇年代、日本の政治家は、公共事業支出の拡大という馴染みの古い薬を処方し続けた。だがその薬は効果がなかった。

一九九六年、実質GDP成長率が二・六パーセントとなって経済は本当に回復したかに見えた。しかし、一九九八年には成長率がマイナス二・〇パーセントに転じた。政治家は、一九八〇年代終わりのバブル経済期に積み上げられ、一九九〇年代初めにはじけた不良債権を指さし始めた。政府は不良資産の問題を解決しようとしたが、経済は期待されたほどには回復しなかった。それでも二〇〇二年から二〇〇六年は実質成長率が一・八パーセントと一応の回復は見られた。ところが二〇〇八年のリーマン・ショックを受けて、日本の経済成長率はふたたびマイナスになった。

一九五五年に結成されてから半世紀以上にわたって日本を治めてきた自由民主党（自民党）は、一九九三年八月から一九九四年四月まで政権を失い、さらに二〇〇九年九月の衆議院選挙で敗北して、本格的な政権交代が起きた。民主党が自民党に取って代わり、数々の興味深い実験を開始したが、結局は効率的に日本を統治することはできなかった。

本章はこの序文にくわえて五つの部分から成っている。第一には、大停滞とそれに対する自民党の政策について論じる。第二には、安倍晋三総理大臣の経済政策「アベノミクス」についてである。第三に、民主党が行った興味深い重要な実験について述べる。第四は、日本の高齢化問題の深刻さと政治がそれに対応できていない状況についてだ。最後に、なぜ政治がこれらの問題について有効に対処できないのかについて考察を行う。

大停滞と自民党の対応

停滞は日本の有権者の自民党に対する不信感の背後にある重要な要因である。自民党は経済の不調が起きた原因を理解できず、日本の専門家のあいだでも多くの異なる主張がなされている(1)。

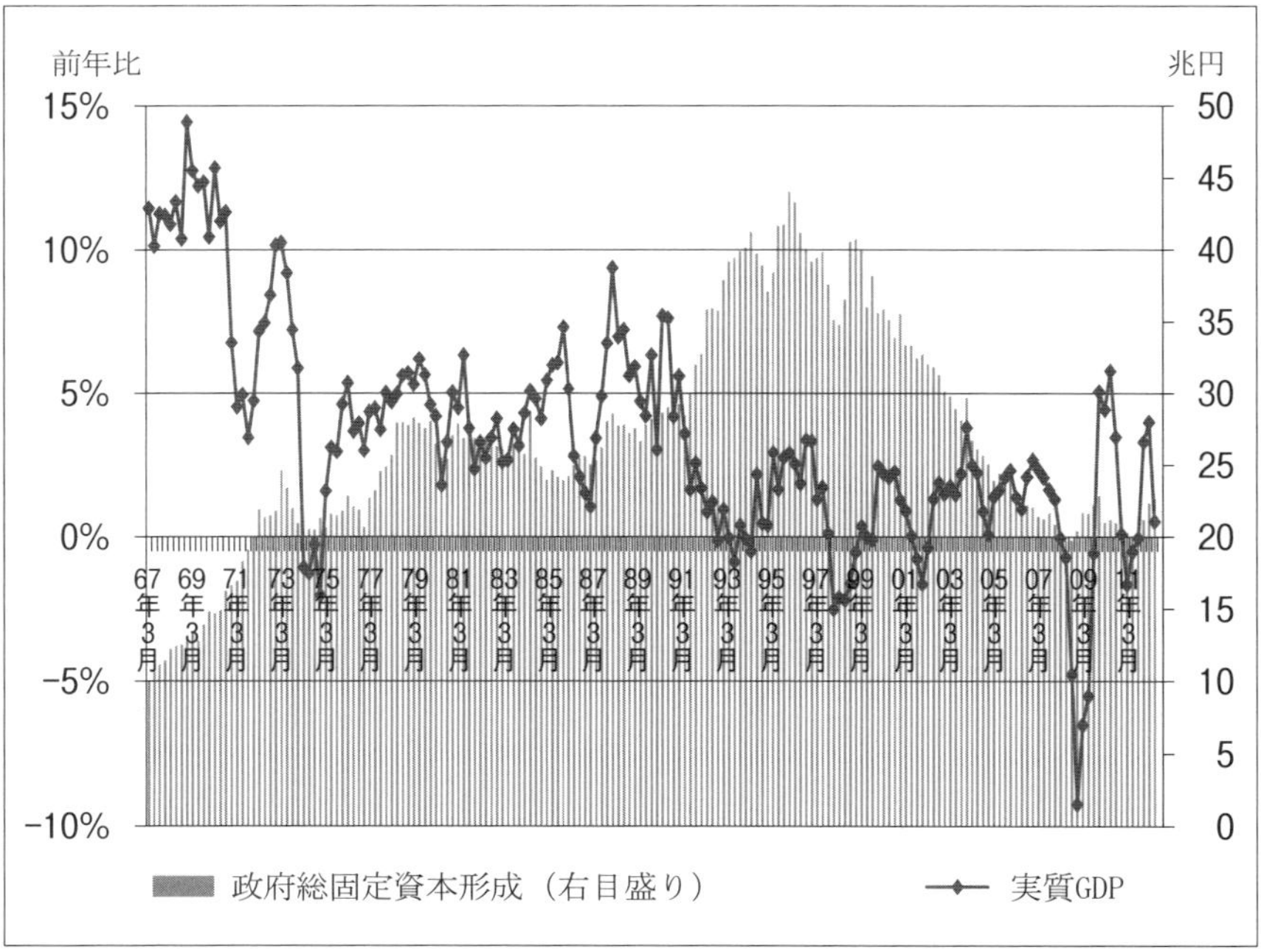

出典：内閣府

図4-1-1　実質GDP成長率と政府総固定資本形成

すでに述べたように、日本の政治は一九九〇年代に対応できず、経済を刺激するための公共事業支出という古い薬は効果がなかった。

図4-1-1は実質GDP成長率と公共投資（政府総固定資本形成）を示している。この図は、一九九〇年から一九九六年に公共投資が増加した一方で、GDP成長率は増加しなかったことを示している。一九九六年からGDP成長率は二年連続で減少し、一九九九年から二〇〇八年までは増加したが、それ以降、高い公共投資支出にもかかわらずリーマン・ショックが経済を麻痺させた。公共投資では成長率を上げられないことがここからわかる。

エコノミストは大停滞が大きなひとつの要因で起きたとは考えていない。代わりに、日本の経済的苦境を説明するにあたって少なくとも四つの重要な理由を用いている。第一はバブル説で、はじけた資産バブルが長期的な不景気をまねいたとするものだ。第二は効率ショック説で、一九九〇年代の特定の構造的問題が日本経済の効率を蝕んだとする。第三は金融制度説で、金融制度の機能が弱まったために経済成長が阻害された、すなわち不良資産が産業界に融資をする銀行の体力を弱めたとする。そして第四は金融政策説で、不十分な金融緩和が不景気をまねいたとするものである。

大停滞を調査している執筆者は、たいていの場合ほとんどの説について論じており、大停滞をテーマに取り上げている書籍はこうした可能な説明のすべて、あるいはそのほとんどを網羅している。そこで次に、こうした説のなかでもっとも注目すべきものについて簡単に述べるとともに、それ以外の主張についても考察してみたい。

「バブル」崩壊で大停滞を説明できるか?

日本の多くのエコノミストが、日本の大停滞は「バブル」とそれに続く崩壊に起因すると考えている。だが、多くの国がバブルを経験し、それに続く崩壊に遭遇して、金融危機を通り抜けてきた。それにもかかわらず、日本ほど長く続く不景気を経験している国はどこにもない。

日本の長い不景気はきわめて例外的であり、バブルとその崩壊以外の要因で説明する必要がある。

一九九〇年代には効率ショックがあったのか?

多くのエコノミストがまた、日本経済に起きた効率ショックで低成長率の説明がつくと論じている。日本経済に効率を下げるような構造的な問題がないとは言えない。日本経済が二重構造であることを忘れてはならない。つまり、GDPの二〇パーセント以下しか占めていない輸出産業分野が高い生産性を誇る一方で、それ以外の分野は生産性が低いことである。要するに、日本は一九九〇年代のみならず一九八〇年代にも構造的な問題を抱えていたということだ。

くわえて、一九九〇年代にいたるまでに、日本はすでに経済にプラスの効率ショックを与えるような実質的な構造改革を実行していた。日本電信電話や日本国有鉄道といった主要公共企業は、それぞれ一九八五年と一九八七年に民営化された。すなわち、一九八〇年代の末に、日本の効率を引き下げるような構造改悪はなされていない。

もし構造改革が重要であったのならば、減税がもっとも重要な構造改革となっただろう。限界税率の引き下げを含む大幅な減税――最高所得税率が一九八七年の八〇パーセント（地方税を含む）から一九九七年には五〇パーセントに引き下げられた一方で、消費税は一九九七年に五パーセントに引き上げられた――が日本経済に大きなプラスの影響を与えたはずである。だがその影響はいまだに見えてこない。

金融仲介機能の低下が成長率を大幅に減少させたのか？

エコノミストの一部は、一九九〇年代初めに日本の銀行組織が抱えた巨額の不良債権が大停滞の原因だと述べている。不良債権が銀行の資本を蝕み、銀行が融資を拡大できなくなって経済成長率を押し下げたと彼らは主張する。

宮尾龍蔵は、いくつもの研究を調査したのち、一九九〇年代前半には不良債権の影響は限られていて貸し渋りはごく一部にしか見られなかったのに対して、一九九七年～一九九八年には経済全体に影響を与えるほどの貸し渋りがあったと結論づけている(2)。したがって、この機能の低下では長い不景気の説明はつかない。

金融政策が重要だったのか？

大停滞はデフレーションと同時に起こった。それはさまざまな経路で停滞を引き起こし、それそのものが通貨収縮によってもたらされてもいた。したがって、金融政策は大停滞を説明する重要なひとつの要因であると考えられる。

くわえて、失業率が一九九〇年の二・五パーセントから二〇〇〇年には五パーセントに上がった。これは労働市場の効率が悪いことに起因するのではない。名目賃金の硬直性は一九九〇年代の終わりとともに部分的に崩壊し、短期雇用や契約社員など以前よりも柔軟に労働者を雇うことができるようになった。したがって、既存の予備労働力や生産設備の活用が低下したことで大停滞が説明できるかもしれない。金融政策はそのような状況では経済を刺激することが可能である。

一九八〇年代の終わりと一九九〇年代初めに向けて金融政策が不安定をまねいたということは広く認められているが、一九九〇年代とそれ以降の経済の不安定化を説明するうえで、金融政策の要因が重要な位置を占めているかということでは意見の一致は見られない。それは、恒常的に経済が停滞する仕組みがはっきりしないためである。経済学の教科書には、金融政策は短期的には生産や生産高といった実際の変数に影響を与えるが、長期的にはそうではないと書かれている。

しかし、日本銀行（日銀）は繰り返し起きた負の需要ショックに対してマネーストックを拡大しなかった。一九八〇年代の終わり、日銀は過剰に通貨供給量を増やし、一九九〇年代初めに急激に通貨供給量を減らした。一九九〇年代半ば、日銀は行き過ぎた円高に対して拡張政策を取らなかった。一九九七〜一九九八年の金融危機のあいだ、日銀は事実上ベースマネーを増やさなかった[3]。二〇〇〇年の情報技術（ＩＴ）バブル崩壊の直前、日銀は金利を引き上げた。

こうした見当違いの金融政策が日本の成長率を下げ続けた。リーマン・ショックに対しては、ほかの国の中央銀行が積極的にベースマネーを増やしたのに日銀はそれをせず、結果として円高が急速に進んだ。

金融緩和とその効果

通貨収縮が成長率を下げる状況について考えてきた。しかし、日銀は二〇〇一年三月から二〇〇六年三月までベースマネーを拡大した。すなわち、量的金融緩和政策を行ったのである。量的緩和は二〇〇〇年代前半の経済刺激策として有効だった[4]。二〇〇二年から二〇〇七年の実質GDPの成長率は、それまでの一〇年間の平均一パーセントから二パーセント弱に上がった。それはすなわち一九九〇年代の通貨収縮が大停滞をまねいたということの追加的な証拠でもある。

量的緩和の時期（二〇〇一年三月～二〇〇六年三月）は小泉純一郎政権の時期（二〇〇一年四月～二〇〇六年九月）と重なり、安倍晋三が内閣官房長官を務めていた。二〇〇六年九月に安倍が小泉から総理大臣を引き継いだとき、量的緩和はすでに止まっており、経済は徐々に下り坂になっていた。安倍首相は一年間在任したのちに辞任、その後ふたりの短期の自民党総理大臣を経て、二〇〇九年九月総選挙で民主党が自民党に取って代わった。安倍は、日銀の緊縮的金融政策が日本経済の停滞の原因だと考えるようになった。二〇一二年一二月に政権に戻ってから、安倍は新しい経済政策に着手した。

ここで「アベノミクス」と名づけられた安倍政権の経済政策を説明する前に、なぜ日銀がマネーストックを増やさなかったのかについて述べたい。

気の進まない日銀

なぜ日銀が金融緩和を行わなかったのかと素朴な疑問が浮かぶ。なぜ日銀は量的緩和を二〇〇一年～二〇〇六年にとどめたのだろうか。深尾光洋と私は、日銀が金利の上昇を恐れたのだと考える[5][6]。短期的には、量的緩和などの金融緩和は名目金利を下げるが、長期的にはそのような政策方針は金利の上昇につながる。量的緩和は経済を刺激して実質生産量を増やし価格を上げる。結果として、経済の回復とインフレ率の上昇によって名目金利が上がる（フィッシャー効果）。本多ほかによる研究、そして原田泰と増島稔による分析のふたつの研究結果は、量的緩和が長期的には金利の上昇につながることを示している(7)(8)。

長期的に金利が上昇すれば国債の価格が下がり、巨額の国債を抱え、貸出先のいない銀行の貸借対照表に悪影響を及ぼす可能性がある。もし国債の価格が下落すれば、深刻な問題に直面する銀行が出てくるかもしれない。むろん、もし金利の上昇が経済の停滞とデフレから回復したために起きるのならば、銀行は融資を増やし、利益を上げるために金利を上げればよい。しかし、銀行によってはそうなるまで待つことができないのではないか。日銀はそれを強く懸念したのである。とはいえ、もしそのような銀行が、停滞した経済のなかで、新たな借り手を見つけられないからと国債を買い進めるなら、状況はさらに悪化する可能性がある。

これは、小さな利益に囚われすぎて、大きな問題に効果的に対処できないという日本の政策の典型的な例である。

アベノミクスと新しい自民党

アベノミクスは金融緩和、公共投資の拡大、成長戦略の強化から成っている。安倍政権はこの三つの政策目標を経済活性化の重要な要素だと考えている。

金融緩和

金融緩和は実際には一般的で、広く受け入れられている政策である。安倍は日銀に二パーセント前後のインフレ目標を採用させようとし、それに成功した。安倍はこの政策でデフレを克服し、円高を元に戻し、経済の回復を成し遂げることを期待した。

四〇カ国を超える国々でインフレ目標政策が採用されている。アメリカ合衆国、カナダ、メキシコ、オーストラリア、ニュージーランド、イギリス、ユーロ圏諸国、スカンディナヴィア（すなわち、ほとんどのヨーロッパ諸国）、トルコ、イスラエル、南アフリカ、ブラジル、チリ、インドネシア、タイ、韓国、フィリピンがそうした国に含まれている[9][10]。

日銀がこの政策を採用する前でさえ、そうした政策が予想されただけで円が下がり、株価が上がった。また、輸出産業は雇用と投資の拡大につながるとして通貨の下落を歓迎する。消費は伸び、不動産などへの投資も促進されるだろう。

インフレ目標はまた、ハイパーインフレーションと言われる急激な物価上昇を避けるためにも役立つ。もしインフレ率が二パーセントを超えて著しく上昇するなら、金融政策を転換して日本経済を安定化することができる。

公共投資の拡大

三つの理由から、公共投資拡大の効果には疑問が抱かれる。第一に、そうした支出はきわめて非効率である。小泉はそのような投資を削減した。民主党政権も同様だった。そのため自民党は削減が行き過ぎたためにインフラが整備の必要なほど荒廃したと決めつけた。ある程度まではその批判は正しい。けれども自民党は現在、非効率なインフラに支出を拡大しようとしている。

くわえて、二〇〇八年の世界金融危機と二〇一一年三月の東日本大震災により、日本はすでに公共投資を拡大している。一般会計予算のうちの公共投資は一九九八年の一四兆九〇〇〇億円という最高額から二〇〇八年には七兆三〇〇〇億円に減少したが、二〇〇九年には八兆八〇〇〇億円、二〇一一年には七兆八〇〇〇億円と増加している。

日本の公共投資は一般会計に限られていない。日本のＧＤＰに対する政府固定資本形成の割合は、主要工業国のなかでもきわめて高い。二〇一〇年は日本が三・二パーセントであるのに対して、イギリス、アメリカ、ドイツではそれぞれ二・五パーセント、二・五パーセント、一・六パーセントである[11]。

第二に、二〇一一年の震災に続く復興事業のために、建設分野の賃金はすでに上昇している。それはつまり、建設職がすでに埋まり、政府はそれ以外の仕事を作り出す必要があるということを示している。

第三に、政府の支出は金利上昇と円高をまねき、公共投資が経済にもたらすプラスの効果を打ち消してしまう。これはマンデルフレミングモデルが説く仕組みである[12]。不十分な通貨膨張がおもな原因だとはいえ、公共投資が拡大した二〇〇九年は、円が一ドル一〇五円から九五円に押し上げられた。その結果、日本の輸出が減少し、公共投資によるプラスの刺激が打ち消された。

成長戦略の強化

成長戦略とは本質的に、政府が成長分野を見出し、そうした分野に効果的に助成して、助成コストを上まわった利益を刈り取るという考えに基づく産業政策である。だが、そうした産業政策はこれまで成功してこなかった。リチャード・ビーソンとデイヴィッド・ワインシュタイン、またマイケル・ポーターと竹内弘高が示すように、助成を受けた産業の成長率は、助成を受けていない分野よりも低いことが多い[13][14]。

ポーターと竹内は、成功している二〇の産業では、政府は大きな助成をいっさい行っておらず、政府による介入がほとんどまったくなかったのに対して、うまくいかなかった七つの産業では、政府の介入が著しかったことを発見した。

自民党も民主党も自分たちが重要だと考える分野を助成してきたが、そうした取り組みはうまくいっていない。民主党は新しいエネルギー分野、医療、保育に重点を置いた。同党は、太陽光や風力などの再生可能なエネルギー源によって作られた電力を高価格で買い取ることを電力会社に義務づける、固定価格買取制度（フィードインタリフ）を導入した。これは再生可能エネルギー分野にとっては成長戦略かもしれないが、支払いの増えるエネルギー利用者にとってはそうではない。

新自民党政権は特定の分野を助成するだろうが、それは経済全体の効率を高めることにはならないだろう。貿易の自由化、民営化、規制緩和、税金のなかでも特に法人税の減税に成長戦略を集中させるほうがよいのだが、安倍政権がそうした方向へ動いているようには見えない。しかしながら、安倍総理大臣がアメリカ訪問後の二〇一三年三月に、日本は環太平洋パートナーシップ（ＴＰＰ）に参加する用意があると発言したことはよい徴候である。とはいうものの、安倍が成長戦略として挙げたばかりの選択肢を実行する気配は今のところ弱い。

なぜ公共投資を拡大して成長戦略を強化するのか？

新自民党政権はなぜ公共投資を拡大して国の成長戦略を強化しようとするのだろうか。それは、政府が特定の分野を助成すれば、そこには力関係が生まれる。そうすれば自民党は助成分野を動員して次の選挙で票を集めることができるからである。

次の参議院選挙は二〇一三年七月に実施されることになっていた。自民党は衆議院で絶対多数を占めていたが、衆議院とほぼ同じくらいの影響力を持つ参議院ではそうではない。したがって法案を通すためには、自民党が衆参両院で多数を占める必要があった。自民党は選挙戦術として特定の分野を助成していると言ってまちがいない。

これは自民党が過去に用いていた非常に古い戦略である。一九六〇年代は日本経済がインフラ整備を必要としていたために、この手法が効率を下げることにはならなかった。政府が道路を建設すれば、乗用車やトラックが売れ、新しい工場が建てられ、人々の仕事が増えた。その傾向は一九七〇年代に弱まり、一九八〇年代にはほぼ消滅した。一九九〇年代には、長い景気停滞への対抗策として自民党が公共支出を増やしたが、経済は成長しなかった。

二〇〇〇年代、小泉は拡張的通貨政策と縮小的財政政策という政策改革を導入した。これは実際には自民党が一九六〇年代に採用していた「金融緩和と緊縮財政（イージー・マネー、タイト・バジェット）」政策である。マネーストックは一年で一〇パーセント以上も拡大し、政府は実質的に財政再建ができた。

小泉はそのカリスマ的な性格で国民の大きな支持を得ていたので選挙マシンに頼る必要はなかったが、その後の自民党指導者はカリスマ性を欠き、選挙マシンに戻らざるをえなかった。それが当然のことながら日本経済の効率を引き下げた。

民主党の実験と崩壊

民主主義では、政党は票を集める必要があるが、有権者のほとんどは政治に関心がない。したがって、政党はイデオロギーか金銭的な利害関係のどちらかを通して、支持者のグループを作ろうとする。しかしときとして、有権者に便宜を図ることは高くつく。自民党の場合は、票を集めるために無駄な公共プロジェクトに多額の金をつぎ込んだ。

民主党の新構想

民主党は異なる票集めのアプローチを取ったが、その政策をうまく活用することができなかった。ここで、民主党の興味深い実験の概要を紹介しよう。

一九九〇年代、人々は公共支出の拡大が経済活性化の効果的対処法ではないことに気づいたが、自民党はそれ以外に実行可能な選択肢を見つけられなかった。自民党は、金融拡大が雇用の増加につながる簡単な方法となりうることがわからなかった。民主党も金融政策の有効性は理解していなかったが、公共投資がきわめて非効率であることは知っていた。巨大な建設プロジェクトを立ち上げたところで、鉄やコンクリートに費やす金額のほんの一部だけしか人々の手には渡らないことから、それが無駄であることはわかっていた。それならば、国民に直接金を分配すればいいではないかと彼らは考えた。

そこで民主党は、子どもに対する手当を二倍にする、農業者に戸別に所得を補償をする、地域経済活性化のために高速道路を無料にする、そして少なくとも一カ月あたり七万円の一元化された「最低補償年金」制度を作ると約束したのである。民主党はこうした新たな政策のコストを年間一六兆八〇〇〇億円と見積もった。

民主党はまた、二〇〇九年九月の選挙運動中に、こうした新たな支出は増税することなく政府の無駄をなくすことで実現可能だと断言した。民主党は圧倒的な勝利を収めて政権の座についたが、一六兆八〇〇〇億円もの政府支出の無駄を見つけることができなかった。公共投資予算は小泉政権の時代にすでに削減されていて、二〇〇八年には七兆三〇〇〇億円ほどになっていた。そして、もちろんそのすべてが無駄な支出ではない。見つかった予算の無駄はわずか数兆円だった。

直接支給制度は悪くなかった

日本の識者はこの政策には批判的だった。政府は保育、医療、教育、職業訓練などの社会保障に支出すべきだという意見が出た。それとは別に、政府は技術革新、再生可能エネルギー、農業改革を促進するために資金を充てるべきだという主張もあった。

民主党は国家予算の歳出と歳入をきちんと計算することができなかったが、直接分配制度は公共投資を通す間接的な所得の再分配ほどコストがかからないと思われる。それに、職業訓練、再生エネルギーへの助成、農業改革は、何度も試みられたにもかかわらず成功しなかった。なおさら、直接再分配政策のほうが効率がよいと考えられる。

日本の政治家は直接再分配政策を嫌う。あらかじめ決められた計画やサービスによって直接金銭が人々に割り当てられると、政治家が政治的な影響力を失うためだ。有権者は民主党による子ども向け手当の増額を歓迎したが、その感謝の気持ちは急速に消え去った。それとは逆に、有権者は公共事業プロジェクトに対してはほとんど謝意を失わない。それは、政治家がそうした金を制御しており、受け取る側が次の選挙で十分に感謝の意を示さなければ金額を減らすかもしれないからである（このアイディアは斉藤淳によるものである）[15]。

しかしながら、日本はすでに多額の税金を直接国民に費やしている。年金は実際には高齢者に対する手当だ。年金受給者はこの給付金を、自分が若いときに支払った金から戻ってきていると思い、年金はたんに政府が金を返却しているのだと考えているふしがあるが、そうではない。税金で賄われている給付金の半分は、年金を支払わなくてはならない現在の働く世代から来ている。日本は働いている国民ではなく高齢者に金銭を直接分配しているのである。働いている人々は仕事という形で公共事業プロジェクトから利益を受ける。公共投資はきわめて効率が悪い。民間の生産も、富裕層から貧困層への富の再分配も促進しない。それは実際には公の無駄遣いなのだ。

なぜ政治に流通革命が必要なのか

政治には流通革命が必要である。企業が消費者製品を製造する目的は、その製品を消費者に売ることであるが、企業はまず小売り業者に製品を販売しなければならない。そして小売り業者に販売するためには卸売り業者に販売しなければならなかった。これはコストのかかる方法である。そこで一九七〇年代、さらには一九九〇年代もそうだが、企業が大型店に商品を直接販売し始めたとき、小売りと卸売り業者の数は急激に減少した。一九八〇年代にその変化が抑制されたのは、大規模小売店の新規出店を規制する大規模小売店舗立地法（大店法）と呼ばれる規制があったためだ。それでも長く複雑な流通経路は短くなり、効率がよくなった。これは流通革命と呼ばれた。

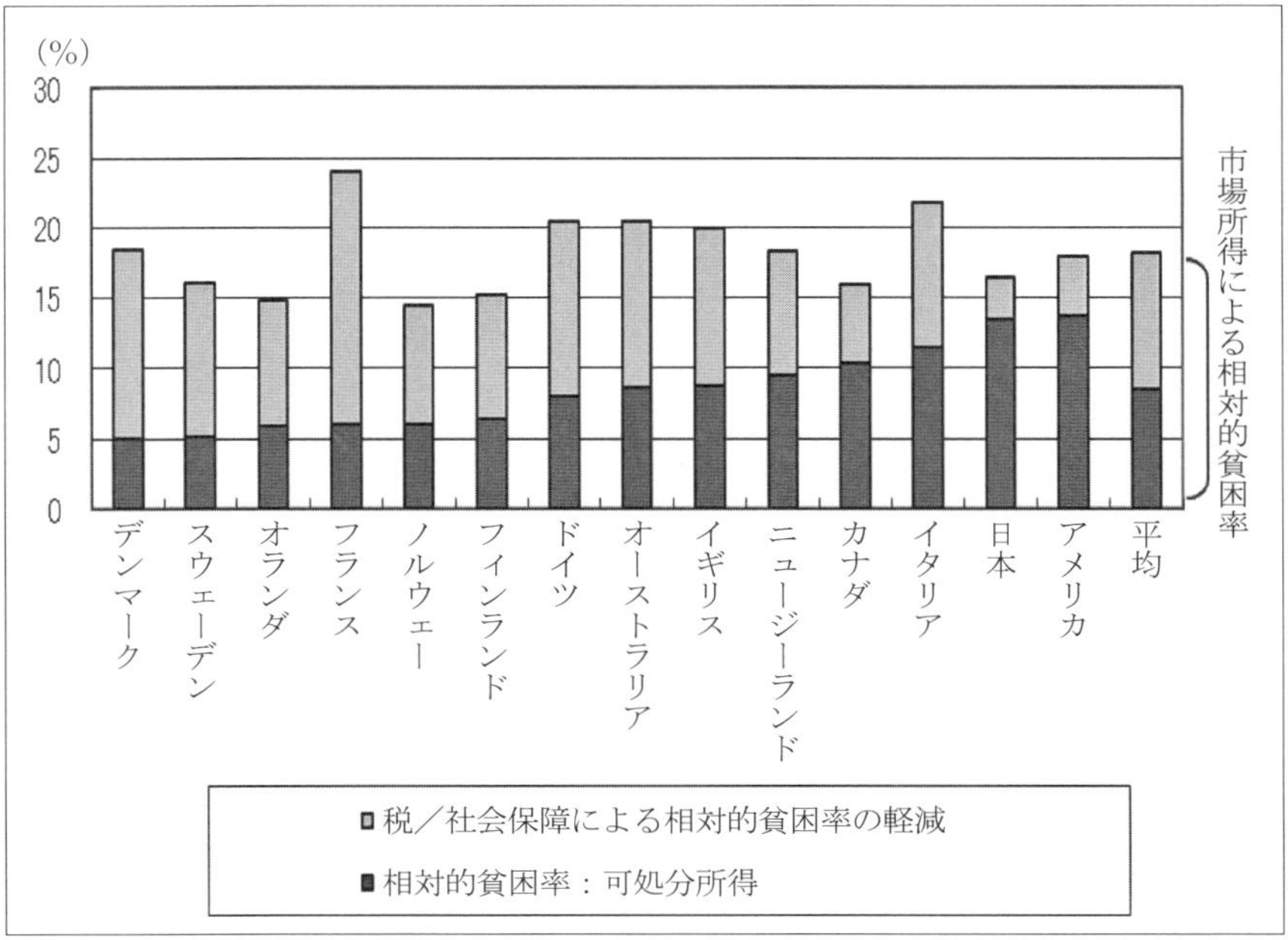

出典：OECD「対日経済審査報告書」、表４．９（OECD Publishing、2006年）

図4-1-2　主要各国における市場所得と調整所得の相対的貧困率

政治家は票を引き寄せることに関心があるが、そうするためには、ときに建設会社、斜陽産業、農業協同組合などが含まれる選挙マシンに資金を投じなければならない。もし政治家が有権者と直接対話ができて、こうした選挙マシンの効率を上げることができれば、民主主義のコストは著しく下がるだろう。

日本の高い相対的貧困率が意味するもの

日本の所得再分配の仕組みは不十分である。図４-１-２に示されるように、経済協力開発機構（ＯＥＣＤ）によれば、税引き後の所得と社会給付を合わせた可処分所得に基づく日本の相対的貧困率は、二〇〇〇年には先進一四カ国のなかでアメリカに次いで高く、一九九〇年代半ばではアメリカとイタリアについで三番目に高かった。相対的貧困率とは、国民全体の所得の中央値よりも所得が低い人々の割合である。つまり、日本では裕福な人口は少なく、貧しい人の数が多いということになる。

ただし、相対的貧困率を市場所得（税引き前、社会給付を受ける前の所得）で見ると、二〇〇〇年の日本の相対的貧困率はスカンディナヴィア諸国、オランダ、カナダに次いで六番目に低い。日本の相対的貧困率は税引き後の所得と社会給付を合わせた可処分所得で見れば高く、市場所得で見ると低いのである。その理由は、日本の子どもに対する手当、失業手当、生活保護といった社会保障費が少ないことだ。

たとえば、日本の生活保護のレベルは紙の上ではヨーロッパの福祉国家と並ぶほどに高いが、日本は実際には貧しい人に支援を提供していない。橘木俊詔は、生活保護より少ない金額で生計を立てている人口の全国民に対する割合は一三パーセントだが、実際に生活保護を受けているのはわずか〇・七パーセントだと推定する(16)。さらに、解雇されることがめったにない正規労働者は失業保険制度で十分に保護されているが、しばしば解雇される非正規労働者には同様の保護が提供されていない。この奇妙な制度を見れば、相対的貧困率が高いのもうなずける。

これまで日本の社会的な安定は組織を通して実現されてきた。公共投資の増加は、建設会社に失業者を雇用する資金を与えることを意味した。これは、建設会社が必要とされるインフラを整備しているかぎりは一石二鳥のすぐれたアイデアだった。しかし高度成長期が終わってから一〇年後の一九八〇年になって、日本政府は最適なインフラプロジェクトを正確に特定することが難しくなったと気づいた。社会の安定を維持する方法としてはコストが高くなったのである。日本は国民を直接援助するというヨーロッパの制度を真似るべきだったのだろう。

日本の高齢化と社会保障

安倍政権の通貨拡張は経済を上向きにし、日本が直面する問題を多少なりとも解決するだろうが、当然のことながらすべての問題を解決することはできない。なかでも高齢化する人口はもっとも深刻だ。過去には財政赤字も深刻な問題だったが、小泉政権が解決した。小泉がしたように、政治が政府の歳出を制御して日銀に金融緩和政策を実施させることができれば、難しいけれども不可能ではない。

日本の社会保障制度は高齢者に寛大すぎる。そして現在の給付レベルは現実的には維持できない。この制度は日本が比較的高い成長を享受し、まだ高齢化が深刻な問題にはなっていなかった時代に作られたものである。

給付レベルを維持するために必要なものとは

高齢化と社会保障は非常に重大な問題である。もし政府が現在の社会保障給付レベルを維持するために消費税の税収を使おうとするなら、二〇六〇年までに税率を七〇パーセントにまで引き上げなければならない。

これは簡単な計算に基づいている。二〇一〇年、日本は年金、医療、介護などの高齢者向け社会保障に七四兆六〇〇〇億円を費やした。これは、高齢者ひとりあたりに二五三万円を使ったことを意味する。この支出レベルが維持されれば、高齢者人口の増加とともに社会保障費の総額も上がる。国立社会保障・人口問題研究所が発表した年齢グループ別の将来の人口予測を用いると、ひとりあたりの費用と高齢者の予想人口を掛け合わせれば社会保障費用の総額が計算できる。

経済はそれほどの費用を負担できるのだろうか？　生産年齢人口の予想と二〇一〇年の生産年齢人口ひとりあたりの国内総生産（ＧＤＰ）を掛け合わせて、将来のＧＤＰを推測する。さらに、将来のＧＤＰに対する社会保障費の割合を計算した。

むろん、生産性の向上とインフレを考慮する必要はあるが、一般的には生産性と価格が上昇すればひとりあたりの社会保障費も上がる。これは、生産性が向上すると実質賃金も上昇するからである。価格が上がれば名目賃金もあがる。そのうえ政府は、年金給付はもちろん医師、看護師、医療関係者への保険金も引き上げなければならない。分母が増えれば分子も増える。したがって、生産性やインフレは長期的には重要な要因ではない。

図4-1-3はこうした計算の結果を示している。二〇一〇年の名目GDPに対する社会保障費の割合は二一・六パーセントだったが、二〇六〇年には三九・七パーセントになることが予想される。これは社会保障費では一八・一パーセントポイントの急増である。一パーセントの消費増税はGDPの〇・五パーセントに匹敵する歳入となる。一八・一ポイントの急増に対する資金を調達するためには、消費税を三六・二パーセント引き上げることが求められる。

話はここで終わりではない。今日まで高齢者は社会福祉費用を十分に負担してこなかった。一九八九年に消費税が導入され、一九九七年に三パーセントから五パーセントに引き上げられたとき、年金受給者の出費増を補うために年金給付額も引き上げられた。これは実質的に年金受給者が増税を負担しなくてすんだことを意味する。それ以外の人口が肩代わりしたのだ。二〇六〇年には非高齢人口が全体のわずか六〇・一パーセントを占めるだけになることから、三六・二パーセントの消費税率引き上げは〇・六〇一で割る必要があり、結果として年金を受給していない国民にとっては六〇・二パーセントの増加に匹敵するのである。したがって、二〇六〇年の消費税率は現在の五パーセント、プラス六〇パーセント、さらに増大する社会保障コストを負担するために最近立法化された五パーセントの増税を足して、合計で七〇パーセントとなる。

どう考えても七〇パーセントの消費税など不可能である。したがって社会保障費の削減は避けられない。けれども政治家はこの「不都合な真実」に目を向けたがらない。代わりに彼らは消費税を少しだけ増税すれば問題が解決すると信じたがっている。それが五パーセントの消費税増税（五%から一〇%への増税）の法案をめぐる国会論争の要点だった。しかし近い将来、五パーセントどころか一〇パーセント上げたとしてもまるで十分ではないことに気づくだろう。

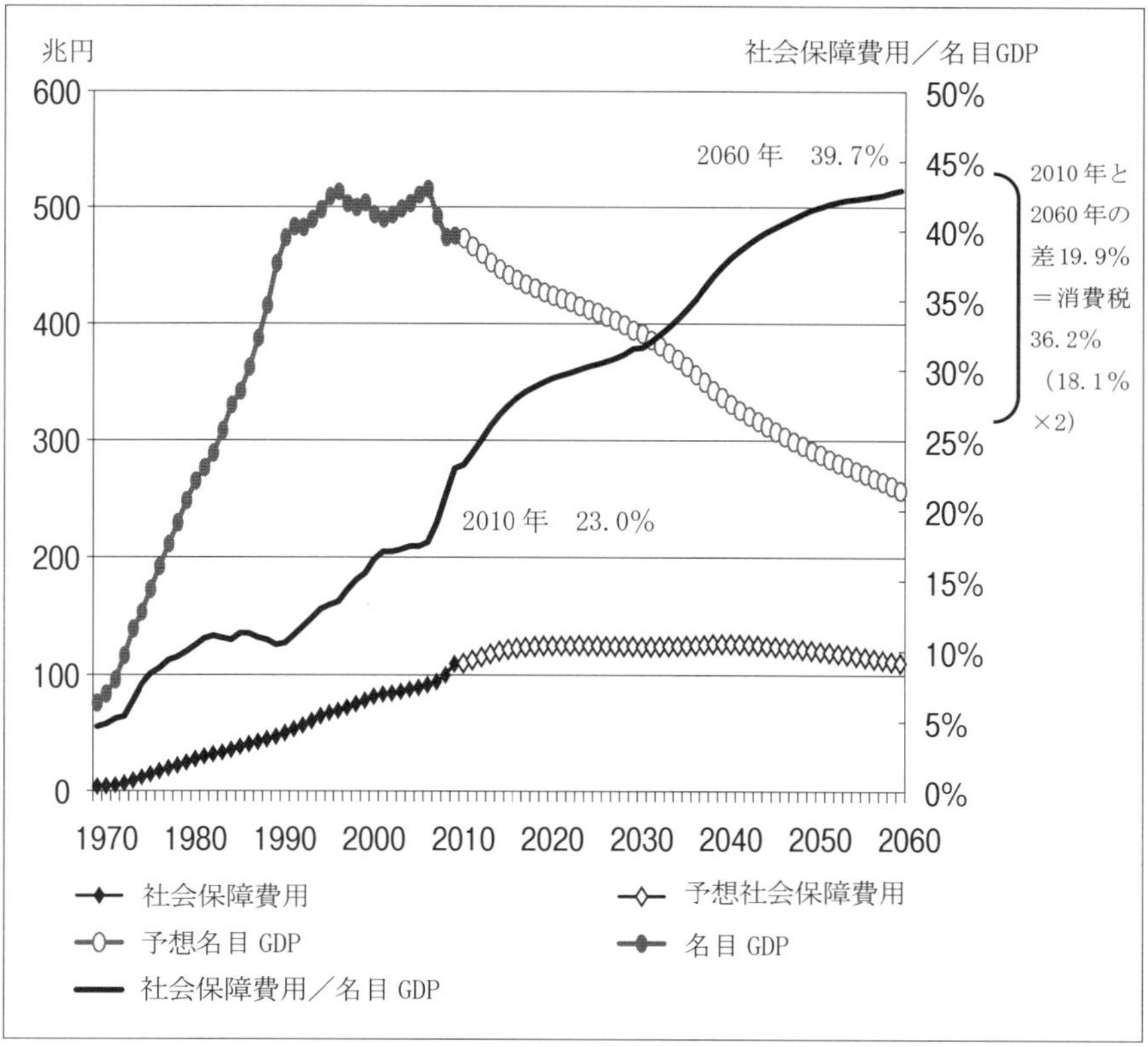

出典：国立社会保障・人口問題研究所「日本の将来推計人口：2010 年〜2060 年（2012 年 1 月）」、「社会保障費用データベース」、内閣府「国民経済統計」、厚生労働省「国民医療費（2013 年 11 月 14 日）」

注：2010 年の社会保障費用は厚生労働省の社会保障予算の伸び率によって推定されている。社会保障費用の予想は以下のように推定されている。社会保障費用データベースにおいて、社会保障費用を医療費、年金、その他に分ける。医療費は厚生労働省の「国民医療費」によって年齢グループ別に分ける。すると、将来の年齢グループ別医療費は、予想人口と年齢グループを掛け合わせることで推定できる。将来の年金は 65 歳以上の予想人口で推定されている。その他は予想総人口の伸びから推定されている。

図4-1-3　社会保障支出と GDP の予想

将来の税率

「不都合な真実」は過去に作られたあまりに寛容すぎる社会保障制度のしわ寄せである。なぜそのような制度が作られたのだろうか？　それに答えるためには過去に目を向けなければならない。

図4-1-4は高齢者と非高齢者に対する社会保障費、またそれをひとりあたりのGDPならびに老年人口指数から示したものである。一九七〇年、ひとりあたりのGDPに対する高齢者ひとりあたりの社会保障費の割合はわずか二六・九パーセントだったが、二〇一〇年にはそれが二・五倍を超える六七・五パーセントとなった。そのような高い割合は、高齢者に対する社会保障給付が多すぎることを示唆している。

さらに、図4-1-4は非高齢者向けの社会保障費がほとんど増加していないことを示している。ひとりあたりのGDPに対する非高齢者向け社会保障費の割合は一九七〇年に二・九パーセントで、二〇一〇年でもなお七・八パーセントあたりをさまよっている。つまりこれは日本の社会保障費は大部分が高齢者向けであることを示している。

同時に、老年人口指数は一九七〇年の〇・一〇二から二〇一〇年には〇・三六一に増えた。その結果、ひとりあたりのGDPに対する高齢者ひとりあたりの社会保障費の割合は四〇・六ポイント増加して、一九七〇年の二六・九パーセントから二〇一〇年には六七・五パーセントになった。

日本政府はこの問題を認識しており、一九八〇年代初めからこの割合を削減しようと努めてきた。一九八六年に六八・三パーセントに上り詰めたあと七・七ポイント下がって、二〇〇七年には六〇・六パーセントとなった。それでも二〇〇九年に著しく急増したことから、政府がさらに何らかの対応を取らなければいけないことは明らかである。増加する社会保障コストに対処するひとつの方法が消費税の引き上げで、政府は最近増税法案を通すことに成功した。しかし、予測されるコストに見合うような税率は現実的ではないことから、これでは問題は解決されない。政府は費用を削減せざるをえない。

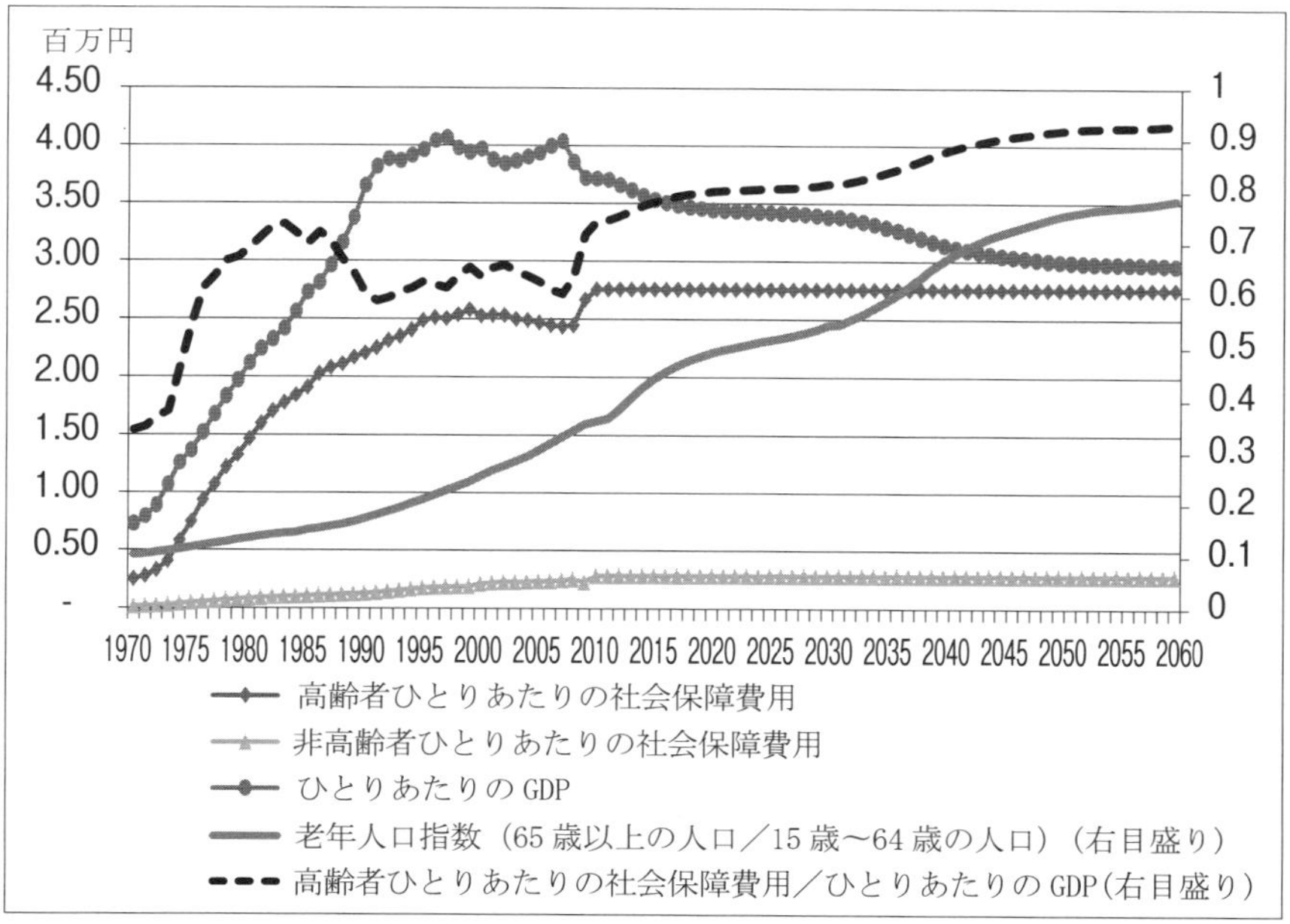

出典：国立社会保障・人口問題研究所「日本の将来推計人口：2010年〜2060年（2012年1月）」、「社会保障費用データベース」、内閣府「国民経済統計」、厚生労働省「国民医療費（2013年11月14日）」

注：2010年の社会保障費用は厚生労働省の社会保障予算の伸び率によって推定されている。社会保障費用の予想は以下のように推定されている。社会保障費用データベースにおいて、社会保障費用を医療費、年金、その他に分ける。医療費は厚生労働省の「国民医療費」によって年齢グループ別に分ける。すると、将来の年齢グループ別医療費は、予想人口と年齢グループを掛け合わせることで推定できる。将来の年金は65歳以上の予想人口で推定されている。その他は予想総人口の伸びから推定されている。

図4-1-4　高齢者ひとりあたりとひとりあたりのGDP別社会保障費用予想

二〇〇七年にこの割合が下がったのは、政府の政策が反映されたものだと考えられる。名目と実質ＧＤＰの上昇のほうが大きな要因だとの主張もあるが、私はそうは思わない。一九八〇年代の終わりと二〇〇三〜二〇〇七年の両方が景気拡大の時期だったことは真実だが、歳入が増えれば予算拡大という圧力がかかる。両時期の政治家が割合を下げたのはこの圧力に対抗してのことだった。

消費税で可能な最高税率はおそらく二〇パーセント程度だろう。その税率で社会保障費をまかなうためには、政府は高齢者ひとりあたり二五三万円から三〇パーセント削減する必要に迫られる。すると社会保障費総額は一九八四年あるいは一九八五年水準の一七七万円に下がって、二〇六〇年のひとりあたりのＧＤＰに対する社会保障費の予想割合は二七・八パーセントとなり、二〇一〇年の二一・六パーセントからわずか六・二パーセントポイント高くなるにとどまる。先ほども述べたように、一パーセントの消費増税はＧＤＰの〇・五パーセント増加に匹敵するので、六・二ポイント増加する費用の資金を調達するには、一二・四パーセントの増税が必要となる。今度は高齢者も増税の負担を担うことが求められると――政府は財政赤字を削減するために支出を切り詰められると仮定して――費用の増加は現実的に二〇パーセントの消費税でまかなうことができる。現在の五パーセントプラス一二・四パーセントの増税、そして余裕をもたせるための二パーセント余である。

結論――なぜ政治は問題を解決できないのか

日本経済は、長引くデフレ、効率の悪さ、拡大する貧富の差、財政赤字、そして高齢化人口など、多くの深刻な問題に直面している。そのなかでデフレはインフレ率を目標とする金融緩和政策によって解決が容易だ。ついに、それを理解し、長いあいだ拡張的金融政策が中小銀行のバランスシートに悪影響を与えると恐れていた日銀を動かして、デフレを克服して行き過ぎた円高を是正するよう大胆な行動を取らせる総理大臣が現れた。けれども安倍新政権はそれ以外の問題には十分に対処していない。

政府は公共投資の拡大が生産、雇用、所得を増加させると考えているようだ。しかし公共投資の効果は小さく、長期的には経済の効率を下げ、公的赤字を増やす。一九九〇年代と二〇〇九年、日本は公共投資を増強したが、経済は成長しなかった。

自民党政府は効率を上げるための行動を積極的に取っていない。たとえば、日本を世界に開いて効率を高める可能性を持つＴＰＰに対しては慎重な姿勢を取っている。一部の政治家は成長戦略に大きな関心を抱いているが、先ほど二番目の項目で説明したように、成功の見込みがない産業政策に焦点をあてている。所得格差については、自民党は今なお、公共投資が貧しい地域の人々に仕事を与えて所得を増やすと信じているようだが、政府の資金が人ではなくコンクリートと鉄に流れるため、それにはたいへんなコストがかかり、またそうした地域の人々は高齢で建設現場では働けない。そのような非効率な支出のために財政赤字は積み重なる一方だ。

最後に、高齢化がもっとも深刻な問題である。総人口に対する六五歳以上の人の割合は、二〇四〇年にほぼ四〇パーセントになる。日本が高齢者に多くの年金と医療費を与えることは絶対に不可能だ。政治家は給付レベルを下げなければならないという辛い真実を手に、国民と向き合わなければならないだろう。

もう一度、問題点に触れたい。自民党政府はデフレを打破することは容易にできるが、それ以外の問題は解決できない。公共投資の減少、ＴＰＰへの参加、政府の支出削減に熱心な野党はあり、彼らは、解決とまではいかなくても自民党よりは上手に対処できるかもしれない。しかしいずれの政党も高齢化人口の問題は解決できないだろう。政治家は、日本が現在の寛容な水準の福祉費用を維持できないことを率直に国民に告げなければならない。しかしそれはほとんどの政治家にとってきわめて難しい問題である。

2　近代化の政治*

リュボフィ・カレロヴァ

世界が格差の拡大、混乱の増加、さらにイデオロギー、政治、経済、社会などの紛争に直面して、理念や価値観を考え直している一方で、ロシアにとっては、積極的にグローバル経済に参加することだけではなく、国の発展過程において「開けた合意」というものを築き上げる道筋を探すこともまた重要である。ロシアはグローバルな問題だけでなく国内に起因する問題にも対処しなければならない。ますます複雑化するロシア社会の課題は、中央と地方の関係、社会正義の問題、汚職、弱い司法機関など、長期にわたって未解決の国内問題と結びついている。変わりゆく国際世界で新しい発展戦略を作り上げるにあたって、新たな価値観やイデオロギーの志向を拠りどころとする近代化に対して疑問が湧き起こることは避けられない。ロシアで現在、政治論文におけるキーワードが「近代化」であることは偶然ではない。ロシアの場合には、近代化を広い意味で定義することがもっとも適している。たとえば、哲学者ヴィタリー・トルスティフは近代化を、すべての生活圏、すなわち経済、科学、工学、技術、社会、文化圏で、グローバル化時代の挑戦に応じるための国の備えであると定義する[(1)]。したがって、この近代化という言葉には二一世紀の新しい近代性への移り変わりがほのめかされている。そのことから本章は、ロシア近代化の新しい戦略に焦点をあてる。

本章の目的は、ロシアの発展戦略に関する公式プロジェクトを分析し、以下の視点から評価することである。第一に、提案されたプロジェクトはグローバルな挑戦という状況にどのようにあてはまるのか？　第二に、それがどのように社会の期待に応えるのか？　それは既存の社会的実在性や古くからの伝統的なロシア社会と国家という点で実行可能かどうか？　それはどのような効果をもたらすのか？

発展戦略の中心思想としてのロシア近代化の課題

国家戦略の一般的な方向性として近代化を目的に掲げることは、ヴラジーミル・プーチン大統領の一期目に宣言され、それを機に改革プロジェクトの議論が始まった。しかしながら二度目の任期中（二〇〇四～二〇〇八年）、プーチンは政治戦略として何よりもまず安定化と「持続可能な発展」に重点を置いた。その後、ドミートリー・メドヴェージェフが大統領の任期終了前にふたたび近代化の方針を表明した。二〇〇九年の連邦議会での声明と彼の論文「ロシアよ、進め！」で、メドヴェージェフ大統領は以下のように近代化戦略を形作った。「二一世紀において、わが国はふたたび包括的な近代化を必要としている。そしてそれは、わが国の近代化の歴史において初めて、民主主義の価値観と制度に基づくものとなる。旧式の資源に頼った経済ではなく、われわれは独創的な知識、新しい商品、人の役に立つテクノロジーを生み出すスマート経済を作り上げる」(2)

さらに彼は、近代化計画の人道主義的な特徴について強調した。「革新的な経済は、人道主義的な理想、創造の自由、生活の質を向上したいという欲求に基づく革新的な文化の一部として、特定の社会情勢のなかでのみ形成されうる」(3)。当初彼は、ロシアは経済だけでなく政治や社会の領域も網羅するような包括的な近代化アプローチをとるべきだと主張した。しかしながら、近代化戦略の方向は結局のところ次第に技術的になっていった。政治の近代化についてはと言えば、その内容と時期は明記されなかった。地方長官の直接選挙の復活、政党登録の簡略化、大統領選挙の投票リストに候補者の名前を載せるにあたって必要な署名数の削減計画などにとどまったのである。全体として、メドヴェージェフの近代化の概念は、漠然とした変更を抽象的に表しただけだった。

過去二年のあいだに、多少なりとも明文化されたロシアの発展戦略がいくつか姿を現した。そこには、「二〇二〇年までのロシア連邦の革新的発展戦略」、リベラルな「戦略二〇二〇」、そしてここでは暫定的に「プーチン計画」と呼ぶが、プーチンの選挙演説と論説のなかで述べられている新たな公式計画が含まれる。この先でも述べるが、それらは概念的に異なっている。

経済開発貿易省が編集して二〇一一年一二月に承認された「革新的発展戦略」は、おもに技術と社会経済の近代化に適用されるものである。この文書はロシアの革新的発展における脅威と課題を定義し、革新分野における国家政策の目的、優先順位、手段を明らかにして、実にすべての領域で国家の存在感を高めるための道筋まで描いている。人の能力向上、ビジネスの革新的環境の改善、革新的な環境の構築、国家の革新的制度における透明性の向上といった課題に焦点をあてたこの文書は、革新的経済に必要な国家機関の改善については触れておらず、統治に現代技術を取り入れることが課題だと述べるにとどまっている。

「革新的発展戦略」では、二〇二〇年までに発展の革新的社会志向モデルへ移行した場合の状況がおおまかに述べられている。それによれば、ロシアは経済の五～七領域において、ハイテクと情報サービスの五パーセントから一〇パーセントの市場占有率を占めるようになり、国内総生産（ＧＤＰ）のうちハイテク製品が占める割合が一〇・九パーセントから一七～二〇パーセント程度へと二倍になる。この文書にはまた革新的発展のために取ることのできる三つの選択肢が挙げられている。それは慣性、巻き返し、そして重要な科学技術分野でのリーダーシップだ。しかしながら、この戦略の執筆者が考える最適なシナリオとは、競争で優位に立てる分野で部分的にリーダーシップを発揮しながら、経済のほとんどの領域で巻き返しを図るというものである。そうした競争で優位な分野には、航空宇宙工学、合成材、ナノテクノロジー、生物医学技術、ソフトウェア、核ならびに水素エネルギー分野などが含まれている。

「戦略二〇二〇」は、当時ロシア政府のトップだったプーチンの要請で、高等経済学院やロシア国民経済公共政策アカデミーのエコノミストを中心とした専門家チームによって、二〇一一年に作られた。執筆者のなかには、一九九〇年代の改革に影響を与えたヴラジーミル・マウやエフゲニー・ヤーシン、そして二一世紀の最初の一〇年でリベラル改革に影響を与えたヤロスラフ・クジミノフやエフセイ・グルヴィチがいる。経済開発省がまとめて二〇〇八年一一月に承認された「二〇二〇年までのロシアの長期的発展概観」や「革新的発展戦略」などの、それまでの文書とは対照的に、「戦略二〇二〇」は各分野の官僚だけではなく、専門家の大きな集団によって作成された。この新しい文書の目的は、経済と社会が直面する問題と課題、そして世界的な金融ならびに経済危機のリスクと結果を分析することだった。「戦略二〇二〇」は二〇一二年三月に「二〇二〇年までのロシアの社会経済政策問題に関する専門家による検討結果の最終報告書――戦略二〇二〇　新たな成長モデル、新たな社会政策」という名で発表された。この報告書の執筆者は、新たな経済成長モデルなくして新しい社会政策は実行できないと訴えている。

「戦略二〇二〇」によれば、近未来の「経済」は「脱」工業化でなければならない。それは「サービス分野」を基礎として、人的資本の開発、すなわち教育、健康、情報技術、マスメディア、デザインに焦点をあてる。こうした分野ではまた、国営企業による市場の独占を止めなければならない。非政府組織や民間企業が広く関わるべきである。

「新社会戦略」は、リスクにさらされる層の関係者だけではなく、革新の可能性に気づくことのできるすべての人を考慮するべきである。すなわちそれは、経済的観点から考えた場合、行動と消費のパターンを選ぶことが可能な中流階級だ。「戦略二〇二〇」では、軍事支出の四パーセント削減と社会関連分野への支出の増加が計画されていた。「戦略」の重要点は、二〇三〇年までに退職年齢を六三歳に引き上げること、そしてロシアで三〇万人の移民労働者を雇うことだった。

「戦略二〇二〇」に則った「政治の近代化」は、どちらかといえば過激な政治改革である。執筆者は国家の影響力の最適化、つまり規制機能の削減と透明性の強化を提案する。さらに連邦制と地方政府の項目では、地方レベルで政治の自由を取り戻すためのいささか過激な計画が提唱されている。

実際、この最新の戦略は新自由主義《ネオリベラル》であり、社会で批判の高まりをまねいた。反論は主としてこの文書の主要論点に向けられた。すなわち「脱」工業化経済の強化と巻き返しによって発展するという近代化の方法である。「徹底的な競争」だけが本物の革新を生み出すという指摘は、社会の連帯、結合、人道主義の面影を失うリスクがあるという反論を呼んだ。労働市場で国の介入を減らすという必要条件や、全体の九〇パーセントを超える人口減少地域での大規模連邦プロジェクトの否定には疑問が抱かれた。また提案された「戦略」も、地方の発展に対する助言が見られないとして批判を受けた。

この「戦略」は二〇一二年の大統領選挙より前に公にされることはなかった。一方で、選挙運動中の二〇一一年四月、プーチンは下院における政府の年度報告で、「戦略二〇二〇」の執筆者の見解とはまったく異なる計画を明らかにした。「プーチン計画」は選挙前に全国紙で報じられた七つの論説でより具体的に示されている。この論説のなかでプーチンは、ロシアが直面するであろうリスクと課題、グローバル経済と政治のなかでロシアが占める位置、ロシアがその立場を強化して継続可能な発展を確実にするための資源について、自分のチームの見解を述べている。

「戦略二〇二〇」の執筆者のひとり、国家戦略研究所所長で大統領府の顧問も務めたことのあるミハイール・レミゾフによれば、「プーチンはまったく異なる一連の政策を指示した。それは『国家は番人』という概念ではなく『国家が開発』するという概念に近かった」(4)。結局「戦略二〇二〇」の構想全体が受け入れられることはなかったが、最近下院で採択された法律では、特に教育に関する法のなかで、「戦略」の方針が一部実施された。新政府が「戦略二〇二〇」を将来的にどの程度利用するのかはまだはっきりしない。

「戦略二〇二〇」と「プーチン計画」の根本的な違いは次のとおりである。

「戦略二〇二〇」では国防費の削減と社会福祉費の増加が強調された。一方プーチンは、ロシースカヤ・ガゼータ紙の論説で、二〇二〇年までに軍産複合体に二三兆ルーブルという巨額を投資する計画だと述べている。

二〇一一年四月二〇日の国会報告で、プーチンは重要課題のひとつとして、「脱」工業化ではなく国の「再」工業化を目標に掲げた。彼は国の防衛問題こそが最優先課題となるべきだと強く訴えた。軍需産業の発展を再工業化の主要分野のひとつとして捉えたのである。プーチンいわく、「国防調達の増大は、軍需産業とロシア経済の近代化にとって重要な手段だと考える［傍点は引用者による］。（中略）強い軍需産業、原子力産業、ロケット科学――それはわれわれが先の世代から引き継いだ競争力のある有利な分野である」(5)。プーチンは自分の産業政策について答弁するにあたり、開発機構と「ジュニアパートナー」としての海外投資家からの支援によって、国内産業を支えることを強調した。「プーチン計画」によれば、経済の分野では革新的な産業が集結するテクノパークが発展のモデル兼推進役となり、そこで行われる政府、科学、ビジネスの取り組みでは、新たな研究開発に焦点があてられる。

「プーチン計画」によれば、ロシアは、原材料やエネルギーの供給者としてだけでなく、少なくともいくつかの分野で、絶えまなく塗り替えられていく先端技術の保持者として国際分業の最重要位置を占めなければならない。そうした先端技術の分野としては、製薬、ハイテク化学、複合ならびに非金属材料、航空産業、情報通信、ナノテクノロジー、原子力ならびに宇宙技術が挙げられている(6)。

プーチンはまた「近代化」という言葉に新しい解釈をあてがっている。彼の談話に「近代化」という言葉が使われることは目に見えて少なくなった。概してプーチンは、経済、教育、医療などの具体的な分野で近代化を語る。彼はこの概念を新たな「ペレストロイカ」ではなく、また現在の発展モデルの過激な改革でもなく、質の向上、人への投資、自己実現機会の提供、そしてそれをもとにした高い成長と技術の躍進だと解釈する。したがって、「戦略二〇二〇」と同じように、プーチンもまた「中流階級」を頼りにする考えだ。「中流階級はさらなる成長を遂げなければならない。彼らは社会の多数を占めるようになりつつある。（中略）われわれは経済成長と持続可能な発展のために、若い世代の『教育に対する意気込み』を活かして、中流階級の高まる要求と、よりよい生活のためにみずから責任を負おうとする意欲を活用することを学ぶ必要がある。ロシアは、現代社会に即した社会の流動性、社会的な地位を向上させる制度を、総力を挙げて作り上げなければならない（後略）」[7]

「プーチン計画」にもまた「安定化」というキーワードが見られる。プーチンはその言葉を通して、先に提案された過激な新自由主義《ネオリベラル》改革から距離を置こうとしている。「わが国は、何十年も続くような安定して継続した発展を必要としている。不当な自由主義あるいは社会的な扇動によって、横道にそれたり、無謀な実験を試みたりすることはない。われわれにはそのどちらも必要ないのだ。それらはいずれも国の全般的な発展を損なうものである」[8]。二〇一二年一二月二〇日の記者会見で、プーチンは「安定こそが今後の発展の基礎となる」と述べて、みずからの方針を改めて強調した[9]。

選挙に先立った論文「民主主義と国家の質」において、プーチンは国家の近代化は戦略目標だと宣言している。政党登録の簡略化、下院と地方議会選挙のための署名集めの廃止、大統領選挙登録に求められる署名数の削減を提案したことにくわえて、彼は国の改革における七つの優先課題をおおまかに述べた。1「権力と資産の癒着」を断ち切ること。経済界に対する国家の介入を制限することを明確化するべきである。2 主要国の政府機関に見られる有効な手段を幅広く採用すること。3 国の行政官のあいだに競争原理を取り入れ、行政機関を運営する最良の方法を見つけ出して幅広く採用すること。4 官庁のオンラインサービスを含む、次世代公共サービスの基準を設けること。5 国民や企業に届けられる公共サービスが基準に合わない場合には官職の責任を問うこと。6 労働市場の基準に応じて国家公務員の賃金を定めること。7 オンブズマン機関を設立すること[10]。実際、こうした提案のほとんどは既存の政府制度を表面的に取り繕うものである。これらは政治というより行政の性質を持つ。

二〇一二年一二月二〇日の記者会見でプーチンは、ロシアは民主主義の道を歩むべきだが、その民主主義は西側の民主主義の丸写しであってはならないと強調した。「ロシアには民主主義以外の政治的選択肢はない。われわれは世界中で採用されている一般的な民主主義の原則を共有する。それははっきりと述べておきたい。けれども、ロシアの民主主義はロシア国民の権力であり、この国ならではの伝統とともにあるもので、外部から強要される基準を満たすものではない」[11]。二〇一二年一二月一二日の連邦会議に向けた大統領の教書演説で、プーチンは、「政治制度の近代化は自然な流れであり必要不可欠でさえあるが、変化を望む代償として国家の破滅をまねくようなことは断じてあってはならない」と強く訴えた[12]。だいたいにおいて、プーチンの「近代化」の解釈は本質的に保守を基礎としている。実際には、官僚が動かす既存の政治経済制度を拠りどころとする、進行のなだらかな「保守的近代化」と呼ぶことができる。

ロシアの近代化について

「プーチン計画」を評価するうちに、近代化のおもな対象が国家、とりわけ支配エリートと官僚であることが明らかになってくる。ロシア史全般にわたって、改革や近代化はすべて「上から」実行されてきた。その衝動は必ず市民社会ではなく権力者側から現れた。そしてロシアの権力者はきまって凝り固まった権威主義で、具現化であり、多少なりとも神聖化されている。権威主義国家に近代化を実現することが可能かどうかということが、現在、ロシアで議論の的となっている。リベラル派の学者は、権威主義体制を保ちながら近代化という目標を達成することは不可能だと考える。国家体制の民主化に求められる条件以外に、国家の全般的な役割にはふたつの異なるアプローチが考えられる。ひとつは国の優勢課題に対応するために国家の手に管理を集中する方法で、このアプローチは当局のものと同じだ。もうひとつの方法は、政府による規制を最小限にとどめることである。世論調査によれば、国民の大部分（六七パーセント）は、経済の発展と生活の質の向上に対する期待を、強い国家に寄せる[13]。しかしながら、現在の政治エリートは、公的資源の分配方法を変えて近代化問題を解決することより、公的資源の分配のなかで特権を維持するほうに関心がある。一方では、寡頭政治的な権力体質のために、経済が独占されて競争力のある市場が育たず、それが明らかに近代化を進めようとする意欲をそいでいる。汚職の度合いがきわめて高く、官僚による支配が過剰で、役人が責任を問われないために、革新的な計画への投資効果は薄れ、どう考えても見込みのないプロジェクトの働きかけが行われる下地ができてしまう。他方では、当局が着手した近代化プロジェクトを成功させるためには、人を動かす取り組みが必要だ。人を動かすには支配層エリートと社会のあいだに高いレベルの信頼関係が求められ、またそうなることで市民主導の実現に向けた本当の意味での必要条件が整うことにもなる。現在この信頼のレベルは目に見えて低い。国民の大半は落胆を覚え、社会的に無関心だ。サミュエル・ハンチントンはこう記している。「各国がそれぞれ政治的に区別される点で最も重要なのは、それぞれがもっている統治の形態ではなくて、統治の度合に関連している。デモクラシーと独裁制との違いは、その政治が合意、共同社会、正当性、組織、有効性、安定性を具体化している諸国と、こうした特性を欠いている諸国との違いほどひどくはない。（中略）これらの政府は市民の忠誠を意のままにし、かくして資源を徴集し、人的資源を集め、政策を発議し実施する能力をもつ。（後略）」[14]［サミュエル・ハンチントン『変革期社会の政治秩序』、内山秀夫訳、サイマル出版会、一九七二年、三ページより訳文引用］

人類が直面している現代の問題は、一連の危機として前面に押し出されている。それらは経済と金融に起因する問題だけではなく、「老朽化する」制度、イデオロギー、価値観、ライフスタイルなどの危機としても現れている。既存の世界秩序が一定で不変のものだと考える政治家は、いつもどおりの方法でそれに対処しようとする。つまり、軍事と財政を強化して、抗議活動を抑止かつ抑圧し、過去の価値観と制度を押しつけるのだ。しかし、現代の世界的危機が、直線的ではなく複雑に進化する新たな世界秩序の出発点だという観点に立てば、とりわけ政治においては、既存の言語中心かつヨーロッパ中心のやり方、すなわち通例の腕力による解決では、状況に対して十分ではなくなったと言えるのではないだろうか。それよりも、パターンを予測してモデルを作る方法のほうが適切であるように思われる。その意味では、グローバルな仲間《ソキウス》を自己組織システムと考える社会的共同作用分野の研究のほうがむしろ有益であるように見えなくもない。このアプローチの枠組みによる政治運営は、人々を引きつける人間、すなわち自己組織の中心を探して出してうまく活用することによって、統治と自己組織のあいだの最適なバランスを模索するもので、大規模な取り組みではない(15)。このような関係においては、ロシアにとっての「安定」の概念を、政治勢力のバランスや国の制御しやすさだけで判断するのではなく、いちだんと複雑になりつつある現代世界に継続して適応できるかどうかという点からも考える必要がある。「上からの近代化」というシナリオでは、政治の近代化に疑問の声が上がることは避けられない。かくして、そこにジレンマが生まれる。一方では、国家権力という縦軸が目下のところ政治と経済で唯一の優位勢力であるため、それが唯一の近代化の対象となる。他方では、社会のすべての領域で近代化を成功させるためには、国全体がまずそれ自体を近代化しなければならないのである。

政治近代化の展望

今日のロシアの変革が大きな難題に直面していることはまちがいない。国家を神聖なものと考えるようなものの見方は、かねてからロシアに存在していた。皇帝、書記長、大統領はつねに理想像の光輪に包まれてきた。ソ連崩壊後の時代は、一九九三年の憲法により、大統領の権限が権威主義のかがみとして尊重された。大統領の後継者を任命するという慣習はもちろん、大統領の任期の延長も導入された。ボリス・エリツィンの時代から、大統領の権力が中心となって、その周囲を、特権的幹部であるノーメンクラトゥーラとオリガルヒと呼ばれる新興財閥集団で構成された実権を握る支配層エリートがとりまいた。大統領府は政府を監督する機関となり、政治勢力のバランスを統制した。こうしたことのすべてが、ほかの政治体制と比べて、大統領と側近の地位を特殊なものにしている。二〇〇〇年代になると、いわゆる主権民主主義という議会制度が発達した。権力エリートの正式な言いまわしでは、この言葉は、国に政治体制を選択する権利があることを強く主張するものである。アナリストが言うところの「管理民主主義」であるこの形は、優勢な中道政党を取り囲むように右派や左派政党からなる「制御された反対勢力」や「忠実な野党」が存在するという点で、競争によって決定される民主主義とは異なる。

伝統にしたがって、当局は正式な民主主義体制を作り始めたが、その形は権威主義や官僚主義的傾向の増大に見合うものとなっている。ロシアは民主主義の手続きを経た競争に基づく国の権力機関の選挙を正式に行ったが、その一方で、今でも各機関のあいだには明確な権限の境界が存在しない。ロシアの議会は事実上ゴム印を押す組織へとなり代わり、立法と監督の機関というよりむしろ大統領と行政部門の力を是認する機能を果たしている。その結果、現在のロシアの政治体制には民主主義の要素と権威主義が共生している。逆説的ではあるが、民主主義機関がしばしば権威主義の手段としての役目を果たすのである。そうは言っても、ロシアの政治制度は昔から官僚主導である。与党の「統一ロシア」党は実際には官僚の政党だ。ロシアにおける政治の近代化はまた、政府の家父長主義から離れられない国民の習性によっても難しくなっている。当局は市民社会を促進する政策を宣言してはいるものの、たとえば公共議院という形の見せかけの市民組織を作って、国家基盤のなかに組み込んでいる。さらに、当局はあらゆる種類の非政府組織を脅威と見ており、特に二〇一二年の大規模抗議活動後に「外国の諜報機関」に関する法律が採択されてからは、非政府組織が国外から資金提供を受けることがきわめて難しくなった。当局は、たとえばオンラインのブログといった新たな形の政治情報空間を規制することにも前向きな姿勢を示している。

政府も社会もともに、ロシアに近代化が必要だと考えてはいるが、同時にそうした改革を恐れてもいる。グローバル化世界の潜在的な提携相手、とりわけ国内外の投資家に対して、ロシアの魅力を高めるために政治の近代化が必要であることは、政府も社会も認識している。それでいて、どちらも改革を恐れ、当分のあいだはむしろ現状を維持したいと考える。人々の記憶には、二〇世紀最後の一〇年の、いわゆる市場への突然の移行がまだ鮮明に残っている。そのため新しい改革、とりわけリベラルな思想と結びつく改革は一種の恐怖症に似た反応を生むのである。この点において、プーチンの計画は広く批判を集めてはいるものの、社会の大部分の気持ちを反映していることはたしかだ。現状維持はもっともリスクの少ない選択肢であり、政府はそこから離れられない。ロシアの政治エリートは、改革を始める指導者が必ずや支持を失い、正当性を失うリスクに直面することを理解している。そのため政府は、国家構造に徹底的な近代化をもたらすことができないような、表面上にかぎられた行政改革を実行するのである。特に、グローバル化問題に対応するために実施する改革は、政府がなんとか破産しないように支援して雇用を守っている、競争力のないたくさんの企業に大きな打撃を与えることになる。同じ理由から、政治改革はまた、自分にとって好都合な既存の体制を全面的に支持している腐敗した役人にも打撃を与えることになるのだ(16)。

ゆえに、近い将来に急速かつ急激な政治改革を期待することは、ほとんど無理である。その意味で、エコノミストで政治アナリストのヴラジスラフ・イノゼムツェフが提案する予防民主主義のモデルが、今日のロシアにとっての現実的な選択肢だと考えられる。予防民主主義は、社会からのシグナルを読み取って、それを合理的な発展的改革へと変換することによって、体制の自滅を防ごうとするものだ。こうしたモデルは、抗議運動の方向を推測しながら、ロシアのエリートに対して、もっとも目立つ動きをさえぎって自分たちの計画にすり替えるよう促す。そうした計画は部分的に社会のニーズに適合するだけでなく、第一に、けっして過激ではなく、第二に、比較的長期的視野に立って作られており、第三に、ある程度まではあるが、支配層の現状維持が突然奪われることがない。イノゼムツェフによれば、このような民主主義の形においてしかできないことがある。それは、二〇一一～二〇一二年の大規模抗議活動で示されたような社会と当局とのあいだに迫る衝突を防ぐこと、反体制派のもっとも著名な人物を無力化する一方でもっとも能力の低い官僚から政府を守り、政府の支持者と反対者のあいだに「人員の交換」を促進すること、人々を懸念させるような新しい問題を比較的効率よく解決できることである。そうやって、社会は次第に発展していく(17)。

近代化のリスクと障壁

近代化の障壁となってリスクを増やす重大な要因がある。それはきわめて不均衡なロシアの地方の発展状況だ。政治地理学者はロシアをひとつではなくふたつか三つ、あるいは四つの「異なるロシア」として考えている(18)。

「第一のロシア」は人口の二一パーセント強の人々が暮らす巨大都市集団の国である。産業、企業、金融機関、技能労働者の大部分、中流階級、インターネット利用者はこの部分に集中している。この部分の人々がもっとも政治に積極的で、政治と経済の変化を支持している。

「第二のロシア」は人口が二一～三万から二五万、ときにそれより大きい三〇～五〇万くらいの産業都市の寄せ集めで、チェレポヴェツ、ニジニ・タギル、マグニトゴルスク、ナーベレジヌイェ・チェルヌイなどがそれにあたる。ソ連崩壊後、すべての中型都市が特化した産業を維持してきたわけではないが、いわゆるソヴィエト風生活という形でその精神は根強く残っている。ブルーカラー労働者にくわえて公務員が多く、たいていはほとんど資格を持っていない。このロシアは人口のおよそ二五パーセントに等しい。雇用や賃金の争いが中心で、中流階級が懸念するような問題にはまったく無関心である。

「第三のロシア」は辺境地域の広大な領土で、村、町、小都市の住民から成っている。その総人口は全体の三八パーセントを占め、どうにか生きていくことに目が向けられていて、政治や改革にほとんど無関心である。

「第四のロシア」は北カフカスと南シベリア（トゥヴァ、アルタイ）の共和国で、人口の六パーセント未満を占め、ほとんど何の産業もない大小の都市で暮らしている。このロシアは、地元部族間の権力と資源をめぐる争いや、民族や宗教の対立に直面している。連邦予算からの援助と投資に依存しているため、住民は一般的に既存の権力に忠実である。このように「複数のロシア」が存在するために、革新志向の近代化をひとつの計画にしたがって実行することは必然的にリスクを伴う。概して言えば、貧困に耐える地域にとって革新的近代化を論じることなど不可能だ。近代化にとって人的資本の格差は大きな妨げとなる。経済特区や産業団地などに集中する集束型の近代化は、各地方のための特別な近代化計画を持たないため、領土全体が取り残されるリスクがある。地方向けの計画では、地方への助成のみならず、異なる文化、宗教、政治的価値観の調整と調和にも焦点をあてる必要がある。さもなければ、近代化は国民の大部分にとって中身のない宣言となってしまう。

社会学者や哲学者はそうしたリスクを指摘している。たとえば、学者のセルゲイ・クラフチェンコは、客観的に見て異なる「テンポの世界」に暮らしているさまざまなロシア人の集団が、一度に現代的な規制と管理方法の要求に適応することは不可能だという事実に目を向けさせる。今にも始まろうとしている近代化のもっとも大きなリスクのひとつは、急激な変化のなかで生まれるかもしれない取り残された集団、あるいは新しい「危険な階級」の問題である。もし変化のスピードがもっぱら利益志向で人道的目標と一致しなかった場合、社会的緊張や惨事、嫌悪や不安が増す恐れがある(19)。

おもなリスクとしては、政策立案者や企業の側に社会と生態系に対する責任意識が欠けていることが挙げられる。そこにはふたつの側面がある。ひとつは新たな技術が人と生態系に及ぼす影響で、もうひとつは革新が社会に及ぼす影響だ。最近までロシアでは、こうした考えは広く知られていなかった。しかし、そろそろ新しい計画に盛り込んでもよい頃だろう。

現代ロシア政治の技術優先のアプローチと人道的見地の軽視は、政治学者や哲学者のあいだで問題となりつつある。ロシアの発展戦略のなかには、意味や理念の均一化と、対話ではない一方的な話し方に偏った近代主義的なアプローチがはびこっている。そのようなアプローチではなく、国の文化的な伝統に基づく人道的な要素というものこそが、グローバル社会に立ち向かう発展戦略を支配するべきだろう。

公式な発展戦略は、創造性、教育、文化が将来の主要な資源となるべきだということを否定していない。「戦略二〇二〇」新版の執筆者に広く用いられている「人的資本」という言葉はまた、目に見えて頻度が下がったとはいえ、プーチンの言いまわしにも含まれている。どちらの例でも、中流階級が近代化の社会基盤だと考えられている。しかしながら、国民のほとんどは、この創造性豊かな中流階級に属する条件を満たしておらず、近代化の蚊帳の外に置かれているように見える。今日、ロシアの中流階級は比較的小さな集団で、現在の政府を支持しておらず、抗議に走りがちである。当局は、人間的な要素の変革なしに近代化の達成は不可能であることをよく理解しているが、人的要素の発展を社会圏への幅広い市場の導入と結びつけてしまっている。そのため、二〇一〇年四月二三日、社会サービスの商業化に関する連邦法第八三条が下院で採択され、予算執行機関が利益を得る活動に従事することが許可された。これを受けて、余分に利益を上げようと考える教育や医療の機関は、合法的に有料サービスを導入することができるようになった。こうして、貧しい人が教育や医療を受けにくくなるという事実にもかかわらず、政府は社会支出を減らそうとしている。二〇一三〜二〇一五年の連邦予算法では、教育支出を二〇一三年の六〇七二億ルーブルから二〇一五年には五七二五億ルーブルに、医療支出を二〇一三年の四九五〇億ルーブルから二〇一五年には三六一三億ルーブルに大きく削減する見通しだ[20]。二〇一三年向けの新しい教育法では、教育分野の民営化を拡大することがほのめかされている。今のロシアの状況で、社会圏の近代化を念頭に独特な市場メカニズムに頼ると、社会の近代化に失敗する恐れがある。近年のロシアに定着した慣習は、サービスの質の向上を促進するのではなく、サービスの提供者ができるかぎりの利益を得ることを推し進めるものである。ロシアで市場メカニズムを効率的に機能させるためには、行政から民間企業にいたるすべてのレベルで企業倫理の導入が強く求められる。

おもに経済的効率を求める教育政策は、まさに創造力にあふれ、道徳観を持ち、責任感ある人間を形作るための人道科学の軽視を引き起こす。ロシア哲学界の代表は、そのような政策は将来に悲惨な結果をもたらす危険性をはらんでいると述べている[21]。

もうひとつ、私たちの目から見た深刻なリスクは、西側式のパターンで全面的に洗い直すことに照準を合わせた、研究と教育分野の改革政策である。これはロシア特有の事情を考慮していないばかりか、この分野でこれまで成し遂げられてきた競争における優位性を過小評価している。科学と教育のおもな近代化手段は行政による管理の強化だ。その例のひとつが「革新的発展戦略」の方針であり、最近の教育・科学省の政策である。特に懸念されているのが、ロシア科学アカデミーから新たに創設された官僚組織へと、科学機関の運営を実際に移転させることを念頭においた「ロシア科学アカデミーに関する、複数の国立科学アカデミーの再編ならびにロシア連邦の特定法律の修正」法の提案である。

現在の社会は、人を動かすほどのアイデアを探し出そうと宣言されてはいても、そうしたアイデアが多くの人に共有されていない状態だと言える。ロシアは、この国の将来にとって望ましい未来像について、まるで合意ができていない。当局が宣言した優先事項のリストと、ロシアの一般市民の夢を比べてみると、次のような状況が見えてくる。

当局は革新技術、軍産複合体における高度な研究開発、強い国家の形成に重点を置く。それとは対照的に、一般の国民にとって魅力的な目標とは、社会正義（四四パーセント）、人権と民主主義（二八パーセント）、痛みを伴わない安定した発展（二七パーセント）、ロシアの大国としての地位の復活（二六パーセント）である[22]。

ロシアの未来への想いとそれを達成する方法が広範囲にわたっていることは、ロシア社会が複雑に分極化していることを示している。一極には大きな集団を作る社会的保守派がいる。そして反対側には国家の役割を最小限にすることを支持する右派と社会民主主義を支持する左派というふたつのリベラル派がいる。「社会的保守派」は社会正義を与えてくれる従来の大国ロシアを夢見ている。そこには独自の国家発展の道があって、西側諸国と西側文明のあとを追う必要はない。同時に彼らは、革命や騒動のない平和で安定した発展を望んでいる。それに対して「リベラル派」は、企業や市民社会に最低限の影響しか及ぼさないほどまでに国の役割を著しく制限し、民主主義のすべての権利と自由を尊重する、法律に則った社会を形作ることに焦点をあてる(23)。現在の政権とその政策は、おもに町や中型都市や村に住む大多数の国民から支持を得ている。これは、既存の政治制度に、ほかに魅力的な選択肢がないためである。

数年前プーチンは、ともすれば国家概念を含むすべてのイデオロギーを構築することをやめて、代わりに未来のロシア繁栄に向けて誠実に働くことを呼びかけようとした。彼は社会の発展に向けて純粋に実用的なアプローチを取った。その後、慎重に愛国心教育が計画された。国がひとつになるという概念を作る散発的な試みが一時的に行われた。たとえば、二〇〇六年にはセルゲイ・イヴァノフ副首相が、ロシアが進むべき道を問われて三つの国家的価値観を挙げている。それは「主権民主主義、強い経済、軍事力」だ(24)。

一方で、「主権民主主義」の概念はますます評判が悪くなっており、偽りの民主主義である行政指揮体制と結びつけられるようになっている。そして、ときどきではあるが、国の統一、市民の愛国心、大国としての地位の復活というスローガンが大統領の口からこぼれ、社会からは好意的な反応を得ている。ロシアの威光を懐かしく思う気持ちは明らかに世論に現れている。二〇一一年、レヴァダ・センターは「ロシアは大帝国としての地位をふたたび得なければならないという見解を支持するか?」という質問に対して、七八パーセントの国民から「強く支持する」「支持する」という回答を得た(25)。あれだけの政治的大変動と歴史的持続性の断絶があったにもかかわらず、ロシアは地政学的にはひとつのものとして残っているということは心に留めておくべきだろう。この事実は一八世紀初頭に築かれた大国のイメージの根幹をなす部分である。

ロシアの政治エリート、企業、国民のあいだには、近代化の目標についてのまとまった見解がない。革新の利点は社会の大多数の目にはっきりと見えるものでなければならないし、革新政策は特区スコルコヴォといった近代化のオアシスのなかにとどまるべきではないはずだ。つまり、多くの場合、国家的概念の欠如が近代化の足かせとなっていると考えられる。たとえば、ロシアの学者マリエッタ・ステパニャンツの見解では、「現実的な計算は、物質であれ政治であれ、実際の利益に関心がある人々を結びつけることができる。しかしそれは、人を鼓舞するようなアイデア、理念、理想をとりまく国家的統一を引き起こすことはできない。そのためには倫理的な動機づけが必要である。だがそれは新時代に必要な条件を考慮したうえでの、国の文化的な伝統に基づいてしか形成されないのかもしれない」(26)。ひとつに結びつけるための概念がない今、部分的な譲歩を模索し続ける以外に選択肢はない。

結論

ロシア発展のための公式計画は、グローバルな世界に帝国の存続計画を持ち出すようなものである。その計画は、軍事力を有する強い国家の視点からグローバルな議題に影響を及ぼそうとするものだ。これは日本の明治近代化のスローガンだった「富国強兵」にいくらか類似しているとも言えるだろう。

ロシアは一貫して、その遺伝子に組み込まれた権威主義国家、そして国民とエリートとの特殊な関係を再現している。この国ならではの政治精神と文化が現在の政治の形に影響を与えることは避けられないため、それを「よい―悪い」のものさしで測ることはできない。

ロシアのアナリスト、アンドレイ・メリヴィリとイヴァン・チモフェエフによると、もっとも有望なシナリオは「大統領府の先手戦術《ギャンビット》」である。その仕組みは、上からの近代化と世界舞台におけるロシアの役割強化をめぐって起きる、政治経済競争の局部的な「チェスのやりとり」だ。このシナリオは、急速に力を伸ばしつつある経済と軍事の権力者が、おもに行政手段によって、増大する脅威を相手どって非対称的な対応をすると仮定している。また、戦略産業と社会の近代化、さらには外部の契約者に圧力をかけるためにも、エネルギー資源が積極的に利用されるだろうということも暗に示している。国家は見るからに社会と企業を支配している。エネルギー資源は経済発展を続けるための基礎を成す。国家はエネルギー分野と戦略産業を管理する。国内政策においても、大統領府がルールを決める。官僚は圧倒的な影響力を享受する。政治的な反体制派には資源もなければ国民の支持もない。社会は国の経済状況にいくらか満足しており、政治に対する関心は最低限だ。連邦の中央機関がほぼ完全に地方情勢を管理している。大統領府のおもな優先課題は、経済の戦略分野で近代化を加速させ、ロシアの世界的地位を高めることである[27]。

変わりゆく世界の幅広い問題を考えれば、現在の「安定」は必ずしも国家の持続可能性ならびに適応力の高さを意味しない。そこには市民の合意さえ存在せず、現在のエリートの地位を守るだけの力の均等があるだけだ。しかしながら、このバランスはおもに外的要因で支えられている。それは、支配層エリートが自分たちを支持するさまざまな集団を支援し助成する体制を作れるほどに、エネルギー価格が高値を保っているあいだだけしか続かないだろう。ロシア近代化プロジェクトの成功は、支配層エリートの循環、有効な統治機関の設立、国と社会の対話の仕組み、汚職の減少、政治権力の自信の回復といった問題の解決と直接結びついている。ロシアの未来は、想像上の安定が、いかに現代社会の挑戦に見合う本物の安定に変わるかということにかかっている。

二〇一四年のウクライナ危機と制裁の応酬は、ロシアと西側諸国との対決をまねいた。その結果ロシアでは、近代化と急速な経済発展を目指す勢いが増し、また国としての社会の結束力が著しく高まった。ロシアはこのチャンスを活かせるのだろうか。まだわからない。

注

【一】

＊野村財団と新潟県立大学からの資金援助に謝意を表する。

(1) Yutaka Harada, "Policy Issues Regarding the Japanese Economy—the Great Recession, Inequality, Budget Deficit and the Aging Population," *Japanese Journal of Political Science*, 13: 2 (2012): 223-253 を参照されたい。本章はその論文の要約である。

(2) 宮尾龍蔵「銀行機能の低下と90年代以降のデフレ停滞」、『論争 日本の経済危機——長期停滞の真因を解明する』、堀内昭義、浜田宏一編、日本経済新聞社、二〇〇四年、二一七—二四三ページ。

(3) Harada "Policy Issues Regarding the Japanese Economy," 234-235 を参照。

(4) Yuzo Honda, Yoshihiro Kuroki, and Minoru Tachibana (2007), "An Injection of Base Money at Zero Interest Rates: Empirical Evidence from the Japanese Experience 2001-2006," Discussion Paper 07-08, Discussion Papers in Economics And Business, Graduate School of Economics and Osaka School of International Public Policy (OSIPP), Osaka University. 原田泰、増島稔「金融の量的緩和はどの経路で経済を活性化したのか」『デフレ経済と金融政策』、吉川洋編、慶應義塾大学出版会、二〇〇九年。英語版 "Effectiveness and Transmission Mechanism of Japan's Quantitative Monetary Easing Policy," *The Japanese Economy*, Vol. 36, No. 1 (March 2009).

(5) Mitsuhiro Fukao, "Japan's Lost Decade and Its Financial System," in Gary R. Saxonhouse and Robert M. Stern eds., *Japan's Lost Decade: Origins, Consequences and Prospects for Recovery* (Oxford: Blackwell Publishing, 2004).

(6) 原田泰『「大停滞」脱却の経済学——デフレに勝つことが構造改革だ！』、ＰＨＰ研究所、二〇〇四年、九〇—九二ページ。

(7) Honda et al., "An Injection of Base Money at Zero Interest Rates."

(8) 原田、増島「金融の量的緩和はどの経路で経済を活性化したのか」

(9) The Federal Open Market Committee and the Board of Governors, FOMC longer-run goals and policy strategy, January 25, 2012, http://federalreserve.gov/newsevents/press/monetary/20120125c.htm (accessed May 23, 2014).

(10) IMF, "De Facto Classification of Exchange Rate Regimes and Monetary Policy Frameworks," February 25, 2009, http://www.imf.org/external/NP/mfd/er/index.aspx (accessed May 23, 2014).

(11) 財務省「日本の財政関係資料」、平成二四年、六五ページ、http://www.mof.go.jp/budget/fiscal_condition/related_data/

sy014_2409.pdf (accessed May 23, 2014).

(12) N. Gregory Mankiw, *Macroeconomics 7th edition* (New York: Worth Publishers, 2010): 379-408.

(13) Richard Beason and David Weinstein, "Growth, Economies of Scale, and Targeting in Japan (1955-90)," *Review of Economics and Statistics* (May 1996).

(14) Michael E. Porter and Hirotaka Takeuchi, "Fixing What Really Ails Japan," *Foreign Affairs*, 78: 3 (May/June 1999): 66-81.

(15) 斉藤淳『自民党長期政権の政治経済学』、勁草書房、二〇一〇年。

(16) 橘木俊詔『格差社会——何が問題なのか』、岩波書店、二〇〇六年、一八ページ。

【2】

＊野村財団と新潟県立大学からの資金援助に謝意を表する。

(1) Vitaly Tolstykh, *Rossiya epokhi peremen* [Russia in the Epoch of Changes] (Moscow: Rossiyskaya politicheskaya entsiklopediya, 2012), 284.

(2) Dmitry Medvedev, "Poslaniye Federal'nomu Sobraniyu" (Address to the Federal Assembly), http://www.kremlin.ru/transcripts/5979. (accessed June 5, 2014).

(3) 同上。

(4) Aleksei Mikhailovich Remizov, "Putin poluchil mandat na druguyu politiku" [Putin got a mandate for another policy], *Vzglyad. Delovaya gazeta*, http://vz.ru/politics/2012/3/15/568364.html (accessed March 15, 2012).

(5) Vladimir Putin, Vystupleniye v Gosudarstvennoy Dume s otchotom o deyatel'nosti Pravitel'stva Rossiyskoy Federatsii za 2010 god [Report to the State Duma on the activities of the Government of the Russian Federation for 2010], http://pravitel'stvo.rf/docs/14898/ (accessed December 15, 2012).

(6) Vladimir Putin, "Nam nuzhna novaya ekonomika" [We need a new economy], *Vedomosti*, http://www.vedomosti.ru/politics/news/1488145/o_nashih_ekonomicheskih_zadachah (accessed January 30, 2012).

(7) Vladimir Putin, "Rossiya sosredotachivayetsya–vyzovy na kotoryye my dolzhny otvetit" [Russia is focusing-challenges that we need to answer], *Izvestiya*, http://izvestia.ru/news/511884 (accessed January 16, 2012).

(8) Vladimir Putin, Vystupleniye v Gosudarstvennoy Dume s otchotom o deyatel'nosti Pravitel'stva Rossiyskoy Federatsii za 2010 god［Report to the State Duma on the activities of the Government of the Russian Federation for 2010］, http://pravitel'stvo.rf/docs/14898/（accessed December 15, 2012）.

(9) Press-konferentsiya Vladimira Putina, December 20, 2012, *Website "President of Russia,"* http://www.kremlin.ru/news/17173（accessed June 5, 2014）.

(10) Vladimir Putin, "Demokratiya i kachestvo gosudarstva"［Democracy and quality of state］, *Kommersant*, 6.02.2012, http://www.kommersant.ru/doc/1866753（accessed June 5, 2014）.

(11) Press-konferentsiya Vladimira Putina, December 20, 2012, *Website "President of Russia,"* http://www.kremlin.ru/news/17173（accessed June 5, 2014）.

(12) Poslaniye Prezidenta Rossii Vladimira Putina Federal'nomu sobraniyu［Message from the President of Russia Vladimir Putin to the Federal Assembly］, December 12, 2012, *Pervyy kanal［The first channel］*, http://www.1tv.ru/news/polit/221862（accessed June 5, 2014）.

(13) O chem mechtayut rossiyane（razmyshleniya sotsiologov）. Analiticheskiy doklad Instituta sotsiologii RAN［*What the Russians Are Dreaming of? Analytical Report of the Institute of Sociology, RAS*］（Moscow: Institut sotsiologii RAN, 2012）.

(14) Samuel P. Huntington, *Political Order in Changing Societies*（New Haven, CT: Yale University Press, 1968）: 1.（サミュエル・ハンチントン『変革期社会の政治秩序』、内山秀夫訳、サイマル出版会、一九七二年）

(15) Yelena Knyazeva, "Sinergeticheski konstruiruyemyy mir"［The synergistically constructed world］, in *Sinergetika: budushcheye mira i Rossii*［Synergy: the Future of the World and Russia］（Moscow: Izdatel'stvo LKI, 2008）: 42, 53.

(16) 今日のロシアが改革を恐れ、現状維持を模索する理由についての詳細な分析は、イリーナ・ブスイギナ（モスクワ国際関係大学）とミハイール・フィリッポフ（ニューヨーク州立大学）の著書で述べられている。Irina Busygina and Mikhail Filippov, *Politicheskaya modernizatsiya gosudarstva v Rossii: neobkhodimost', napravleniya, izderzhki, riski.［Political modernization of the state in Russia: the need, directions, costs, risks］*（Moscow: Fond "Liberal'naya missiya," 2012）を参照されたい。

(17) Vladislav Inozemtsev, "Preventivnaya" demokratiya. Ponyatiye, predposylki dlya vozniknoveniya, shansy dlya Rossii"［'Preventive' democracy. The concept, the preconditions for the emergence of the chances for Russia］, *Polis. Politicheskiye*

issledovaniya. [Polis, Political Studies] No. 6 (2012): 101–111.

(18) Natalia Zubarevich, "Chetyre Rossii" [Four Russias], *Vedomosti*, http://www.vedomosti.ru/opinion/news/1467059/chetyre_rossii. (accessed December 30, 2011).

(19) Sergei Kravchenko, *Stanovleniye slozhnogo obshchestva: k obosnovaniyu gumanisticheskoy teorii slozhnosti [The Formation of a Complex Society: on the Justification of Humanistic Theory of Complexity]* (Moscow: MGIMO–Universitet, 2012): 223.

(20) The Law of Russian Federation (December 3, 2012). Federal'nyy zakon ot 3 dekabrya 2012 g. N 216–FZ "O federal'nom byudzhete na 2013 god i na planovyy period 2014 i 2015 godov." Prilozheniya 13, 15. [Federal law of December 3, 2012 N 216–FZ "On the Federal Budget for 2013 and the planning period of 2014 and 2015." Annexes 13 and 15], http://base.garant.ru/70273206/10/#block_13000 (accessed June 5, 2014). http://base.garant.ru/70273206/11/#block_15000 (accessed June 5, 2014).

(21) Sergei Kravchenko, *Stanovleniye slozhnogo obshchestva: k obosnovaniyu gumanisticheskoy teorii slozhnosti [The Formation of a Complex Society: on the Justification of Humanistic Theory of Complexity]* (Moscow: MGIMO-Universitet, 2012): 223.

(22) "O chem mechtayut rossiyane," (razmyshleniya sotsiologov) Analiticheskiy doklad Instituta sotsiologii RAN. [*What the Russians Are Dreaming of? Analytical Report of the Institute of Sociology, RAS*]. (Moscow: Institut sotsiologii RAN, 2012).

(23) 同上、一七二ページ。

(24) Sergei Ivanov, "Triada natsional'nykh tsennostey" [The triad of national values], *Izvestiya*, No. 124 (July 13, 2006): 4.

(25) Levada Center, *Obshchestvennoye mneniye—2011. Yezhegodnik [Public Opinion—2011. Yearbook]* (Moscow: Levada-Tsentr, compiler Zorkaya N., 2012): 21. Tables 3, 2, 7, http://www.levada.ru/books/obshchestvennoe-mnenie-2011 (accessed June 5, 2014).

(26) Marietta Stepanyants, "Kul'tura kak garant rossiyskoy bezopasnosti" [Culture as a guarantor of the security of Russia], *Voprosy filosofii*, No. 1 (2012), http://vphil.ru/index.php?option=com_content&task=view&id=455&Itemid=52 (accessed June 5, 2014).

(27) Andrei Mel'vil' and Ivan Timofeyev, "Rossiya 2020: al'ternativnyye stsenarii i obshchestvennyye predpochteniya" [Russia 2020: Alternative scenarios and societal preferences], *Polis [Political Studies]* no. 4 (2008): 66–85.

第5章　日本の外交政策――「国際社会におけるふさわしい立場を探して」

袴田茂樹

1　協調の継続*

はじめに

一九九〇年代初めの冷戦終結から二〇年あまりの月日が経った。そのあいだに世界の勢力バランスが変わり、特にこの一〇年でアジア太平洋地域の国際関係は大きな変化を遂げた。そうした変化に日本がどのように対応するかということは、日本の外交政策の中心となる課題である。しかしながら、日本の国内外の保障政策立案は、三年半前に政権交代が起きてからというもの混乱したままであり、アジアの変わりゆく状況に十分に対応しきれていない。

私が見るところでは、日本という国は現在ふたつの根本的な外交問題に直面している。ひとつ目は、対外関係が依然としておもに近代主義者《モダニスト》の、あるいは古典的とさえ考えられる国際関係の原則に支配されている東アジアで、緊張状態に現実的に対処するには何が必要なのかということである。これは通常ポストモダニズムの原則があてはまるヨーロッパやアメリカに対する場合と著しく異なっていると考えられる。簡単に述べると、ポストモダニストのアプローチにおいては、国民国家と国家主権という古い概念は時代錯誤であり、国民国家間の論争に対処することが基本だった従来の国家安全保障概念は、急速に時代遅れになりつつある。さらに広げて解釈すると、つまり、主権と国境問題を主要な外交問題とみなすこと自体が過去の遺物なのである。日本においてさえ、リベラル主義者や東アジア共同体支持者の多くが、このポストモダニストの見解に従っている。

それとは対照的に、私は自分が現実主義者であると考えており、ポストモダニストの過度な法則化に対しては批判的な立場を取る。東アジアに目を向けたときには特にそう感じる。国家主義と国家主権の問題に由来するアジアの紛争は、冷戦時代よりも現在のほうが深刻だと考えられる。私が思うに、今日の状況はポストモダニズムではなく、むしろ二〇世紀前半のそれによく似ている。

日本が直面するふたつ目の重要な問題は、日本が率先して他国との関係を築き、自国の安全保障政策を立てる必要があるということだ。第二次世界大戦終結以降ほぼずっと、そして冷戦の影響があったためにかなりの程度まで、日本の外交と安全保障は完全な独立国のそれではなかった。冷戦時代に西側陣営の不動のメンバーだった日本には、独自の安全保障政策を作る必要もなければ、それが実際に役立つこともないように思われた。しかし今日、国際関係が大きく変化し、地政学的な力のバランスが大々的に動いたことを考えると、状況は異なってくる。

また、特別な政策立案の問題という点から見れば、民主党政権時代に三年間続いた混乱のあとで、緊張した外交関係の修復と安全保障政策の再建に対して、日本がどのように取り組めばよいのかという問題にも対処する必要がある。野党時代の長かった民主党の政治家は、統治よりも政府批判に長けていた。その結果、彼らの多くは国策を案出するために必要な、国家の地位を現実的に捉える目を持っていなかった。

本章では、こうした根本的なふたつの問題を念頭に置きながら、日本の外交政策を考察したい。

民主党政策からの解放

民主党が政権を取ってからわずか三年後、自民党は圧倒的な選挙勝利で政権に返り咲いた。民主党政府はその短い統治期間に、それまでのアメリカ重視、すなわちアメリカに追随する形から、日本がアメリカからも中国からも「等距離」を保つという新たな方針へと、日本の外交政策の視点を変えることに成功した。実際、鳩山元総理大臣は日本のアメリカとの関係は対等であると言い切るようになった。もっとも、とりわけ防衛問題という点ではまったくそうでないことは明らかである（たとえば、アメリカは長く日本を「核の傘」で守ってきた。そして日本が攻撃を受けるようなことがあれば日本を防衛する義務がある。しかし日本はアメリカを守る義務はない）。二〇〇九年一二月、民主党幹事長小沢一郎は民主党国会議員一四三人を含む四八三人の参加者をつれてきわめて異例な外交使節団を作り、中国を訪問して全世界に民主党の親中姿勢を示した。民主党はさらに、アメリカに背を向けて中国に焦点をあてる東アジア共同体構想の実現に向けて動きさえした。中国と日本の関係が民主党政権のあいだに戦後最低レベルに冷え込んだことを考えると、むしろ皮肉ですらある。

一見、民主党の「等距離外交」と「対等な関係」は独立した国家が自国の権利を主張しているかのように見える。しかし現実には、実行の可能性がほとんどない空論にすぎなかった。民主党は変わりつつある世界情勢に現実的に対応できる真の外交、あるいは安全保障政策を持ち合わせていなかった。アメリカ、中国、ロシアはこの党の世間知らずな素人外交をまじめに受け取らず、日本はほとんど世界から無視された格好となった。

日米関係の悪化を加速させた一因は、沖縄県の普天間空軍基地を移転させる問題だった。通常ならば、条約や重要な合意などの物事は政治の指導者が変わってもそのまま維持される。たとえば、ソヴィエト連邦の崩壊によって大変動に見舞われても、継承国であるロシアは旧ソ連が調印した国際条約や合意を維持している。民主党は受け継いだ条約や合意の大半は維持したが、普天間基地移設に関する日米合意を破棄して、二国間の関係に深刻な打撃を与えた。民主党指導者は政権交代によって過去のアメリカとの条約を見直すのは当然だと主張し、その結果、米軍基地の移転はいまだに未解決のままである。

今日においてもなお、ほとんどのロシア人が日本におけるアメリカの存在をはなはだしく誤って解釈していることは興味深い。彼らは、米軍の存在は日本がまだアメリカの占領下にある証しだと思っている。そして、必ずといっていいほどロシアのメディアに大々的に取り上げられる散発的な基地反対運動の影響もあって、日本人の大多数が米軍基地の国内存続に反対していると結論づけている。沖縄県民のほとんどが基地をどこかに移設してほしいと願っていることは真実だが（実際だれが彼らを責められようか）、ほとんどの日本人が基地は不必要だと考えていると述べることとは大きな隔たりがある。さらに、現在は大部分の人が、戦後の日本外交と安全保障政策がアメリカに従属的であることを認識してはいるとはいえ、日本がアメリカの占領下にあると考える人はほとんどいない。また、日本がアメリカに従属的であるということについてはどうかと言えば、経済問題においては、一九八〇年代までにアメリカは日本をおもな貿易競争相手、さらにいくつもの主要産業における脅威として見るようになっていたことを思い出してもらいたい（エズラ・ヴォーゲルの『ジャパンアズナンバーワン』に代表される時代である）。たくさんの、ときに痛烈なこの二国間の貿易摩擦は、日本がすでに長いあいだ、商業的には独自の道をたどってきたことを証明している。

もうひとつ興味深いのは、アメリカに対する日本外交の従属性が、左派のみならず右派からも猛烈な批判を巻き起こしたことだ。最近になっていちだんと攻撃的になった中国の姿勢が、日米協力と軍事援助協定の重要性を見直す理由を日本国民に与えたのである。

自民党の新外交政策

新自民党政権は前政権下でひどく損なわれた信用を回復し、親密さを取り戻すために努力を重ねている。しかし新政権が直面している問題は、以前の自民党が知っていた冷戦時代や、一九九〇年代とさえ根本的に異なっている。日本はもはやアメリカのリーダーシップに従うだけではいけない。今度は率先して行動を起こさなければならない。言い換えれば、新たな問題の出現によって、日本はアメリカとの関係を再構築して強化するだけではなく、同時に独立国家として独自の外交と安全保障政策を作り上げることが求められているのである。

近年、特に南シナ海で、海洋大国としてみずからの存在を知らしめたい中国の動きがいっそう大胆になっていることから、中国との関係が緊張している東南アジア諸国は、中国に対抗する勢力として、アジア太平洋におけるアメリカの存在感を強めてほしいと考えるようになってきている。そのシナリオの一環として、彼らは日本にも、アメリカやその軍隊と緊密な関係を維持してもらいたいと願っている。二〇一三年一月に政権を握ってから自民党政府が最初に実行したことのひとつは、主要閣僚を東南アジア諸国連合（ＡＳＥＡＮ）一〇カ国のうち七カ国へ送り出すことだった。安倍総理大臣はベトナム、タイ、インドネシアへ、麻生副総理はミャンマーへ、岸田外務大臣はフィリピン、シンガポール、ブルネイへと赴き、いずれも温かく歓迎された。これらの国々が自民党政府に望んだことは、長い年月をかけて構築されてきた信頼を民主党がすべて取り消そうとする前の日米関係に見られた安定を取り戻し、いっそう強化することだった。

ことは当時の大平正芳総理が環太平洋連帯構想を提案した一九七八年にさかのぼる。その構想は最終的に一九八九年のアジア太平洋経済協力（ＡＰＥＣ）設立につながり、アメリカを含むアジア太平洋を網羅する協力の枠組みの基礎を作った。その後、一九九七年のＡＳＥＡＮ＋３（ＡＳＥＡＮ諸国と日本、中国、韓国）グループの設立など、アメリカ抜きで東アジアを統合しようとする動きがあった。そして二〇一二年、アメリカはふたたびアジア太平洋地域を政治的に重要視する方向へ方針を転換して、中国を除くほとんどのアジア諸国を喜ばせた。安倍総理大臣は二〇一四年二月に訪米した。したがって当然のことながら、新政権首脳陣によるアジア主要都市訪問には、日本とアメリカの指導者のあいだで行われる会合への備えという意味あいもあった。

一九七七年のマニラで、福田赳夫総理は「日本は平和に専念し、軍事大国の役目は拒否する」という福田ドクトリンを発表した。二〇一三年一月一八日、安倍総理は東南アジア歴訪の最後の訪問地ジャカルタで安倍ドクトリンを発表する予定だった。アルジェリア人質事件のために安倍は訪問を途中で切り上げることになってしまったが、安倍の演説文は内閣の公式ウェブサイトで発表された。この演説のなかで総理は、アジア太平洋地域で日本が取っていく姿勢について、次のような五つの外交政策方針を示した。

1　世界共通の価値である、思想、表現、言論の自由を守る。
2　海洋が力ではなく法と規則によって支配されるよう徹底する。
3　日本外交の一端として、自由で、開けた、相互に結びついた経済を追求する。
4　日本国民とこの地域のあいだに、いっそう有意義な異文化間の結びつきをもたらす。
5　国の未来を担う若い世代の交流を促進する。

中国はただちに、安倍ドクトリンは中国を牽制し、アメリカ、アジア諸国を巻き込んで中国を排除する安全保障の枠組みを築こうとする試みだとして抗議した。中国は特に、安倍の五つの方針のうち、最初のふたつは中国に対する直接の挑戦だと受け止め、経済の多国間主義である三つ目は、二国間の結びつきを重視する中国の政策を否認するものと解釈した。

アジア太平洋地域におけるロシア、中国、アメリカ

アジア太平洋地域おけるロシアの、中国とアメリカに対する変わりゆく関係もまた、日本の外交政策に影響を及ぼす。表向きには中露関係は良好だが、実際は見た目よりも複雑である。たとえば、ガスプロムは南シナ海の資源開発でベトナムと協力している。中国はその地域の資源に対する権利を主張しており、第三者はそこで開発に従事するべきではないと言い張っているが、ロシアはその見解を無視し続けている。同時に、ロシアは中国の攻撃的な海洋政策をますます警戒するようにもなってきている。二〇一二年七月、ロシア海軍は初めて、太平洋におけるアメリカ主導の軍事演習「ＲＩＭＰＡＣ」に正式に参加した。これは相互関係の大きな進展とみなすこともできるが、背後にはまちがいなく中国の要素がある。アメリカとヨーロッパに対して大きな不信感を抱くロシアは、戦略的パートナーとして中国との関係を維持しなければならないと感じてはいる。それでも、中国の政治経済の影響が拡大していることを受けて、ロシアは力の均衡を取り戻そうとアジア太平洋地域にも目を向ける。ロシアがシベリアと極東ロシアに日本の経済的な参入を強く望んでいることもまた、優位に立とうとしていることの一例だ。しかしながら、もしロシアがアメリカ、日本、環太平洋パートナーシップ（ＴＰＰ）参加国と近づきすぎるようなことがあれば、中国政府からの強い反応をまねき、ロシアの中国との戦略的パートナーシップが脅かされることになりかねない。

したがって、ロシアはアジア太平洋地域諸国との政治経済の結びつきを徐々に拡大しようと働きかける一方で、アメリカと中国の両方とほどよい関係を保ちながら、どちらかを選ばなければならないような事態を避けようとしている。それがアジアに目を向けているプーチンの政策の本質だ。

さる九月に国家安全保障問題研究会（安保研）が開催したウラジオストク・フォーラムでは、国際問題に詳し

いロシア科学アカデミーの専門家が、過去にアメリカは日本とロシアを引き離す役割を果たしていたが現在はそうではないと述べた。代わりに、ロシア、アメリカ、日本のアジア太平洋地域における関心事は、現在ではおおむね一致していると言う。

日本の立場から見ればこれは、近いうちにおそらくロシアと新しい関係を築く方法を探ることになる、すなわち、新しい国際社会の流れのなかで二国間の共通の利益に基づく関係を築くことになる可能性が高いという意味になる。そうなると、日本の中国に対する姿勢はきわめて重要になってくる。そして日本は、ロシア政府が中国との戦略的パートナーシップを優先せざるをえないことを十分に認識したうえで、ロシアに対する新たなアプローチを探すことになるだろう。

安倍政権による外交政策の最優先課題

ここで、安倍政権の外交政策を眺めたときにしばしば忘れられがちな点を明らかにしておくことが重要だろう。安倍総理はふたつの顔を持つ。ひとつは国家主権と安全保障を最優先課題とする右派国家主義者の顔である。安倍は明らかに主権を非常に重く受け止めている。そのため多くの人々は、それが中国、ロシア、韓国といった近隣諸国との関係で緊張を増すことにつながると考えている。しかしながら、安倍のもうひとつの顔は実利的な現実主義者だ。二〇〇七年八月に最初の政府を組織したとき、安倍の最初の国外訪問先は中国だった（日本の大臣が靖国神社に参拝したために二国間のあいだで相当な摩擦が起きたことを思い出してほしい）。安倍はこの訪問を利用して、両国が戦略的互恵関係を築くことを提案した。今、安倍新政権は経済成長を優先目標に掲げている。中国とロシアは安倍のどちらの顔が前面に現れるのかを注視している。

安倍政権は進行中の外交政策を発展させるうえで優先順位をつける必要がある。重要度順に、上位の五つとして以下が推奨される。

1　何よりもまず、アメリカとの信頼関係を立て直し、国際秩序を維持するために協力を深めること。

中国のような権威主義の共産国家と、かたや多くの価値観を共有し、長く同盟関係にあるアメリカのような比較的開けた民主主義社会から、外交的に「等距離」を置くことは、日本にとって現実的な選択肢ではない。いま心配すべきは、過去数年のあいだに歪んでしまったきわめて重大な関係に、ふたたび安定を取り戻すことだろう。そしてまた、日本が、主として冷戦時代のようにアメリカの政策のたんなる操り人形であってはならないことも認識しなければならない。日本は外交と安全保障政策でさらに自立する一方で、同時にアメリカと緊密に協力しなければならない。たとえば、日米安全保障条約を尖閣諸島問題にまで広げるために、アメリカはあらゆる論争で手助けをする前提条件として、日本に対して自国の主権を守ることと島の施政権を維持することを求めている。そして、二〇一三年七月の参議院選挙後、安倍政権はＴＰＰの議論に向けてより積極的なアプローチを取った。

2　中国に対しては日本の立場を守ること、ただし同時に、必要のない挑発は避けること。

日本は中国との関係を進展させるうえでアメリカともっと緊密に連携して動きたいと考えているかもしれないが、日本と中国の緊張がエスカレートすることなど実際にはだれも望んでいない。良識をもって、控えめな態度で、あるいは徐々に海上の治安と防衛の能力を上げていきながら尖閣問題に対処することは、日本にとって重要である。もっとも有望なシナリオとしては、日本の役人を尖閣諸島に常駐させるのではなく、尖閣諸島に上陸しようとする、あるいは不法にそこに居座っている中国人を逮捕するために日本の警察あるいは海上保安庁の部隊を派遣して、そのままそこに駐留させる方法が考えられる。尖閣諸島のような領土問題で自国の立場を守りながら、なおかつ中国と健全で安定した関係を続けるために、日本はきわめて難しい舵取りをしなければならない。それが簡単だとはだれも思わないが、初めから明確な目標を描いていれば達成できるだろう。

3　共通の利益に焦点をあててロシアとの関係を深め続けること。

ロシアは日本との関係に以前より積極的なアプローチをとっており、共通の問題への関心は両国で高まりつつある。日本はロシアの好意的な姿勢にきっと応えるだろう。新政権は北方領土問題を棚上げすることはないと思われる。おそらく基本的な中間政策を維持するだろう。つまり本質的には「四島の主権問題が解決してからロシアとの平和条約に調印する」ということである。

4　東南アジア、インド、オーストラリアとの結びつきを強化すること。

新政権はすでにこの点をよく理解しているようである。政権を握ってすぐに、重要閣僚があれほど多くの東南アジア諸国に出向いたという事実は、その点についての政府の意志がはっきりしている証拠である。今後、おそらく日本はインドとより緊密な政治経済協力を築くことにも焦点をあてるだろう。またそうすべきである。

5　新しいエネルギー政策を立てること。

日本から核の廃絶を求める民主党ほかの野党とは対照的に、自民党はこれまで、日本のエネルギー全体像における一構成要素として原子力の可能性を残しながら、より現実的な姿勢を取ってきた。言うまでもないが、これは日本のエネルギー輸入政策に直接影響を及ぼす。原子力エネルギーを切り札として用いることができると、海外のエネルギー供給者との交渉が日本に有利に働く場合がある。そうは言っても、北アフリカや中東の政情不安定はやはり日本のエネルギー政策に著しい影響を与えるだろう。新政権はヨーロッパ各国と緊密に連携して、こうした紛争地域の安定化や国際テロに対する戦いに協力する必要がある。

最後に、日本が右に傾いている、あるいはどういうわけか軍事国家になろうとしているという懸念について意見を述べたい。中国などのいくつかの国々は、彼らが言うところの日本における国家主義の高まりや軍国主義的な傾向について声高に懸念を伝えている。しかしながら、二〇一二年秋の恐ろしい状況を見れば、どちらの政府が国家主義的な感情をあおっているのかはおのずとわかる。あのとき膨大な数の中国人が尖閣諸島問題に抗議しようと、五〇を超える都市で同時にデモを行い、日系の商店を略奪し、日本の自動車や工場に火をつけた。街路は暴動で埋め尽くされた。日本の人々は同じ外交問題を案じてはいるが、政府は大規模デモや激しい反中感情をあおり立てたりはしない。日本にはつねに国家主義の要素はある。それはどこの国でも同じであり、いつの時代になっても同じだろう。しかし、彼らは主流派ではないし、外交政策を決める立場にもないことは明らかだ。安倍を「国家主義者」と呼ぶのは、それが主権の問題にそれほど関心を示さなかったこれまでの総理大臣と比較するのに都合がよいというだけのことだ。言い換えれば、その言葉は相対的なものである。

それより重要なことは、中国、ロシアほかいくつものアジア諸国がここ数年で防衛予算を急増させた一方で、日本は地域のなかで防衛支出を削減した唯一の国であるという事実である。ほとんどの国の防衛支出は少なくとも国内総生産（ＧＤＰ）の二～三パーセントであるのに対して、日本は長いあいだ、どの政党が政権を握っても、ほぼ同じ一パーセントあたりを維持している。そのことから、日本が突如として方針を変更して軍国主義に走る、あるいは右派傾向が強くなるという主張には何の根拠もない。

実際、ほとんどの東南アジア諸国は日本が安全保障政策を強化することを望んでいると言っても差し支えないだろう。そうした国々は近い将来、今より若干強く、決断力があり、それでいて軍国主義ではない日本が現れることにいくらかのメリットを見出している。もし安倍政権がその種の戦略ならびに外交を進めていくことができたなら、つまり同盟国との協力を深めながら近隣国を挑発することなく主権者の利益を守ることができたなら、世界中から新たな賞賛を受けることになるだろう。

2　形成途上《スタテュ・ナセンディ》の外交政策*

セルゲイ・V・チュグロフ

本章は、この一〇年の日本政府の外交活動について、ロシア人の目から見た意見、考察、評価をまとめたものである。筆者は日本の研究者に向かって新事実を明らかにしようなどという大それた考えは少しも抱いていないが、ロシアの政治家、世論のオピニオンリーダー、日本研究者がどのように問題を捉えているのかについて意見を述べてみたい。本章ではまた、第一に、小さくていびつな形をしたたくさんの取り散らかった情報からなる「意見のジグソーパズル」を集め、第二に、共通の特徴を探し、第三に、いくつかの予測を立ててみる。日本の外交政策に対するロシアの見方は、まるで曲がった鏡に映し出されているかのようにいくらか歪んでいるかもしれない。ときにはそこに、日本の外交政策の問題というよりロシア自体の外交政策に対する不安や嫌悪が映っている。

日本の外交政策をロシアの視点から分析するにあたっては、ロシア国内の見解を示す三つの情報源が重要だ。それは支配層エリート、メディアと世論、そして日本研究の専門家である。

ロシアの日本研究者らによれば、ロシアにとって特別に重要な問題はおもに、日本のアメリカとの関係、増大する中国の力、日本の憲法改正、北朝鮮による安全保障上の脅威、そして山積する環太平洋パートナーシップ（ＴＰＰ）の問題である。

日米関係

グローバル化の影で、ロシアのアナリストは、日本のアメリカとの安全保障戦略の協力関係に新たな変化が起こり、両国の間で対話が難しくなっていることに気づいてきた。（率直に言えば、アメリカ政府と日本政府とのあいだに摩擦が増えていることは、ソヴィエト政権の時代からしばしば感知されていたので、それ以来何度も、なぜこの同盟関係は崩壊しないのだろうといぶかしがられるほどだった。この説には概してイデオロギー的な偏りはない。）

まず、「基地が住民の反感を買っていることから、日本政府とアメリカ政府は沖縄の米軍基地の行く末をめぐって、厳しい交渉に立ち向かうだろう」と、ロシア・イン・グローバル・ポリシー誌の編集長フョードル・ルキヤノフは述べている。ルキヤノフは外交政策の問題に関する、ロシアの穏健リベラル派オピニオンリーダーのひとりと考えられている人物である[1]。

従来のソヴィエト的な視点と言葉遣いを用いたアナトーリー・コシュキンの分析では、アメリカの長期的目標は「日本を極東におけるアメリカ支配の拠点とする」ことだった[2]。しかしながら、こうした見方はもはや存在しない。

ロシアで主流となっている見解は次のとおりである。「アメリカは日本政府にこれまでより大きな責任を負担させるために、日本の現実を考慮する必要に迫られている。日本は、アメリカの戦略的保証に日本が『無賃乗車』をしていると、アメリカメディアから批判を受けた。実際、アメリカは日本にある米軍基地を維持するだけで年間五〇億ドルを費やしている」。さらに「『ペレストロイカ』の時代に米ソの関係が改善したことにくわえて、とりわけソヴィエト連邦が崩壊したことが、アメリカ政府と日本政府の同盟関係にいっそう大きな衝撃を与えている。ソ連の脅威が取り払われたことで、日米の戦略的パートナーシップの心理的な土台が根底からゆらいだのである」[3]

日本は従来の合意による外交政策決定を忠実に守っている。ロシアから見れば、そのやり方はある意味、国益の力関係（もしくは力関係の幻影）を崩すことのできる、迷いのないすばやい意思決定を妨げる。一方で、アメリカは直接的で攻撃的な外交政策を取る傾向にある。ロシアの学者の見解では、アメリカの要求に従おうと懸命に努める日本の外交政策立案者は、その見返りとして日本政府の利益も考慮してくれることをアメリカ政府に期待することが多い。アメリカ政府にしてみれば、日本政府は外部からの圧力がないと何もしたがらないという印象なのかもしれない。

その一方で、アルジェリアやシリアといったテロの温床は東京からは遠いとはいえ、日米安全保障協議委員会（「2＋2」閣僚会合）と世界的テロ対策の強化が日米両政府を歩みよらせている。ロシアの専門家は、日米同盟の強化はその同盟関係を地域の力に移行させるための過程であり、ゆくゆくは世界的なパートナー関係に発展する可能性もあると考えている。したがって、ロシアの政治エリートと識者はもはや、日米の軍事ならびに政治の同盟を米軍による占領、あるいは日本国民に不利益をもたらす一方的な取引だとは考えていない。普天間基地の移設を求める沖縄県民の抗議活動は、ロシアのマスメディアで反米抗議の高まりだと報道されてはいるけれども、ロシアは明らかにこの進展が日本政府にとって有利だと見ている。

中国とその他の国々

ロシアの知識層は知らないうちに西側に偏ったものの見方に慣れ、典型的な西側中心の構想を追っているようである。ロシアの関心はもっぱらアメリカ、北大西洋条約機構（NATO）、そして欧州連合（EU）に集まっている。一〇年あまり前はそれで完璧だった。ところが今、われわれの目の前でグローバル政治の構造が変化し、世界の状況は劇的に変わった。地政学の地形を変えたのは中国の近代性への大きな飛躍である。中国はグローバル政治のもっともパワフルな推進力となった。中国政府はみずからの型紙に沿って世界空間を形作っている。弾道弾迎撃ミサイルは以前の重要性を失いつつある。中国は核兵器という強大な力とそれを発射する手段を必要としない。なぜなら自国の「ソフトパワー」をうまく利用するからだ。そして弾道弾迎撃ミサイルは中国のソフトパワーに対しては無力で役に立たずである。そのことは国際テロの脅威と並んで、ロシア、日本、そして西側諸国にとって恐ろしい政治的頭痛の種となっている。この中国のソフトな拡大こそが、ロシア、アメリカ、日本をひとつにまとめ、ますます巨大化する中国の力に対抗させようとするのかもしれない。（もちろんロシアにとっての中国の重要性はこの議論の外にあるが、上海協力機構《ＳＣＯ》が今なお北東アジアの地域安全保障の土台であるため、日露両政府はまた新たに政治的な協力の形を作る必要が出てくるかもしれない。）

ロシア国民は高まる不安とともに、増大する軍事力を携えた中国が、政治と経済の担い手として荒々しく登場してきたのを眺めている。日本でもまた、意思決定機関と一般市民のあいだで中国の脅威が最優先課題となっている。

ロシアの多くのアナリストは、領海論争の原点に立ち返って、日中の尖閣諸島（釣魚島）の論争を引き起こしたのはアメリカだと考えている。たとえば、前駐日ロシア大使のアレクサンドル・パノフは、尖閣諸島（釣魚島）の問題は「おもにアメリカが吹き込んだ」と述べている[4]。政治アナリストのルキヤノフは「第一に、中国の行動の変化は客観的な動きであり、おもに勢力バランスの変化と関係している。第二に、最近は中国政府内でも権力の移動が起きており、第五世代の指導者らはみずからを誇示する必要がある」と強調する[5]。

ロシアにとって重要な問題は、日本と中国のあいだのどこに立つかということである。ロシア人の一部は論争を悪化させたいという衝動を抑えられない。彼らは日本を鼻であしらうために中国政府側につきたいと考える。

幸い、彼らはごく少数である。ロシアの官僚は行動で中立を示している。有能な外交官であるパノフは述べている。「ロシアは干渉するべきではない。全般的に、この地域の情勢が悪化することはロシアにとってきわめて不利である。（中略）したがって、どちらかを選ばなければならないような状況に直面することは、少しもわれわれの利益にならない。そこで、ロシアは両国が平和に問題を沈静化することができるようあらゆる努力をすべきである」(6)。駐中大使の発言を取り上げるルキヤノフも同意見だ。「ここの同志はロシアを論争の味方につけたいと切に願っており、日本に対して統一戦線を築こうとしている。（中略）しかし、クリル諸島をめぐるロシアと日本の領土問題は、中国と日本の［尖閣諸島の］問題と同種である。日本と論争しているロシアは、中国と論争している日本と同じ立場にある」(7)。中国と日本との領土問題では、後者が第二次世界大戦の結果として有している島を事実上支配していると政治アナリストは説明する。「それは日本に対するロシアの立場と同じだ。ただし、ロシアは第二次世界大戦の結果として受け取った島を支配している。中国は日本の権利に異議を申し立てる。日本はロシアの権利に異議を申し立てる。これらはよく似た状況である」(8)

現在の論争がどのような結末を迎えるのかという予想はさまざまである。外交アカデミーのアレクサンドル・ルーキン副学長は言う。「今回は戦争を回避することができると思う。理由はいろいろある。第一に、両国は経済的に相互に大きく依存している。日本はアメリカに次いで、中国の第二位の貿易相手国だ。日本はまた中国への投資でも第二位、あるいは第三位であり、中国経済への投資の一〇パーセントは日本から流れ込んでいる（後略）」。しかしながら、「最悪のシナリオを完全に除外することは不可能だろう。ただしそれは、中国の国内問題が劇的に悪化した場合にのみ起こる可能性がある」とルーキンは述べた(9)。

ロシアのメディアには、中国との領土問題がエスカレートして、日本を核兵器開発へと追い込む可能性があると推測する声もある。ロシアの政治アナリストと学者はいずれも日本が核武装する可能性を否定する。「軍事的にというよりむしろ倫理的そして心理的要因から、これは禁じられた話題である」とヴァシーリー・モロジャコフは言う[10]。

ロシアの政治家と専門家は日中関係の「政治と経済の分離」という打開策に注目している。なぜならロシア政府はとりわけ日露の経済の結びつきを「熱く」保つことに関心を持っているからだ――たとえ日本政府が政治関係の現状に不満を抱いていても、たとえ領土問題をめぐって緊張があっても、である。この先数年、日本とロシア両国の外交政策機関にとって最大の課題は、中国にどう対処するかという問題だろう。中国の覇権に対抗する力としての日露協力は、新たな地政学図の基本的な要素のひとつになるかもしれない。

日本と北朝鮮

ロシアの支配層と専門家は、北朝鮮の核開発を監視し対処することを目的とする国際的な枠組みで行われていた朝鮮半島エネルギー開発機構（ＫＥＤＯ）の活動が停止されたことを背景に、北東アジアの安全をいっそう脅かすようになっている北朝鮮に対する日本の外交不安を包括的に評価した。この脅威はロシアにとっても大きな懸念材料だが、日本のそれとは度合いが異なる。ロシアと日本は朝鮮半島のなりゆきに対してほぼ同じ立場だと考えられる。ロシア日本研究者協会のドミートリー・ストレリツォフ会長は記している。「実際、朝鮮半島の安定化について、ロシア政府と日本政府のあいだに根本的な違いはない――北朝鮮との交渉にあたって、日本がかたくなに日本人の拉致問題を政策と結びつけようとすること以外は」。当然のことながら、ロシア政府は北朝鮮による拉致は人権の侵害だと考えている[11]。

ロシアの専門家は、日本の領土に危険を及ぼす徴候があれば北朝鮮のミサイルを撃ち落とすと述べた日本の田中直紀防衛大臣の発言を重く受け止めている。理論上はもちろん、この選択肢は実行可能だ。しかしながら、元駐韓大使で世界経済国際関係研究所（ロシアで広く用いられている略称はＩＭＥＭＯ）シンクタンクの研究者でもあるゲオルギー・クナーゼは、「この発言に本当に実行する意図」があるとは思えないと述べている(12)。

クナーゼはこの発言をプロパガンダと位置づけた。しかし私は、クナーゼはいくつかの点で、日本の政治不安や、北朝鮮要因が日本の外交政策に与える影響を過小評価していると考える。私はまちがいなく日本のアナリスト、小倉和夫の意見に近い。日米同盟の強化と合わせて、北朝鮮との摩擦はおおいに「イラクやその他の中東地域に対する日本の外交政策に影響を及ぼしている」(13)。

イタル・タス通信の日本特派員ヴァシーリー・ゴロヴニンによれば、北朝鮮政府の外界との関係は、近隣諸国を「前回の複製である次の摩擦」へと巻き込むふりこのようで、「凍結と融解の時期が悪循環を生んでいる」と考えられる(14)。ある意味、朝鮮半島の一連の問題はまさに国際社会で論じるべき問題となっており、日本政府の見解も同様だ。クナーゼはそれをわかりやすく述べている。「六者会合の目的はたんに結果にいたることだけではない。なぜなら実際のところだれも、どのように結果にいたるのか、そもそも望ましい結果とは何であるのかがわからないまま、ただ会合を続けているだけだからだ」(15)。ロシアの専門家のあいだでもこの点については意見が一致している。

日露関係

支配層エリートの見解

ロシアと日本の政治的相互関係の状態を端的に特徴づけるとするなら、次の点を強調するべきだろう。すなわち「両国の二国間関係が重要であることは広く理解されているが、両国の政府はいずれもまだその関係の戦略的な意味を判断しかねている。（中略）一方で、領土問題を除けば、ロシアと日本が真のパートナーシップを形作ることを阻む障壁は何もない」(16)。したがって、共通の目標はその忌まわしい呪縛を取り払うことである。

ヴラジーミル・プーチンは二〇一二年三月の選挙で大統領府に戻ったのち、相互関係の「引き分け」という自身の見解を述べ、ロシアは一九五六年の日ソ共同宣言で示された約束を実行する用意があることを再確認した。しかしながら、近い将来に互いに受け入れられる合意に到達することは、不可能とまではいかないにしても、きわめて困難である。両者の相違は根深いだけでなく、信条に関わってもいるからだ(17)。

ロシアの政治エリートは、実現していないいわゆる「領土九条」を例外として、一九五六年の日ソ共同宣言が平和条約の機能を果たしていると考える傾向にある。ロシアのメディアは、ロシアが本当に日本との平和条約を必要としているかを問う、いくつかの分析を発表した。その記事にはいくつかの否定的な発言、たとえば「ロシアは平和条約に署名する必要などない」といった回答も含まれていた(18)。

外交文書に見られるいたって慎重な言葉遣いは、ロシアに日本を戦略的パートナーにしようとする意気込みが欠けていることを反映している。二〇〇八年七月一五日に発表された政府の公式文書「ロシア外交政策概観」では、「相互に受け入れられる決断」と「国際法に基づいて国境を定める」必要性を模索し続けると、型通りの文言が並んでいる(19)。この意欲の欠如は、大統領の側近に優秀な日本研究者がいないということで説明がつくかもしれない。しかしながら、日本で暮らしたこともある若い日本の専門家アントン・ヴァイノが大統領府の副長官に出世したことは期待が持てる。

ロシアの政治家と外交官は経済の関わりに重点を置く「協力の明るい見通し」を強調するが、日本政府は「政治的和解」に焦点をあてる。そのため、ロシアの支配層エリートに広がる気持ちを代弁するような辛辣な結論がもたらされるのである(20)。「日本政府の受け身の姿勢といわゆる『北方領土問題』に対する執拗なこだわりが、日露関係の発展を不可能にしている」(21)。二〇一三年一月半ばに外交メディアに対して開かれた会見で、毎日新聞記者の質問に答えたセルゲイ・ラヴロフ外務大臣は、それよりは前向きな姿勢を見せた。ラヴロフは、日本はもっぱら、相互関係の発展に対して複雑なアプローチを欠いていると非難するにとどめ、日本がその「複雑なア

表5-2-1　アメリカと日本に対するロシア人の感情的な傾向（%）

感情的傾向	1995年	2001年	2007年	2011年
アメリカ				
好ましい	78	37	37	33
好ましくない	9	39	45	48
該当なし	13	24	18	19
日本				
好ましい	69	53	60	44
好ましくない	9	16	18	31
該当なし	22	31	22	25

出典：Dvadtsat' let rossiyskikh reform. Itogi mnogoletnikh sotsiologicheskikh zamerov (Twenty Years of Russian Reforms. Results of Long-term Socioligical Measurements). M. Gorshkov et al. (eds). Moscow: Institute of Sociology, Russian Academy of Sciences, 2011, p.195.

プローチ」をとれば状況は変わる可能性があるとして期待を持たせたのである。

世論

一般の人々は日本の政治や外交政策にほとんど興味を示していない。日本政府の政治方針について平均的なロシア人が知っていることはと言えば、「日本はロシアから領土を奪おうとしている」ということだけである(22)。さらに、一部のロシア人は日本を危険の源だと考えている。ロシア人の歴史の記憶ではいまだに、一九〇五年に経験した軍事的敗北、ロシア内戦中の一九一八年に極東ロシアに攻め込んだ大日本帝国陸軍の残虐行為、一九三八年のハサン湖周辺の軍事的挑発と一九三九年のノモンハン事件が思い起こされるのだ(23)。数十年にわたる共産主義の洗脳によって、ロシア国民はほとんど反射的にすべてを「侍」と「日本の軍国主義」に結びつけてしまうようになった。

同様に、クリル諸島の領土紛争に関連して日本の政治家の一部がしばしば激しい非難を浴びせるために、ロシア人の日本に対する好感度は一九九五年の六九パーセントから二〇一一年には四四パーセントに下がり、反感度は一九九五年の一九パーセントから二〇一一年は三一パーセントに上がった。表5-2-1は世論の大きな変化を映し出している。アメリカに対する好感度が著しく減少したのは、アメリカがイラク（一九九三年、一九九六年、一九九八年）、ボスニア（一九九五年）、スーダンとアフガニスタン（一九九八年八月）、そして特にスラヴ系で正教会のセルビア（一九九九年三～六月）などの施設に対して軍事攻撃を行ったためである。では、ロシアと日本のあいだに二〇一〇～二〇一一年に何が起こったのだろうか？

説得力のある説明はこうだ。二〇一〇年六月一一日、衆議院で「北方領土問題等解決促進特別措置法」の改正案が可決された。これに対してロシアの世論からは怒りが爆発し、支配層エリートはひどく侮辱されたと感じた。ロシアの主権を改めて主張するため、ドミートリー・メドヴェージェフ大統領は二〇一〇年一一月一日に国後島を訪問したが、それが日本の世論を刺激して、「否応なしに」互いに報復を繰り返す悪循環に陥ったのである。クナーゼによれば、外務省の大きなまちがいは「必要以上に腹を立てたことである。そのため状況は沈静化の機会を失ってしまった」[24]

同様に、ロシアの学者は、二〇一一年に日本で行われた世論調査の比較結果に驚いた。世界の主要国のなかで、ロシアに対する親近感がもっとも低い一三パーセントで、反感が八三パーセントに達していたのである[25]。日本人がそのようなロシア観を抱く原因は、戦後のおもに冷戦の時代、日本人の心のなかに平和で小さな神の国をひっくり返してつぶそうとする熊のイメージが強引に植えつけられた時期に、ロシアに対する否定的な印象が形作られ、その後も続いてきたためだろうと研究者は述べている。ロシアの研究者によれば、「日本の世論を形成するのはマスメディア、シンクタンク、著名な歴史学者、そして政治学者である。そのすべてが『反露ウイルス』に冒されているばかりか、ロシアの負のイメージを日本の支配層による政治方針の強化手段として利用している。その目的はロシア政府に圧力をかけて最大の目的を達成すること——すなわち、北方領土の返還である」[26]

学問の世界

日本研究の状況は、特に日本の外交政策の分野ではソヴィエト連邦崩壊後の二〇年よりも安定している。国際交流基金の援助でロシア日本研究協会が発行している年間研究論文集には、外交政策の問題に関する章が頻繁に載せられている。協会の公式ウェブサイト、http://www.japan-assoc.ru/ も復活してリニューアルされた。日本極東研究所センターのチームが執筆したテーマ別の論文集もまた、日本の外交政策に関する分析を掲載している。

領土問題をめぐっては、ロシアの専門家は一〇年あまり前のように著しい両極化はしておらず、政治領域の中央部分に集まってきている。

日本研究者のうち、アメリカ・カナダ研究所のパノフや国立モスクワ国際関係大学のストレリツォフなどを含むグループは「合理主義者」と呼べるだろう。このグループは、国際的に認められた国境が存在しないことは異常ではあるけれども、騒ぎ立てるほどのことではないと主張する。「合理主義者」の意見では、領土紛争に対処しなければならないことは、日本にとってだけではなくロシアにとっても頭痛の種である。複雑化の要因は、日本政府が、領土問題を解決するというロシアの確約がないかぎりいかなる合意も結ばないとしているのに対して、ロシア政府はそうした約束にはいつまでたっても前向きにはならないことだ。どちらの側も、条約に署名すれば、それは日本政府にとって領土返還のチャンスが著しく減ることを意味すると理解している。ロシアから見れば、日本の指導者は近い将来に領土が返還されるという現実的な希望は持っていないが、ロシアに対して圧力をかける材料を取っておくことにはまだ関心があるように思われる。どちらの側も戦術的な目的で、この終わることのない複雑な駆け引きを続けているのである。

日本への領土返還を過激に支持する人間は数のうえではほとんどいない。領土は盗んだものであるから無条件でただちに返還すべきだと主張した、世界経済国際関係研究所の尊敬すべき論争好きなヴァジム・ラムゼスは二〇〇八年五月に他界した。ここで問題の領土が盗まれたものではないことは述べておく必要があるだろう。日本は戦争に負けた結果としてそれを失ったのだ。同じようにメキシコも一八四八年に現在のアメリカのテキサス州、ニューメキシコ州、カリフォルニア州となっている北方の領土を失ったが、それだからといって、アメリカと親密な関係を維持しながら統合プロセスにも関わることが阻害されてはない。

日本研究者のなかには「愛国者」と定義づけられるグループもある。彼らに共通するスローガンは、ロシアの国土は一寸たりとも明け渡さないということだ。この過激な姿勢の支持者のなかでも最たる強硬派だったイーゴリ・ラティシェフ（東洋研究所）は二〇〇七年に死去した。彼の姿勢をもっとも徹底して継承しているのは歴史学者のアナトーリー・コーシキン（モスクワ東洋学院）のようである。こうした研究者は、領土問題で譲歩することは国の尊厳を失うに等しいと考え、そうした見解は、たとえばドミートリー・ロゴージン副首相やヴラジーミル・メジンスキー文化相、「サハリンの圧力団体」など、連邦や地方の有力な政治家に支持されている。

自己流研究者のロシア人専門家は、領土紛争で日本の外交政策目標を妨害するべく、歴史的な論争という手段に訴えている（ロシア史研究所、キリル・チェレフコ）。彼らは公文書として残っているまれな外交文書や地図を研究することに多くの時間とエネルギーを費やして、徹底的に調査している。しかし、そうした思考パターンは日露関係を膠着状態に陥らせるだけである。

歩みよりの支持者は、領土問題の解決には一歩一歩アプローチを進めることが必要だという点で一致する。そのためには、両国政府があらゆる方面で経済協力を進めなければならない（極東研究所、ヴァレーリー・キスタノフ）。

ロシアの専門家は現在の日本外交を「日露関係の現状と発展の展望」で分析している[27]。この報告書は、立場としては非政府組織にあたるロシア外務省のシンクタンク、ロシア国際情勢委員会の後押しで、パノフが先頭に立って二〇一二年春に実施したフォーカスグループの討論に基づいている。この報告書によれば、日本には「日本の国益のためには、アメリカに追随する政策や中国との対決はやめて、その代わりにロシアと建設的かつ多様な関係を築くべきだ」と考える政治家、実業家、科学者、ジャーナリストの圧力団体が存在する[28]。おもに霞ヶ関のロシア担当の官僚、日本に対して批判的なロシア研究専門家、「保守・国家主義的」なマスメディア（たとえばフジサンケイグループ）が中心となっている「主義に基づく立場」の支持者は、こうした集団とは対立している。彼らの主張において暗黙の前提となっているのは、「プーチン大統領が政権を握っているかぎり、領土問題に新たな進展は見られないだろう。せいぜい一九五六年の共同宣言第九条の見直しを提案するくらいではないか」ということである(29)。

その一方で、報告書によれば、現実的なアプローチを支持する人は増えつつあり、朝日新聞、毎日新聞、読売新聞、日本経済新聞などのマスメディア、学界、経済界がそれを支えている。

> 四島返還請求、ましてや四島の同時返還は絶望的だという意見を耳にすることが多くなった。領土問題を解決するにあたって唯一の妥当な、そして実際に日本にとって最善の方法は、安全保障と経済の分野でロシアとの協力関係を深めていくことだという理解が生まれつつある。そこで提案されるのが、アメリカの相対的な弱体化、中国の台頭、アジア諸国の影響力の増加、ロシア政府の東への拡大を目的としたロシアによるユーラシア連合の創設を背景として、日本の外交に新しい協議事項を設定することである。日本外交の目的のひとつに、ロシアと「多角的関係」を築き、アジア太平洋地域で積極的にロシアを売り込むことを取り入れるべきだ。そうすれば、日本は領土問題においてロシアから妥協を引き出すことが期待できるだろう。言い換えれば、領土問題でロシア側が譲歩できるような環境作りが必要だということである。（中略）その機会を逃せば、日本は永久に領土返還の望みを失うことになる。たしかに、そうしたアプローチは決定要因となるどころか広まってさえいない。（中略）ロシア政府との交渉の戦術や戦略の大部分を作り上げる日本の外務省首脳部は、領土問題に対する姿勢を変えることに反対している。したがって、近い将来、日本側が領土問題に対して主義に基づく主張を取り下げることはなさそうだという仮定に立って、物事を進めることができるだろう(30)。

日本の外交政策の全般的な評価

ロシアの日本研究者のあいだでは、日本の外交政策をめぐる全般的な評価は割れている。一部の専門家は、日本が独自の政治路線を持っていることを否定する。たとえばクナーゼは、日本には独立した外交政策がないと考えている。しかしながら、（私を含む）多くの研究者は、日本がアメリカにおとなしく追随するのは戦術であり、実際には日本政府はきちんと独自の政治的利益を追求していると考える傾向にある。

日本はグローバル化をひっぱる立場にはないが、積極的に参加しようとしている。そのため日本はさまざまな局面で「ソフトパワー」を活用することに集中的に取り組まなければならない。日本は自国のグローバル化の概念、西洋の期待、東洋の現実とのあいだに妥協点を見出し、抽象的で野心のないグローバル化を進めるという解決策を見つけている。それは、日本というよりむしろ日本人の新しいスマートなイメージを作り上げることだ。この国は今、以前の「日本の秩序」ではなく日本人の「文化的な影響」を広げ始めている[31]。さらに正確に述べるなら、「クールジャパニーズ」のイメージだ。このイメージ作り戦略はいくつかの重要な観点に基づいている。それは、外の世界で日本のイメージを変える必要性、日本ならではのものを保ち続ける可能性、そして日本外交の固定観念、すなわち政府ならびに非政府組織の活動を通して国外で日本のイメージを形成する公式な政策という考え方である[32]。

将来、ときに「決められない政治」と揶揄される、いわゆる受け身で場当たり的な日本の外交政策に変化は見られるのだろうか？　ロシアの専門家によれば、変化の方向性は二〇年以上も前に明らかになっている。日本の外交政策は不本意ながらではあっても徐々に「決められる政治」に向かっているのだ。一九九一年八月にイラクがクウェートに侵攻したとき、日本はイラクに対抗する連合軍に四〇億ドルを貢献した。そして一九九二年六月には永田町が、国際連合（国連）の平和維持活動に参加するために、日本の部隊を外国へ派遣することを許可する法律の制定を完了した。自国の意見をはっきりと主張するようになった一連の動きのなかで、日本政府はアメリカ主導の対テロ戦争とイラクやアフガニスタンの軍事作戦を支援することを宣言し、建設的な方法でカンボジア、モザンビーク、ゴラン高原での平和維持作戦に参加した。

ロシアの専門家の意見では、日本政府は国連が行う軍事作戦にいっそう従事することになりそうである。そうした外交活動はいちだんと多国間の、たとえば国連や東南アジア諸国連合（ASEAN）、さらにはASEAN＋3やASEAN＋6の後押しを受けた取り組みという形を取っていくことになるだろう。

ストレリツォフは、日本は次第に吉田ドクトリンの名残から離れていくだろうと述べる。吉田ドクトリンは外交政策を制限する必要があると説き、経済発展のために国の焦点を資源に大きく集中させることに重点をおいていた。この方針には多くのよい意味があったとはいえ、日本は「粘土の足を持った巨人」のようになってしまった。ロシア人専門家の見解では、日本の外交政策はそのイメージを「貿易大国」モデルに置き換えようとするだろう。だがそれは、東南アジアで不評を買っている商業第一主義のイメージを脱ぎ捨てない限り成功しないだろうと思われる。

ロシアの学者が見たところ、日本の外交政策では国内の事情が外交方針を決定している。ロシアで発表された文献のなかでは、アレクセイ・セナトロフとイリーナ・ツヴェトヴァによる論文の一部に、日本の外交政策における国内要因の影響について興味深い内容がある。そこでは、外交政策の多くの問題について、政党間の見解の違いがなくなったことなどが分析されている[33]。

一部の文献では、戦略的な問題に対する日本政府の方針は、受け身的で主導力を欠いていると指摘されている。つまり、一方では「方向性の選択が（中略）必要不可欠という歴史的分岐点」に達していながら、他方では、日本は「世界政治で主要な役割を果たせるのに果たしたがらない」印象を与えているのである[34]。日本の野心は地域主義の枠を超えず、短期的にはアメリカ、長期的には中国が本質的に優位な役割を果たすという認識によって歯止めをかけられてしまっている[35]。クナーゼは悲しげに述べている。「日本では、概念と組織の両方で変化が必要だと真剣に考える人がほとんどいない」[36]

ロシアの専門家はほぼ全員一致で、二一世紀における国際関係の新たな体系のなかでは、発展途上国の援助が日本の主要課題だと強調する。実際、アジア諸国への援助とそうした国々からの輸入消費という日本の役割は、アメリカによる同様の役目が減少していることを背景にますます高まることだろう。こうした状況から、日本の使命は、「人の安全保障」という概念を広めながら、世界の発展と地域の自由貿易を援助することだと考えられる。この先一〇年で、日本はそうした分野で国の経済と財政の大きさに見合った役割を果たすことになるだろうとロシアの学者は考えている。

ロシアの専門家が見たところ、日本は、発展途上国で経済基盤の構築を援助する取り組みや、リオデジャネイロ宣言に沿った環境対策への助成に、よりいっそう関わるようになってきている。たとえば、一九九七年一二月の京都会議では、世界の温室効果を克服するための課題を設定することに大きく貢献した。特に、日本政府は多額の費用を負担してメキシコや中国ほかの国々に環境技術の提供を始めている。

ロシアの専門家は、日本政府が「アジアと西洋の仲介者」という立場を強化すると予想する。しかしながらそうした専門家は、日本はさらに、アジアの関心をもっと効率のよい方法で世界の舞台に示す方法を学ぶ必要があると考える。彼らはアジアの地域協力に対する日本の多大な貢献に注目している。具体的には、アジア太平洋経済協力（ＡＰＥＣ）、ＡＳＥＡＮ＋３とＡＳＥＡＮ＋６会議、東アジア首脳会議、東アジア外相会議で多国間対話をまとめようとする外務省の取り組み、財政に関するマニラ・フレームワーク内での同省の活動、そして信頼関係構築の三段階プロセスの設定や予防外交への同省の貢献である。

日本は、一方では日本─アメリカ─韓国、また他方では日本─中国─ロシアという、隣り合わせになったふたつの三角形の共通の頂点である[37]。したがって、日本は政治の調停役を演じることができ、異なるグループに属していることをうまく利用できる。広い意味で捉えるなら、日本人は「アジアと世界全体の両方に属しているという自己認識」をしっかりと発展させているように見える。

ロシアの専門家は、二一世紀になって発展途上国が先進国と同じ生活水準を求めると、世界はエネルギー危機に見舞われ、エネルギー政策が戦略的に重要な問題となるという袴田茂樹とおおむね同意見である。そうなれば、エネルギーを節約する技術分野における日本ならではの実践的な知識は見過ごせない。それと同じくらい重要なのが、核兵器の根絶にからむ国連決議の可決、日本の主導が決定づけた対人地雷の禁止、国連の組織変更を求める取り組みなど、日本の外交政策がグローバル化する兆しである。私は、日本が国際的な安全保障問題の責任ある一員として、そして平和国家から国際国家へと移行しつつある国として評価を上げているという、ロシアならびに諸外国の専門家が考え抜いた末の意見とまったく同じ考えだ[38]。

二一世紀における日本の多重外交活動について、ロシア国内の意見に共通の分母を見つけることは難しい。同様に、日本政府の新たな外交政策戦略を既成事実と述べるには時期尚早である。ロシアの専門家のあいだで一致しているのは、日本の新たな方針は形成途上《スタテュ・ナセンディ》であるということだ。実に、日本政府と外務省はいつのまにか、自信を持って意思決定を行う方向へと舵を切り概念的に飛躍する、その節目に立っているのである。

注

【1】

＊野村財団と新潟県立大学からの資金援助に謝意を表する。

【2】

＊野村財団と新潟県立大学からの資金援助に謝意を表する。

(1) Fyodor Lukyanov, “Ostrova v okeane peremen” [Islands in the ocean of change], *Rossiyskaya gazeta [Russian newspaper]*, December 19, 2012.

(2) Anatoly Arkadievich Koshkin, “Sovetsko-yaponskaya deklaratsiya 1956 g. Postavlena li tochka?” [Soviet-Japanese Declaration of 1956. Is the curtain dropped?], http://echo.msk.ru/programs/hrushev/686039-echo/ (accessed May 29, 2014).

(3) Alekseĭ Demosfenovich Bogaturov, “Koreyskiy poluostrov v treugol'nike Rossiya—Kitay—Yaponiya. Ofitsial'nyy sayt «Aziatskaya biblioteka»” [The Korean Peninsula in the triangle Russia—China—Japan. Official site of “Asian Library”], http://asiapacific.narod.ru/countries/koreas/triangle_russia_china_japan1.htm#top. 2000 (accessed May 12, 2014).

(4) “Za chto boryutsya Yaponiya i Kitay” [What Japan and China are fighting for?] (September 23,.2012), Ekho Moskvy [Echo of Moscow], http://www.echo.msk.ru/programs/magazine/932391-echo (accessed May 29, 2014).

(5) Lukyanov, “Ostrova v okeane peremen.”

(6) Anna Analbayeva, “Luchshe ne vmeshivat'sya” [It is better not to interfere], *Vzglyad. Delovaya gazeta* (Outlook Business newspaper), October 24, 2012, vz.ru/politics/2012/10/24/604029. (accessed May 29, 2014).

(7) 同上。

(8) 同上。

(9) “Za chto boryutsya Yaponiya i Kitay.”

(10) “Vasiliy Molodyakov o politike v istorii i istorii politiki” [Vasily Molodyakov on policy in history and history of politics] Fushigi Nippon. http://leit.ru/modules.php?name=Pages&pa=showpage&pid=1458&page=1 (accessed January 15, 2013).

(11) Streltsov Dmitry, “Rossiiskiy vector yaponskoy vneshnepoliticheskoy strategii v ATR,” [Russian vector of Japanese foreign policy strategy in APR] in *Yaponiya v Aziatsko-Tikhookeanskom Regione (Japan in the Asia-Pacific Region. Political, Economic, and Socio-Cultural Aspects)* (Moscow: Vostochnaya Literatura, 2009): 36.

(12) “Obostreniye situatsii vokrug Severnoy Korei” [Exacerbation of the situation around North Korea], *Ekho Moskvy* [Echo of Moscow], http://echo.msk.ru/programs/razvorot/585406-echo/ (accessed May 29, 2014).

(13) Kazuo Ogura, "Major Developments in Japanese Foreign Policy since the Mid-1990s," in Rien T. Segers, ed., *A New Japan for the Twenty-First Century:An Inside Overview of Current Fundamental Changes and Problems* (New York: Routledge, 2008): 112.

(14) "Zapusk raket KNDR ne budet?" [Will the DPRK launch its rockets?], *Ekho Moskvy* (Echo of Moscow), http://echo.msk.ru/programs/razvorot/873700-echo/ (accessed March 30, 2012).

(15) "Obostreniye situatsii vokrug Severnoy Korei" [Exacerbation of the situation around North Korea], *Ekho Moskvy* (Echo of Moscow), http://echo.msk.ru/programs/razvorot/585406-echo/ (accessed April 14, 2009).

(16) Alexander N. Panov, coordinator, *Current State of Russia's Relations with Japan and Prospects for Their Development*. Russian International Affairs Council (Moscow: Spetskniga, 2012): 6.

(17) 同上、三三ページ。

(18) 以下を参照されたい。Victor Pavlyatenko, "Nuzhen li Rossii mirnyi dogovor s Rossiey?" [Does Russia need a peace treaty with Japan?], Vremya novostey online (accessed July 3, 2009). "Kailatanova I. Nuzhen li Rossii mirnyi dogovor s Rossiey?" ["Does Russia need a peace treaty with Japan?] http://www.vremya.ru/print/232429.html (accessed July 3, 2009). Anatoly Arkadievich Koshkin, Pravaya istoriya: Pochemu net mirnogo dogovora s Yaponiey? [True history: Why there is no peace treaty with Japan?] Fayl-RF, http://file-rf.ru/analitics/340 19.10.2011 (accessed May 5, 2014).

(19) 分析については以下を参照されたい。Nobuo Shimotomai, "Peace Treaty Is Necessary," *NG–Stsenarii* (September 15, 2008): 23.

(20) Mikhail Galuzin, "Sozidatelnoye partnyorstvo ili ostrovnoy tupik?" ["Creative partnership or island impass?"] *Znakom'tes'—* Yapoiya [Meet Japan], No. 32, C. 43 (2001).

(21) Georgy Kunadze, "Vneshnyaya politika Yaponii: vremya peremen?" ["Foreign Policy in Japan: a time of change?"] *Moscow* (2003): 268–289.

(22) http://www.lovehate.ru/opinions/55610 (accessed January 15, 2013) を参照。

(23) Sergey Chugrov, "Halhyn golyn dainy tuhayd uzel bodyul Yapan" ["Japanese view on the Nomonhan Incident"] in Sanuydavgyn Gandbold and Gonchigiyn Ariunbold eds., Halhyn golyn dain, tuuh, orchin ye [Nomonhan War: History and Modern Times"] (in Mongolian) (Ulaanbaatar: Udirlagyn Academi, 2009): 98–105.

(24)　Nuzhen li vizit Dmitriya Medvedeva na Kurily［"Was Dmitry Medvedev's visit to Kuril Islands necessary?"］, *Ekho Moskvy*（Echo of Moscow）, Janurary 14, 2013. http://echo.msk.ru/programs/razvorot/723191-echo/#element-text（accessed January 15, 2013）.

(25)　「外交に関する世論調査」、内閣府、平成二三年度、http://survey.gov-online.go.jp/h23/h23-gaiko/index.html. Panov, *Current State of Russia's Relations with Japan*: 24も参照されたい。

(26)　Panov同上、二〇、二五ページ。

(27)　同上、六ページ。

(28)　同上、二二ページ。

(29)　同上、二三ページ。

(30)　同上、二三―二四ページ。

(31)　岩渕功一による表現。Iwabuchi K. "Symptomatic Transformations. Japan in the Media and Cultural Globalization," in Rien L. Segers, ed., *A New Japan for the Twenty-First Century. An Inside Overview of Current Fundamental Changes and Problems*（New York: Routledge, 2008）: 128を参照されたい。

(32)　Elgena Molodyakova ed., *Globalnyie vyzovy—yaponskii otvet［Global Challenges—Japanese Response］*（Moscow: AIRO-XXI, 2008）: 9-12.

(33)　Alexei Senatorov and Irina Tsvetova, "Budet li v Yaponii vliyatel'naya «tret'ya sila»?"［"Will there emerge influential "third force" in Japan?"］, *Znakom'tes'—Yaponiya［Meet Japan］* no.7（1997）: 33-43.

(34)　Sergey Chugrov, Gaimusho na rasput'ye［"Gaimusho at crossroads"］*Знакомьтесь – Япония［Meet Japan］* no.33,（2002）: 46.

(35)　同上、五四ページ以下も参照されたい。Dmitry Streltsov "Sovremennoye sostoyaniye issledovaniy v oblasti vnutrenney i vneshney politiki sovremennoy Yaponii"［"Current state of research in the field of domestic and foreign policy of modern Japan"］（日露学術報道専門家会議に出された論文、二〇〇八年九月）

(36)　Georgy Kunadze, "Vneshnyaya politika Yaponii: vremya peremen? Yaponiya: ekonomika, politika, obshchestvo na zare XXI v." *［"Foreign Policy in Japan: a Time of Change? Japan's Economy, Politics, Society at the Dawn of the Twenty-First Century"］, Moscow*（2003）: 288, 286.

(37)　西洋と日本の学者の一部は、日本―アメリカ―中国という大きな三角関係を「錯綜する」と語るが、そこにはロシアの居場所がない。以下を参照されたい。Takashi Inoguchi and G. John Ikenberry, "Introduction" in Inoguchi T. and G. J. Ikenberry, eds., *The Troubled Triangle: Japan, the United States and China*（New York: Palgrave Macmillan, 2013）（猪口孝、G・ジョン・アイケンベリー編『日本・アメリカ・中国――錯綜するトライアングル』、原書房、二〇一四年）

(38) Bhubhindar Singh, *Japan's Security Identity From a Peace-State to an International-State*（Sheffield Centre for Japanese Studies / London and New York: Routledge, 2012）: 122–123.

第6章　ロシアの外交政策——ロシアよ、東へ進め《フペリョート》？

河東哲夫

1　大統領府の場当たり政策*

ロシアはその歴史を通じて、改革から保守へ、諸外国との和解から対立へ、防衛から拡張へという循環を繰り返してきた。これは主として、自立した経済発展の能力を欠いているロシアが、グローバル経済の本流に完全には仲間入りできていないことに起因する。今日のロシアの方向性も、和解と反米主義、経済開発協力機構（ＯＥＣＤ）加盟への欲求と社会の保守強化といった、相反する要素が混ざり合っているためはっきりしない。

それを頭に置いたうえで、現代ロシアの外交政策の本質、習性、強さ、弱さ、さらに日露関係の方向性を分析しようと思う。私の見解は、外交官としての自分の経験（計一一年にわたる、四期に分かれるモスクワ勤務）と、ロシアほか諸外国刊行物の継続した読み込み、そして現地にときどき赴き、現地の専門家と行う認識のすり合わせに基づいている。

世界的大国から「多国境の」国へ

帝国の崩壊は必ず紛争の温床となる。一九〇〇年代初めのオスマン帝国やオーストリア＝ハンガリー帝国の崩壊がそうだった。しかしこのふたつの事例とは異なり、ロシアはソヴィエト連邦の崩壊後も大きな支配力を保ったままだった。ロシア連邦はその名が示すとおり、それ自体は「帝国」として残り、さまざまな少数民族と、九つの時間帯を持ち一〇カ国以上と国境を接する広大な領土を有している。

同じく広大な領土を持つアメリカは、よりよい生活への機会が開かれていることが、異種の人々をまとめる力として作用した。けれども経済力の乏しいロシアでは、中央集権のほとんど専制政治といってもいいような統治方法が、国をまとめる力として働いている。そしてロシア人の精神のなかに備わっている「外国の敵」への恐怖が、国民の結束を固める目的で政府に利用されている。今日は、ドイツ人に対する恐怖に反米主義が取って代わっている。

今日のロシアは西欧諸国がいうところの近代的な「国民国家」ではなく、むしろかつての帝国の要素を残した国である。単一の法体系、議会、中央銀行、ひとつの軍隊ならびに諜報機関があるが、国家は均一ではなく、法の支配は一定ではなく、民主主義の規範は完全には守られていない。

経済の分野では、ロシアは社会主義計画経済が残した多くの遺物にしがみつき、大企業のほとんどは国営もしくは国の強い支配下に置かれていて、「国家資本主義」が色濃く残っている。ロシア企業のほとんどは海外で事業を行うための経験や力が不足しており、経済問題はしばしば「政治的な方法」、すなわち政府高官の大きな介入で解決される。

二〇〇〇年代のロシアの国内総生産（ＧＤＰ）は石油高の影響で六倍以上に成長した。現在は中央集権的な統治が戻り、国の軍備が近代化されつつある。それでもロシアは、外交政策については総括的構想がなく、外部の変化にもっぱら場当たり的に対応しており、歴史的に見て弱い時期から脱していない。

ソ連崩壊後のロシアの外交

改革と保守化の間で堂々めぐり？

諸外国同様、ロシアの外交政策の基本的な目的は安全保障と経済利益である。冷戦時代、ソ連は共産主義という大義、軍事力による威嚇、国外の破壊活動への援助というやり方で、この目的を追い求めた。しかし、共産主義者から権力を奪ったボリス・エリツィンは、国の経済状況が弱っていたため、西側諸国がロシアの国益を侵害するのを防ごうとして、また西側からの経済援助を確実なものにするために、「民主主義と市場経済」を手段として利用した。こうした主義主張はまた、エリツィン自身の権力を固めるためにも用いられた。一九九三年までの大規模で無計画な国営企業の民営化は、経済界から共産主義の影響を排除するために好都合だったのである。

一九九一年から一九九四年にモスクワに赴任していた私は、民主主義と市場経済への陶酔状態を鮮明に覚えている。保守派の元共産主義者であるエリツィン本人は、民主主義と市場経済という、西側の基準には詳しくなかったが、彼の政策は、ソ連の時代においてさえ西側の価値観に傾倒し、西側の生活様式にあこがれていた知識層から熱狂的な歓迎を受けた。

エリツィン政権は西側からの援助を強く求めた。ソ連のかつての敵であるアメリカと西ヨーロッパは突如としてロシアの「友人」と呼ばれ、アンドレイ・コズイレフ外務大臣は頻繁にロシア、西ヨーロッパ、アメリカを往復し、エリツィンはビル・クリントン米大統領と温かい関係を築いた。こうしてロシアは安全保障、経済援助、そして大国として当然与えられるべき尊敬を手に入れた。この政策の仕上げは、一九九八年のロシアのG７への参加である（ロシアを入れてG８）。

こうして西側の価値観を受け入れたことで、ロシアは膨大な軍備を維持する必要がなくなった。国防調達は大胆に削減され、ロシアの軍需産業はアメリカ兵器の近代化に追いつく能力を失った。

しかしながら、エリツィンの任期が終わるころになると、西側がロシアを真の仲間として受け入れていないことがいちだんと目に見えるようになった。一九九九年までに、北大西洋条約機構（NATO）はポーランド、チェコ、ハンガリーに勢力を拡大し、さらに二〇〇四年にはエストニア、ラトヴィア、リトアニア、ブルガリア、ルーマニアにまで広がった。ロシアはこれを、ミハイール・ゴルバチョフがドイツの統一に同意した一九九〇年に合意に達していたとされる、暗黙の了解に違反しているとみなした。コソヴォの独立を支援する取り組みの一環としてNATO軍が行った一九九九年のセルビア空爆は、さらにロシア政府と国民の反感を買った。それでも、二〇〇〇年に政権を握ったヴラジーミル・プーチン大統領は、西側に対するエリツィンの宥和的な姿勢を維持した。二〇〇一年九月一一日に起きたニューヨーク世界貿易センタービルへのテロ攻撃の直後、プーチンは米軍に対してウズベキスタンがハナバード空軍基地の利用を許可することに同意を与えた。

二〇〇〇年代半ば、ジョージ・H・W・ブッシュ政権は東ヨーロッパにおけるアメリカのミサイル防衛システム（MD）の配備促進に乗り出した。米政権は、MDはイランのミサイルに向けられたものであると主張したが、ロシアは、MDはアメリカに対するロシアの戦略的攻撃能力を著しく危険にさらすものだと反論した。こうして、昔ながらの敵意と不信感がロシア人の心に戻ってきた。多くのロシア人が、本当は西側の価値観を喜んで受け入れていたにもかかわらず、西側は十分に援助してくれなかった（依存体質の表れ）、西側はロシアを封じ込めようとし始めたと訴えて、公然と不快感をあらわにした。

二〇〇七年二月、プーチン大統領はミュンヘン安全保障会議の演説で西側に対するトーンを荒げ、さらにソ連崩壊以降見合わせていたNATO加盟国への軍用機による偵察を復活させた。それと同時にロシアは、NATOが東方のグルジアへ拡大することを防ぐ手だてを講じ始めた。だらだらと挑発と威嚇で応酬したのち、二〇〇八年八月にロシア軍がグルジアに進攻、ロシアはその三週間後にグルジアからの分離独立を望んでいた南オセチアとアブハジアを独立国家として承認した。

アメリカは軍事的な対抗手段を取らなかった。グルジアのミヘイル・サアカシュヴィリ大統領はアメリカの出方を読み誤ったのである。アメリカはイラク戦争で泥沼にはまっていたが、それがなくても核超大国であるロシアとの直接衝突は避けただろう。サアカシュヴィリはロシアと戦うために十分な軍事援助を受けられなかった。それでものちの二〇〇九年には、彼はアフガニスタンへ一〇〇〇人のグルジア軍部隊を派遣している。西側諸国はグルジア戦争をめぐる騒ぎが収まるまで待っていた。そして新任のバラク・オバマ米大統領がロシアのドミートリー・メドヴェージェフ大統領に「リセット」の方針を申し出た。

「リセット」の結果、欧州連合（EU）とアメリカはロシアに対する姿勢で意見の一致をみた。それは全体としては宥和的であるけれども、実質的には無視に近かった。西側諸国とロシアは、西側からの絶え間ない圧力とそれに対するロシアの（おもに言葉による）応戦という、意味のない駆け引きをやめた。実際、二〇〇八年リーマン危機以降の不安定な経済情勢のために、アメリカはロシアから目を離すことを余儀なくされた。そして同じくリーマン危機の打撃を受けたロシアには、西側の利益を侵害するための力がなかった。アメリカは、「リセット」からいくつかの収穫も得た。たとえば、メドヴェージェフは二〇一〇年に最新の地対空ミサイルシステムS-300をイランに提供する取引を停止したのである。

プーチンが二〇一二年に大統領に返り咲いたとき、彼は「リセット」という言葉は排除したが、アメリカに対するメドヴェージェフの政策内容は変更しなかった。アフガニスタンにいるNATO軍への兵站拠点として、ヴォルガ川中域にあるウリヤノフスク空港を提供するというロシアの提案を強く押したのはプーチンだった。

明確な方向性の欠如

プーチンの外交政策は反西側とも親西側とも分類することができない。公の場での演説や発表から判断すると、プーチンの政策は「現実主義的な国益の追求」と名づけることができるだろうか。二〇一二年七月半ば、プーチンはロシアの大使会議で、ロシアは自立した独自の政策を追求するが孤立や衝突は望まないと述べた。外交政策に対してプーチンが用いたキーワードは「積極的、建設的、実用的、柔軟性」だった[1]。同じ言葉が二〇一三年二月半ばに発表された新しい「外交政策概観」でも用いられている[2]。

最近のロシアの傾向は、いちだんとグローバル・スタンダードを受け入れようとしていることである。ロシアが二〇一二年九月のアジア太平洋経済協力（ＡＰＥＣ）や二〇一三年のＧ20といった注目を集める国際会議の議長を務めていることに、それが顕著に現れている。ロシアの世界貿易機構（ＷＴＯ）への正式加盟はこの傾向をさらに強めるかもしれない。二〇一二年のＡＰＥＣサミットでは、ロシアは見栄えはするけれども意味のない派手な催しに訴えるようなことはしなかった。また、北朝鮮の最高指導者キム・ジョンウンは招かず、アジアに「共同の安全保障体制」を作り上げるという古いソ連式の考えを繰り返すこともなかった。プーチン大統領は演説をＡＰＥＣの経済的な枠にとどめた。そして二〇一三年一月初め、駐英ロシア大使のアレクサンドル・ヤコヴェンコがＧ20における自国の姿勢を表明した。「われわれは、計画には特に新しい項目は盛り込まず、世界中で、持続可能かつ包括的な、バランスのとれた成長と雇用の創出を支援していくという従来の路線に集中することを決断した」[3]

ソ連の崩壊以降、多くのロシア人が外国へ旅行するようになった。「西側」諸国への年間の海外旅行者数は今や一〇〇〇万人を超える（ロシア旅行業協会のウェブサイトにある「ロシア国民の海外旅行統計」より）[4]。これはロシアの人々の諸外国に対する理解、考え方、行動を変える可能性がある。たとえばヨーロッパ諸国に行くと、ロシア人観光客の行動が以前よりもよくなったことに気づく。なんと、おとなしく列に並んでいるのである（これは著しい進歩だ）。

しかしながら、ロシア人の圧倒的多数は外国に行ったことはない。ブログサイト「ユーラシアの窓」は二〇一二年一二月二九日に、ロシア国民の八三パーセントはパスポートを持っていないと記している[5]。そのような人々は、外国に対するつロシア人の持ち前の傾向、すなわち外国は悪いところだという決まりきったイメージを信じやすい。

そして、政治家や高官など、外国に行く機会はあっても自分の保守的な物の見方を変えようとしないロシア人もいる。彼らは自由や人権といった西側の価値観を信じない。あるロシアの実業家が顧問に西側の価値観は「買える」のか（すなわち賄賂で黙らせることができるのか）と尋ねた、という話を私は聞いたことがある。さらに、現在のアメリカに嫌悪感を表明するロシアの知識人を何人も知っている。彼らは、アメリカは多民族すぎて民主的すぎる（エリートの特権が保証されない）のだと言う。ロシア政府が「ソフトパワー」を通して国外でＰＲ活動を強化しようというときになって、このような考え方は重荷になる。「ソフトパワー」というものは、文化的な活動が自由でなく、市民社会の規範がきちんと守られていない国では、生起しないものだからである。ロシアにはまちがいなく、文学、美術、ポップスやジャズの音楽のソフトパワーがあるが、自由なクリエイターたちは公費で国外へ出してもらえない。ロシアの役人が喜んで海外へ送り出すような、一九世紀風のボリショイバレエやレーピンの絵画はすばらしいが、それだけでは外国人のあいだに現代ロシアへの共感や好感は生まれない。

こうした事実からは、ロシア社会に統一された価値観がないことが原因で、外交政策がひとつにまとまらないのだとわかる。国家資本主義を弁護する人は西側と対決する傾向にあり、改革を擁護する人は西側との協力に傾いているのである。

ロシア外交政策のおもなプレイヤー

西側の人間は、ロシアの指導者が外交政策を機敏に操れるのは、議会とマスメディアが十分に強くないためだと考える。西側、そして日本でも、議会での政治的な争いやマスメディアの批判がしばしば戦略の方向を変えさせるために、先を見越した戦略的かつ包括的な外交政策を実行することは非常に難しいからである。

しかしロシアでも大統領の権力は相対的である[6]。理由は単純だ。外交政策の計画に影響を及ぼす複数の関係者がいるからである。外務省、陸軍参謀本部、諜報機関、研究機関、専門家、ジャーナリスト、地方自治体などがそれにあたる。それが集まっていわゆる政治階級、すなわちオピニオンリーダーを形作っている。彼らの見解や評価は大統領府に集められ、大統領の外交政策顧問が大統領のためにまとめあげる。外務大臣などは大統領と直接話をすることもできる。

外交政策が経済問題と関わっている場合は、経済がおもに首相と関係各省の管轄であるため、首相府もまた独自の役割を演じる。今日の世界政治はいちだんと経済に関わるようになってきているために、ロシアの外交官は摩擦を解決するにあたって経済関係各省をまとめなければならないが、多くの外交官は経済について十分な知識を持ち合わせていないために苦労している。

ロシアの外交官、とりわけアメリカ、日本、ドイツなどに特化した分野でおもに働く人々は、たいていの場合、非常に優秀だが閉ざされた「集団」を作りがちで、自分たちの狭い経験に基づいて判断や助言をする。彼らの多くは教養がありリベラルでもあるが、それがそのまま政策に反映されるとは限らない。そのうえ、一九九〇年代の経済的困窮が原因で、ロシア外交官の年齢構成には目に見えてばらつきがある。一九九〇年代は若い外交官の採用がほとんど止まっていたうえ、報酬も低かった。おそらく現在は三〇歳から五〇歳の年齢グループが著しく不足しているに違いない。

私が見たところでは、現在はさらに若い世代が外務省に入りつつあり、彼らはイデオロギー的な偏見には囚われていない。しかし、彼らが主として時代遅れの視点を持つ年老いた教師たちから教育を受けているかぎり、赴任先の国を正しく理解しているかどうかはわからない。それに、こうした若い外交官は現れてはすぐに消えていく。いくつかの海外勤務を終えると、多くが外交官を辞めて経済界に転身するためだ。ペレストロイカのころに優秀でリベラルな「若き急進派」だった古参の外交官がいなくなったあかつきには、いったいだれがひっぱっていけるのだろうか。これはロシアの外交政策がまもなく直面する問題である。

外交政策の専門家のあいだでも高齢化が目につく。ソ連の崩壊は、ロシアでは「ロビイスト」と呼ばれている、高い知識を持つ独立した政治の専門家を生んだ。こうした人々はかつてゴルバチョフやアレクサンドル・ヤコブレフのスピーチライターや顧問を務め、なかには研究機関を離れてフリーランスとして働いている人もいた。その多くは自由と西側の生活様式にあこがれたあげく、現実に裏切られた。今ではほとんどが年老いているが、その跡を継ぐ人間は見えてこない。

ロシアの外交政策の手段

ソ連時代のロシア人は、自分の国は「最新の核ミサイルを持つ最貧国」、あるいは、粋な自動車は生産していないが戦車でヨーロッパ観光に行けるなどと言っては、みずからを笑いの種にした。今日のロシア人は石油価格の高騰により、ソ連時代と比べて非常に高い生活水準を享受している。しかしロシアは今なお、国外で自国の意図を実現するために必要な、強い経済力を持ち合わせていない。エネルギー、鉱物資源、兵器を除けば、ロシアが世界に提供できるものはほとんどない。ロシアは、中国のように発展途上国のインフラ整備や天然資源の開発に気前よく長期低利貸し付けをすることもしていない。

ロシアの製造業は、投資を熱望する発展途上国などに直接投資するほどの能力はない。ロシア企業は十分な資本、マネジメントスキル、一般市民向けの消費財を生産する技術を持っていない。実際、先にも述べたが、ロシアの企業は海外で事業を展開するときに政府の援助を必要とすることが多い。

石油や天然ガスの価格を割り引いて輸出することは、発展途上国や旧ソ連諸国に向けたロシア外交においては有効な手段だが、工業化された富裕国に対しては諸刃の剣である。なぜなら、富裕国がロシアの資源に依存するとしても、ロシアもまた資源の大顧客である富裕国に大きく依存しているからだ。シェールガスが天然ガスの価格を押し下げている今、ロシアはヨーロッパ向けのガス価格を下げるよう猛烈に圧力をかけられている。

ロシアは外交政策に軍事力を利用する。二〇〇八年八月、ロシアの軍隊は南オセチアに対するグルジアの砲撃に反撃するため、グルジアに侵攻した。ロシア軍はまたタジキスタンに陸軍一個師団、アルメニアに四〇〇〇人の部隊、モルドヴァに一五〇〇人の部隊、キルギスに空軍一個中隊を駐留させている。タジキスタン駐留部隊はアフガニスタンとウズベキスタンに対する抑止力、アルメニア駐留部隊はアルメニア人が多く居住するアゼルバイジャン内の飛び地ナゴルノ・カラバフへのアゼルバイジャンの攻撃に対する抑止力、モルドヴァ駐留部隊は自称プリドニエストル共和国に居住するロシア民族を守るため、そしてキルギス駐留の空軍部隊は、アフガニスタンで作戦を展開する部隊の兵站拠点としてマナス飛行場を使っている、アメリカ空軍に対抗するためである。

ロシアの兵器を割引価格で供給することは、とりわけウズベキスタン、タジキスタン、キルギスなどの旧ソ連諸国を引きつける道具となっている。中国、東南アジア諸国、インドへのロシア兵器の輸出は商業ベースで行われているが、やはりよりよい相互関係を築くための触媒の役目を果たしている。

ほかの多くの国と同様に、ロシアは軍事演習を外交政策の手段として利用している。二〇〇八年のグルジアとの戦争に先立って、ロシア軍はグルジアを威嚇するために国境に近いところでいくつもの軍事演習を実施した。

ＮＡＴＯがしばしば旧ソ連諸国（ほぼすべてがＮＡＴＯの「パートナー」となっている）と目立たないように演習を行うのに対して、ロシアも必ず同じことをして「報いる」が、規模が大きい。上海協力機構（ＳＣＯ）の枠組みで実施される合同軍事演習は、ロシアと中国の結束をアメリカに示すことが目的である。それとは逆に、ロシアは二〇一二年に初めて米国中心の環太平洋合同演習（ＲＩＭＰＡＣ）に参加するべく軍艦を送った。これはおそらく中国との協力関係に依存しすぎることを避ける狙いがあったのだろう。ロシア軍とインド軍の定期的な合同演習も同じ効果を持っている。

「ならずもの国家」や西側の制裁対象となっている国とのロシアの緊密な関係は、ロシアの重要性を世界に示すための道具として活用される。先に述べたように、ロシアは市場原則に基づく国際取引を実行する能力が欠けているために、結局、西側と良好な関係にない国へ兵器を輸出することになる。しかしその国がならずもの国家というレッテルを貼られて国連の制裁対象となると、西側諸国はロシアに手を引くよう求めてくる。ロシアは最終的には引き揚げるが、その前に西側に代償を求める。これは負の財産を正の財産に変えるテクニックで、北朝鮮などのソ連式外交を行う国でよく用いられている。

ロシアの外交官は粘り強い。不利な立場から始めても精力的な努力を続けて、最終的に利益を手に入れるところまでこぎつける。そのよい例がロシアとパキスタンの関係である。パキスタンはアフガニスタンに安定をもたらすにあたって重要な役割を演じている。そこでロシアは、アフガニスタン情勢で影響力を確保しておくために（ロシアはそうせざるをえない。さもなければアフガニスタンの脅威にさらされる可能性のある中央アジアで影響力を維持できなくなるからだ）、中国やアメリカと親しい結びつきを保っているパキスタンとの関係を深めることにした。ロシアは二〇〇九年五月にパルヴェーズ・ムシャラフ元大統領を招いてもてなし、最終的にアフガニスタンやタジキスタンの大統領も交えた首脳レベルで定期的に会談をするところまで発展させた。

ロシアの外交には究極のカードがある。それは領土だ。ロシアの政治的、軍事的、経済的な力は、その広大な領土とそこにある天然資源から生じている。ロシア人にとって領土は尊いものである。しかしながら、領土の多くは最近になって手に入れたものであるため、交渉の対象となりうるうえ、ときには火急の目的を達成するために手放さなければならないこともある。たとえば、ロシアは一九世紀、クリミア戦争で破産した国庫をふたたび満たすべく、わずか七二〇万ドルでアラスカをアメリカに売却した。一九一八年三月、革命のボリシェヴィキ政権は新政権の安定を確保しようとして、ドイツなどの国々とブレスト＝リトフスク平和条約を結び、フィンランド、エストニア、ラトヴィア、リトアニア、ウクライナなど西方の広大な領土を譲渡した。同様に、一九二〇年三月、ボリシェヴィキ政権は、日本とアメリカ主導の西側諸国による一九二〇年のシベリア進攻に対して、緩衝地域となる独立した「極東共和国」を作るために極東地方を切り離した（一九二二年にふたたびロシアに統合した）(7)。

こうした策略を用いることで、たとえ経済力がなくても、ロシアは世界政治においてむしろ高い地位を維持することができる。これは、経済力を政治的な力に変えることがうまくできない日本人にとっては賞賛に値するものである。

ロシアの主要国との関係

プーチンは、西側のメディアから「反西側」「強硬路線」というレッテルを貼られているが、西側との衝突は望んでいない。彼はロシアの自主性と世界で尊敬される地位を守りたいだけだ。ロシアは中国と親しいけれども慎重な関係を保っている。ロシアの政治評論家ドミートリー・トレーニンは最新の著書『ロシア新戦略――ユーラシアの大変動を読み解く』で述べている。「ロシアにしてみれば、ゴルバチョフ時代に言われていた通り、中国との善隣および友好に代わるものはないのだ。中国を敵に廻すなど、破滅以外の何ものでもない」(8)。［ドミートリー・トレーニン『ロシア新戦略――ユーラシアの大変動を読み解く』、河東哲夫、湯浅剛、小泉悠訳、作品社、二〇一二年、二三三～四ページより引用」かくして、ロシアはひとつの国と決定的な衝突をする恐れもなければ、どこかの国に過剰に依存することもない。

旧ソ連諸国

かつてソヴィエト連邦だった地域では、今のところ物事はロシアにとって順調である。プーチンは、ソ連の崩壊は人類史上最悪の悲劇だったと言い続けており、旧ソ連諸国のなかで兄貴分の立場を取り戻そうと、たゆまぬ努力を続けている。ロシアはＮＡＴＯに対抗して、ベラルーシ、カザフスタン、キルギス、タジキスタン、ウズベキスタン（ウズベキスタンは二〇一二年現在、参加を一時的に保留）と集団安全保障条約機構（ＣＳＴＯ）を設立した。ロシアはまたベラルーシ、カザフスタンと関税同盟を作り、のちの二〇一一年にはそれが「単一経済圏」に発展した。プーチンはさらに二〇一五年までに「ユーラシア連合」を作ることを提案している（その内容はややあいまいである。プーチンはその核は経済統合だと繰り返し、ソヴィエト連邦の復元という野心を抱いているといううわさを否定している）。

リーマン・ブラザーズの金融危機より前、旧ソ連諸国は「分離主義的な」傾向を示していた。すなわち、旧宗主国ロシアよりＥＵ、ＮＡＴＯ、中国との親しい関係を望んでいたのである。しかし金融危機後、ロシアはエネルギーの価格を割り引いて供給するか軍隊を駐留させるかして、その影響力を最大限に駆使しながら、こうした国々を支配下に保つことに成功している。かつて反抗的だったベラルーシ、モルドヴァはみな今では「静か」である。二〇一二年の総選挙でサアカシュヴィリの党が政権を失ったグルジアもまた、現在はロシアとの関係を修復しようとしている。アゼルバイジャンとウズベキスタンだけがロシアに対して自立した姿勢を維持している（バルト諸国はすでにＮＡＴＯとＥＵの加盟国なので、永久に「離れた」）。

しかしながら、ロシアが優位な立場に立てるのは一時的だろう。西側の経済が回復すれば、旧ソ連諸国はふたたび西側諸国に接近し始める。中央アジアでは、中国が経済的に、またそれに応じて政治的にも影響力を急速に拡大しつつある。ロシアがそれに対抗することは難しいだろう。ロシアの精力的な取り組みにもかかわらず、CSTOは本格的な「集団」安全保障協定に発展しておらず、ロシアとカザフスタンのみが有効な軍隊を提供しているにすぎない。「単一経済圏」はいまだに三カ国間の協定のままであり、ほかの旧ソ連諸国を呼び込むためには、ロシアは割引価格での石油とガスの供給、移民労働者の受け入れ枠拡大、インフラ整備と財政赤字を補填するための融資など、多くの譲歩をしなければならない。

西側の専門家のなかにはSCOの力を高く評価する人もいる。そのような人々は、今では西側が中央アジアから閉め出されつつあると論じているが、現実には、ロシアと中国のあいだで絶えずリーダーシップの奪い合いが起きているために、SCOは国際組織として発達していない。そして中央アジア諸国は地域における西側の経済的関与をいつでも歓迎している。

アメリカ合衆国

ここではロシアとアメリカとの現在の関係を繰り返すことはやめておく。オバマの二期目には、ロシアは戦略的にも戦術的にも、さらなる核兵器の削減を決断しなければならないだろうということだけつけくわえておく。シリアとイランは、ロシアとアメリカのあいだに意見の合わない問題としてそのまま残るだろう。しかしながら、政府への支持をかき立てるため、また、軍の近代化に膨大な資源を利用することを正当化するためにも、ロシアはアメリカとの関係に一定レベルの緊張を残しておく必要がある。したがって、ロシアとアメリカのあいだに深刻な衝突は起こりそうもないが、同時に両国の関係回復はかなり限られたものとなるだろう。

中国

中国はロシアの東アジア外交では最優先順位を持っている。両国は四二〇〇キロメートルを超える長い国境で接している。地域別ではEUが二〇〇九年に二三六〇億ドルとロシアの最大貿易相手だが、国としては中国が二〇一二年に八八〇億ドルとロシアの最大貿易相手国である(9)(10)。多くの中国人がシベリアと極東ロシアで小規模事業あるいは農業に携わっている(11)。そして、ロシアの東西をつなぐ重要な輸送ルートであるシベリア鉄道は中国との国境近くを走っている。極東ロシアの人口はわずか六五〇万人だが、国境を越えた中国北東部（昔の満州）はその二〇倍にあたる一億三〇〇〇万人である。経済力と軍事力における差はさらに大きい。それでもロシアと中国は、一方的に物事を進めようとするアメリカに対抗して、互いに（必ずしも信頼しているとは限らないが）もっとも重要な戦友として相手を尊重している。したがって、ロシアにとって中国は、好機と脅威という両方の意味において戦略的に大きな意味を持っている。

中国に対するロシアの政策は、中国がロシアの安全にとって脅威となるのを防ぐこと、共同でアメリカの圧力に抵抗すること、相互の経済利益を達成することを念頭に立てられている。中国は天然資源と兵器の重要な顧客である。もっともロシアは石油とガスの買い手としては日本や韓国を好む。ロシアは中国に依存しすぎることをきらうし、日本と韓国は資源に対して喜んで中国よりも多くの金を支払うからだ。

ロシアと中国は友好同盟相互援助条約が一九八〇年に失効しているため、同盟国ではないが、両国は二〇〇一年に善隣友好協力条約に調印し、二〇〇四年には国境確定問題を解決した。しかしながら、ロシアは軍の配備がもっとも薄い場所で中国と国境を接している。ロシアと中国は友好関係にあると言っても、互いに歴史的そして人種的なしこりを抱き続けたうえでの、アメリカの一方的な政策に対抗する「便宜上の結婚」のようなものである。そして中ロいずれかとアメリカとの関係が改善すると必ず、ロシアと中国は衝突にはいたらないまでも、関係一時棚上げの方向に傾く。

長期的な観点から頭に入れておいたほうがよい重要な歴史的事実がひとつある。ウラジオストクとその周辺の沿海地方はかつて清王朝に属していた。この地方は一八六〇年の北京条約によってロシアに引き渡されたものである。それ以前にロシアが清王朝から奪った領土を含めれば、それは日本の国土の四倍にあたる一四四万平方キロメートルにのぼる。先に述べたように、中国とロシアの国境は二〇〇四年の合意で確定したが、日本の尖閣諸島問題と同じように、中国が突如としてこの歴史上の恨みを「思い出して」、公式に請求する可能性はある。さらに、日本海に直接面していない中国が海軍で日本海を制圧しようとするならば、極東におけるロシアの立場はさらに危険にさらされることになる。

モンゴルと東南アジア

モンゴルは中国とロシアにはさまれて、戦略的に重要な位置にある。一九世紀からずっと、モンゴルは中国とロシアとのあいだでうまくバランスをとりながら独立を保ってきた。ソ連が強大だったとき、モンゴルはソ連と同盟を組んで、中国からの圧力をしのいだ。今日、モンゴルは中国経済の猛攻撃にさらされているが、ロシアもまたモンゴルで大きな経済利益を維持している。ロシア鉄道（国有）会社（ＲＺＤ）は今でもモンゴル鉄道の五〇パーセントを所有しており、非鉄金属と石炭の開発はしばしばロシアの影響下に入っている。

東南アジアでは、ロシアの影響力はさらに限られている。過去のソ連は現在よりも大きな影響力を持っていた。たとえば、ソ連はアメリカと戦う北ベトナムを支援した。ニクソン大統領が一九七二年に中国と関係を築こうとしたために起きた、ベトナムと中国とのイデオロギー的な論争においては、ソ連にさらなる圧力がかかることにもなった。しかしながら、東南アジアはモスクワからあまりにも遠すぎた。そして当時、この地域の経済水準はソ連の注意を引くには低すぎた。ソ連崩壊後、ロシア政府はそれまでロシア艦隊が利用を許可されていたベトナムのカムラン湾の施設を使う権利をあっさりと手放した。

今日、ロシアはおもに兵器の取引と石油ならびにガスの開発という方法で、東南アジア諸国との関係を維持するばかりか促進さえしている。ロシアはまたＡＳＥＡＮ地域フォーラム（ＡＲＦ）やＡＳＥＡＮ拡大外相会議（ＡＳＥＡＮ ＰＭＣ）といった多国間会議にも出席している。ロシア政府は一九九八年の新しい「ロシア外交政策基本方針」のなかで、アジア太平洋地域、特にＡＳＥＡＮへの外交的な関与を表明し、同年、ＡＰＥＣに加盟した。二〇一二年九月、ロシアはＡＰＥＣサミットの開催国となった。長年の外交努力によって、二〇一一年一一月には東アジアサミット（ＥＡＳ）の会議にも招かれた。しかしこともあろうに、メドヴェージェフ大統領は自分の代わりにセルゲイ・ラヴロフ外務大臣を送り込んだだけだった。ロシア下院の議会選挙が間近に迫っている、というのがその言い訳だった。

日本

日本とロシア帝国、そしてのちのソ連は、一九〇四年の日露戦争、一九一八年の日本軍シベリア進攻、一九三九年のハルハ川の戦い、一九四五年のソ連の満州進攻と、中国、朝鮮半島をめぐって何度も戦いを繰り返した。太平洋戦争が終結してから、ソ連は、日本の推定で七五万の日本人を強制労働施設に収容するとともに、占領した日本の北方領土を支配し続けた。

戦後、日本はアメリカの保護を受けながら世界的な自由貿易体制にくわわり、戦前の帝国主義と決別した。ソ連は社会主義陣営を率いてアメリカ主導のグローバルな体制に反対し、冷戦が起こった。日本とソ連は一九五六年に共同宣言に調印して外交関係を再開したが、北方領土問題のために平和条約を締結することができなかった。両国の政治関係は緊張したままだったが、日本はソ連にとって指折りの「西側」の貿易相手国となり、一九七〇年代にはシベリアと極東ロシアの大規模な経済開発に関わって、公的融資さえ行った。石炭、天然ガス、木材などの天然資源開発、ヴランゲリ港の近代化、そして現在日本に総消費量の八パーセントにあたる石油とガスを提供しているサハリンプロジェクトはその成果である。

ソ連が崩壊したとき、そしてエリツィンが共産主義を糾弾して代わりに民主主義と市場経済を採用したとき、日本政府は政治と経済を結びつける古い政策、すなわち領土問題の解決に進展がないかぎり経済関係は進めないという姿勢を変えた[12]。日本はほかの「西側」諸国と同じように、ロシア国民の苦労を和らげ、民主主義と市場経済への改革を促進するために、ロシアに実質的な援助を行った。モスクワ国立大学のビジネススクールが入る建物を建てることさえしたのである。

日本政府は、相互のやりとりで人々が恩恵を受ければ受けるほど、領土問題を解決するにあたっての二国間の雰囲気がよくなると考えた。一九九〇年代、日本の民間企業はロシアでの事業展開に慎重だった。状況が混乱していたうえに、ロシアがソ連の最後の日々に滞っていた未払金を支払わなかったためである。しかしながら二〇〇〇年代にロシアの経済が改善すると、日本企業はロシアに直接投資を始めた。サンクトペテルブルクにあるレイノルズの工場を買い上げた日本たばこ産業はロシア最大のたばこ生産者となり、トヨタ自動車などの自動車会社がロシアに工場を設立した。コマツ、日本板硝子（NSG）グループなどの日本企業も、ロシアでの生産を開始した。

アメリカやEUの民間企業はロシアのエネルギー分野へ投資することを好んだが、日本企業はおもに製造業を選んだ。製造業は石油に依存したロシア経済の本質を変えるために重要な役割を果たすべき分野であり、それゆえに、日本企業の貢献にはロシアからそれ相応の配慮がなされるべきである。

日本政府は極東ロシアの経済発展を支援する意欲を繰り返し表明した。日本の民間企業、銀行、公的機関は、サハリンの石油ならびにガスプロジェクトに一〇〇億ドル以上を投資した。日本政府と民間企業は現在議論されている新しいプロジェクトにも参加する用意がある。ここで重要なことは、日本が今、極東ロシアの安定と繁栄の重要性を認識していることである。それは経済というよりむしろ戦略的な意味あいを持っている。

東アジアの微妙な駆け引き

中国が急激に国際舞台に出てきたことで、日本、ロシア、中国、アメリカの力の駆け引きはますます複雑に入り組んできた。ロシアは現在、高まりつつある中国の力を警戒するようになってきている[13]。極東における力の不均衡は、ロシア大統領府にとって主要な懸念材料だ。中国の経済進出とそれに伴うシベリアならびに極東ロシアへの政治的影響力、そして中央アジアへの影響力の増大がそうした懸念の源である。ロシア軍は現在、中国の侵略を念頭において軍事演習を行うだけでなく、前にも述べたように、二〇一二年六月には、アメリカ海軍の指揮下で実施される「ＲＩＭＰＡＣ」の多国間海軍軍事演習に初めて軍艦を派遣した[14][15]。ロシアはまた海軍の艦船によるカムラン湾施設の利用を再開することにも関心を示している[16]。ベトナムと中国が付近の領海問題で争っていることを考えると、これは注目を集める動きである。ロシア海軍はまた、日本の海上自衛隊と（海上救助訓練の）合同演習を実施してもいる。

その一方で、ロシア軍は中国軍とも合同演習を行っている。興味深いことにロシアは、二〇一三年三月に新たな中国の指導者となった習近平の、国外で最初の訪問先だった。この訪問の際の共同声明では、おそらくアメリカの圧力に対抗する意図で、両国とも主権の維持、領土の保全、安全保障を相互に支援すると繰り返した。

それと同じように、日本に向けられるロシアの政策にもアメとムチの二面性がある。ここ数年、ロシア政府は政策に関する声明のなかで、しばしば日本をアジアのパートナー、あるいは経済技術大国から除外した。おそらくこれは、ロシアに向けられた日本の政治家のいくつかの発言が外交的ではないと受け取ったため、さらに首相が頻繁に交代する日本は信頼できないと考えたためだろう。

しかしながら、プーチン大統領はしばしば日本について触れ、日本と北方領土問題の交渉を進める意欲を繰り返し表明している。二〇一二年一〇月、プーチンは彼の右腕であるニコライ・パトルシェフを日本（そして続けて韓国、ベトナム）へ送った。さらに一一月には、貿易と投資の定期会議にイーゴリ・シュヴァロフ副首相率いる大がかりな経済代表団を派遣した。見たところプーチンは日本を、中国に対して均衡を保つための重要な要因として、また極東ロシア開発に必要不可欠なパートナーとして認識しているようである。

二〇一二年秋に日本と中国のあいだで尖閣諸島をめぐる論争が起きているあいだ、ロシアの指導者とメディアは中国に肩入れしなかった。ここ数年、中国との尖閣諸島、韓国との竹島の問題で、ロシアがそれぞれ中国と韓国を支持して日本を孤立させるのが常だったことを考えると、これは大きな違いである。さらに、先に述べたように日本、そして韓国、ベトナムを訪問したパトルシェフの一行は、まるでロシアが「中国」を包囲するつもりであるかのような印象を与えた。東京にいる中国の外交官はパトルシェフの日本訪問についてしきりに情報を集めていた。そして同じ年の一二月、中国は定例会議ではあったがパトルシェフに北京を訪問「させて」、アメリカのミサイル防衛の動きに対して共に異議を唱えた。

その一方で、二〇一三年二月八日には、ロシアの戦闘機二機が北海道付近の日本の領空を侵犯した（ロシア政府は否定）。そのような動きは過去五年に一度もなかったことである。さらにわずか一カ月ほど経った三月一五日、過去二年で初めて、ロシアの爆撃機二機が日本周辺を巡回した。

そうした警戒と懐柔の組み合わせは東アジアの主要国間の相互関係にも見られ、ロシアの日本、中国、アメリカとの関係においても同じことが言える。しかしながら、それらの国々のなかで影響力がもっとも限られているのはロシアである。それは、この地域におけるロシアの経済力と軍事力が不十分で、主要国との関係においても問題を多々抱えているためだ。ロシアは中国としか親しい関係にないのである。

日本にとってのロシア、ロシアにとっての日本

日本とロシアが、東アジアにおける互いの重要性をどのように考えてきたかということは、なかなかおもしろい論点である。ロシアにとって日本はたんなるアメリカの家来で、ロシアの原子力潜水艦の拠点であるカムチャッカとウラジオストクの航路、すなわちロシアの重要な兵站路の自由な往来を邪魔している国だ。日本にとっては、極東ロシアとシベリアは市場としては小さすぎ、その地域の天然資源を開発するには資金的な負担が大きすぎる。

それでも、ロシアは領土問題の解決、日本はシベリアと極東の開発において、それぞれもう一歩踏み出すべきである。小さな動きであっても、両国の外交にかなりのプラスをもたらすことだろう。

ソ連の崩壊以降、北方領土問題解決の窓口が開いた時期があった。しかし本格的なプロセスが始まるたびに、両国のマスメディアが過度に注目したために、国内の反発があおられて交渉を複雑にしてしまった。ロシアと中国は二〇〇四年に領土問題で合意に達することができた。そのプロセスに携わったロシア人は私に、交渉をとりまく環境を静かに保ったことが成功への秘訣だったと語った。

日本人は、日本が譲歩して領土問題を迅速に解決することで、ロシアが中国に対する大きな「対抗勢力」になる、という幻想を捨てるべきである。ロシアは、日本のために中国を敵にまわそうとはしない。領土問題の解決と二国関係の安定した発展のために根気よく前向きに交渉を続けるだけでも、日本とロシアの外交に十分な力を与えることだろう。

二〇一三年三月現在、ロシアの指導者がどの方向へ国を導いていきたいのかはわからない。反政府勢力に向けられた抑圧を見ると、まるでソヴィエト連邦を復活させたいかのように見える。そして石油の輸出への過度な依

存から脱却する必要性についてあれだけ公の場で語られていながら、主要企業は事実上国有化されていて製造業が育たない。増えつつある中流階級は自由を熱望してはいるものの、いわゆる大衆はいまだにお上への依存体質から抜け出せず、金持ちを羨んでは政府からの給付を待っている。石油と天然ガスの価格が高いかぎり、ロシアの経済と社会は成長し続けるだろう。ひとたび資本を手に入れさえすればそれは増え続け、ロシアは世界で五番目、六番目の経済大国になるだろう。

日本経済は粘り強い製造業に支えられて強さを保っている。その資本、技術、マネジメントスキルは現在、諸外国、とりわけ東アジアに広まっている。この先数年で、中国の「国家資本主義」の弱さが露呈し始めるだろう。円とウォンの為替相場が日本の輸出に有利になれば、韓国は日本と対等に競争しなければならなくなる。

したがって、日本とロシアは互いに「依存する」ほどではないが、相手との関係は深めていくだろう。

2　実利的現実主義*

セルゲイ・オズノビシェフ

現代ロシアの外交政策は「実利主義」の原則に基づいており、その指針が世界の問題と取り組み、それを解決するために用いられている。ロシアのセルゲイ・ラヴロフ外務大臣は「実利主義、開放性、多角的な方向性といったロシア外交政策の重要な原則は、衝突を避けつつ国益を守るにあたって一貫して適用される」と述べている(1)。ラヴロフはその「概念的なスピーチ」のなかで、こうした考えが、現代社会における今日のロシア外交政策の基礎を作っていると説明する。彼はまた、こうした原則は、「ロシア連邦外交政策概観」をはじめとして、今後発表されるその種の文書を含むすべての重要な文書を通じて、ロシアの外交政策を特徴づける中心的な原則であると強調する(2)。

外交政策の礎を求めて

外交政策の実施要項とその条項をつぶさに調べてみると、実は、そこで宣言されている実利主義というスローガンは、「戦略的思考」や「戦略的計画」（目標設定）という言葉の差し替えであることがわかる。長いあいだ実用的な政策や外交に携わってきた著名なアナリストのセルゲイ・コルトゥノフが述べているように、ロシアの外交政策は「戦略的計画体系に基づいていない」(3)。

すると当然のことながら疑問が湧く。守らなければならない「国益」とは何だろう? 「ロシア国家安全保障戦略」によれば、「長期的な見通しにおける」国益の図式は大まかに策定された三つの目標から成っている。そのひとつ目は「民主主義と市民社会の発展のなかで、国内経済の競争力を高める」ことだとわかる[4]。外交政策手段を通じてこの競争力を向上させる方法は、最近発表されたふたつの「ロシア連邦外交概観」(二〇〇八年と二〇一三年)で明らかにされている。二〇〇八年の文書では、ロシアの目標は国家安全保障上の利益と世界的地位を守ることであると述べたうえで、そのふたつ目の狙いの先にあるものは「ロシアの近代化にとって好ましい外的条件を整え、ロシア経済を発展の革新的な道筋へと移行させる」こととある[5]。若干の違いはあるが、それよりあとの二〇一三年の文書でも同じ内容が繰り返されている。「ロシア経済の安定した力強い発展、技術の近代化、発展の革新的な道筋への移行にとって好ましい外的条件を整える」[6]

このように、外交政策の明確な目標は、政策の基礎となる文書で何度も繰り返し述べられている。さらに、こちらも同じくらい重要なのだが、このアイディアの実行方針もまた政治指導者によって明らかにされている。ドミートリー・メドヴェージェフ前大統領は彼の論文「ロシアよ、進め!」のなかでこう述べている。「ロシアにおける民主主義の近代化と新しい経済の確立は、脱工業化社会の知的資源を活用することでのみ可能となると考えられる。そしてわれわれは堂々と、現実に即した形で、なんら問題を生じさせることなくそれを実行しなければならない」[7]

メドヴェージェフ前大統領はたびたびこのテーマに立ち返り、またこのテーマを展開させている。のちに彼はより整然とした詳細を公にした。「われわれに必要なものは」と彼は自分のアイディアを繰り広げる。「主要な諸外国のパートナーとの特別な近代化同盟である」[8]

ヴラジーミル・プーチンはこの行動計画に公の場で異議を唱えたことはない。三期目にあたる二〇一二年の選挙後、彼は外交政策目標に関する特別な大統領令を出したが、そこでもこのテーマがおもな優先課題であった。

その大統領令のなかで、大統領は外務省、そしてその他の連邦行政当局にも併せて次のような「指示を出した」。「ロシア連邦の長期的な発展、経済の近代化、そしてグローバル市場で対等なパートナーとしての地位を強化するために、好ましい外的条件を整えられるよう支援すること」[9]

同年の連邦会議の演説で、プーチンは「われわれの外交政策は以前より近代的になり、国の近代化という目標に向かって努力している」と強調した[10]。ラヴロフ外相は、次のロシア連邦外交政策概観のおもな条項は、宣言されたとおりにすでに準備されて大統領に提出されたが、この種の過去の文書で示された条項を存続させるものである、と断言した。

こうした政策の背景を考えると、近代化で先を行く国々との関係を支援し発展させるという日々の外交政策業務に結びついてさえいれば、すべての将来的な発案は優先課題になるのかと考えたくなる。メドヴェージェフ現首相前大統領は次のように論理的かつ直接的な助言をしている。「われわれは主要な協力パートナーとなりうる国々を見極める必要がある。なぜなら、そうした協力が、ロシアのハイテク製品が世界と地域の市場に参入する助けとなり、ロシアのさまざまな技術や市場の発展に多大な利益をもたらすことになるからだ」。彼はまた「それぞれの取り組みの結果」は「国の指導者を含むすべての人にただちに見えてくる」ものでなくてはならないとも述べた[11]。これはそうした外交政策手段に一定の「時間の要素」が求められていることをつけくわえている。つまり、そうした関係を整え、支援する試みに緊急性を与えたのである。

ロシアの最高レベルの官僚が「最近まで知られていなかった新しい技術的解決策」と認識している革新《イノベーション》は、近代化の重要かつ絶対的な要素である[12]。そのため、まずは革新の先駆者である主要な国々と、親密、あるいはパートナーのような関係を築かないことには、ロシア政府は「近代化同盟」の構築という目標を十分に達成することはできないように見える。

その論理にしたがえば、そうした国々を「見極める」ことが最初の課題となるが、それを実行することはたいして難しくないだろう。

ロシアと西側諸国――協力のために挑発を弱める

そうした国々は、「革新的発展」の水準を測る明確な物差しを用いて評価することで見つけ出せるのではないだろうか。手がかりとなる指標は、研究開発に対する国内支出、科学研究開発への予算配分、発明の国内特許申請数である。

こうした範疇のすべてにおいては、日本とアメリカが、ほかの国々の示す数値、つまり達成度を大きく引き離してトップの座を占めている。先ほど述べた政治指導の論理にしたがって、現代ロシアの戦略目標としての「近代化同盟」を作り上げるとするなら、ロシア政府はこの二国と緊密でパートナーのような関係を築くことを優先課題にすることになる。

ところが、日本との関係は、詳細はあとで述べるが、両国とも冷戦直後どころか第二次世界大戦後の問題に解決策を見出すことができずに、何十年ものあいだ緊張したままである。二〇一二年五月に外務省と「アジア太平洋地域に関係する連邦行政機関」に出した指示のなかで、プーチン大統領は日本を優先ではなく通常の関係、すなわち無味乾燥な外交用語で言えば「互恵」関係を維持するその地域の他の国々と同列に置くものとすると述べた[13]。その後の展開は、筆者が予見したとおり、この状況の改善に貢献している。

日本との関係が「不変の重荷」の影響を受けているとするなら、アメリカとの関係は絶え間ない浮き沈みにふりまわされている。こうした状況は、どのような近代化プロジェクトにもなくてはならない安定した協力関係の実現を阻み、有益な方法で協力する機会を妨げる。二国間関係におけるこの「極」同士の距離は、ほんの短い期間でさえ対極にあるように見える。

二〇〇二年五月の首脳会議で採択されたジョージ・ブッシュ大統領とプーチン大統領の共同宣言では、アメリカとロシアの新たな戦略的関係について、「われわれは新たな戦略的関係を実現しようとしている。アメリカとロシアが互いを敵あるいは戦略的脅威と見る時代は終わった。われわれはパートナーであり、安定、安全保障、経済統合を進め、ともに世界の挑戦に立ち向かって、地域紛争の解決に力を貸すことで協力する」ことが確認されたと述べられている(14)。

プーチンの二〇一二年外交政策大統領令では、アメリカを「扱う」方法について、いくらか冷ややかな指示が見受けられる。「相互関係を真の戦略レベルにもっていくことを目標に、平等、内政不干渉、相互利益の尊重の原則に基づく安定した予測可能な協力政策を遂行する」(15)。これは、二国間関係の水準が一〇年前に達したパートナーシップの状態から、「予測可能な協力」の構築を期待するというところまで著しく下がったことを意味している。

それどころか、同じ大統領令のなかでは、ロシア政府から見てアメリカは動乱の直接の原因であり、国際社会の安定とロシアの国益を脅かすものになったと、あからさまに認められている。この点についてロシアの連邦行政当局は、たとえば、アメリカがロシアの法人ならびに個人に対する一方的な治外法権上の制裁をくわえることを阻止する、あるいはアメリカが作り上げている全世界ミサイル防衛システムがロシアの核戦力に向けられたものではないことの確約を取るといったことがらに、積極的に取り組むよう命じられている(16)。

いくつかの公文書では、西側諸国に対するロシアの見解、とりわけロシア政府が問題あるいは国益と安全保障に対する直接の脅威とまで考えているアメリカに対する見解を示す、また別の「一連の」証拠が明らかになっている。

世界の多くの紛争や危機的状況を見れば、アメリカとロシアは異なるアプローチを取っており、互いに協力できないとわかることが多い。ほぼ完全に止まっている軍縮とシリアの危機に対する正反対のアプローチが、この二国間の関係を浮き彫りにしている。

その一方で、状況が本当に深刻になった場合の緊密な協力は、完全には除外されていない。ここでもまたシリアを例に挙げると、突如として開始されたシリアの化学兵器廃棄に関する米露の計画からそれがわかる。

反西側感情と、それよりも強い反米感情が、ロシアの政治エリートのあいだで高まってきている。そうした負の感情は、プーチンが勝利した二〇一二年三月の大統領選挙中に意図的に高められた。政治工学者は反体制勢力がアメリカ政府やその他「諸外国の中央」から支持を受けていると主張した。したがってプーチンと「安定」に投票した本当の「ロシアの愛国者」は、同時にこうした負の傾向とも戦わなくてはならなかった。

反米感情は特に軍の関係者で強く、「見識ある」人物のあいだにも広がっている。前参謀総長でロシア安全保障会議の前副議長でもあるユーリ・バルエフスキー上級大将は、専門家会議の席で次のように強調した。「近い将来、外からの、あえて言うなら特に軍事的な脅威は、われわれのパートナー〔筆者にはむしろ『敵』という言葉のほうが適切であるように思われる〕、すなわちアメリカとNATOの政策によって決定づけられるだろう。私の考えでは、彼らの目的は一向に変わっていない。その目的とは、自国の力で国益のために争うことができるような経済ならびに軍事大国としてのロシアの復活を許さないことである」(17)

むろん、冷戦時代に戻ることは不可能である。しかし、多くの事例に、ロシアの外交政策活動の指針としての「アメリカ政府への対抗措置」を見つけ出すことができる。

現在、米ソ関係を損ない続けていた古い現象がふたたび姿を現している。それは、いわゆるアメリカによるロシアの「内政」への干渉だ。アメリカ議会がマグニツキー法案を可決したとき、ロシアではその「対抗措置」としてアメリカ人家族とロシア人の子どもの養子縁組を禁じる法律が制定され、両国の官僚や国民からいたって大きな反発をまねいた。ロシア側ではその後も、ロシアへの入国を拒否するアメリカ人のリストが作成された。またアメリカとロシアがそれぞれ別の二国間協力の構築や計画から撤退することにもなり、協調的で友好だけれども口はきかないという二国関係のパートナーシップへ戻ることが難しくなっている。

西側とアメリカに対する姿勢は、ロシアの反体制派と「忠実な国民」とのあいだの大きな分岐点となっていて、互いを非難する根拠にもなっている（反体制派に向けられた最初の批判では、反体制派が「色の革命」に備えてアメリカ政府から資金援助を受けているとして非難されている）。

欧州連合（ＥＵ）との関係においては、ロシア政府は少なくとも小休止を取っているように見える。一九九〇年代にロシアの政治エリートが抱いていたヨーロッパに対する当初の熱意、さらにはあこがれといった感情は消え去った。現在、経済や貿易の協力水準はむしろ高いが、ＥＵとの関係は、国によって異なるレベルで関係を築きたいロシアの意思決定者にとって容易に進められるものではない。一九九四年にロシアとＥＵのあいだで結ばれたパートナーシップ協力協定（ＰＣＡ）は更新されなかった。

いくつかの事例では、ヨーロッパ諸国への対抗措置の度合いが首脳同士の個人的な好感度といった主観的な理由の影響を受けており、ロシアの政策ではそれが大きな要素となっている。

ヨーロッパでロシア政府ともっとも親しい西側のパートナーはドイツである。イタリアとフランスは、シルヴィオ・ベルルスコーニとニコラ・サルコジが政権を握っていたあいだは特別なパートナーだった。ロシアとイギリスの「事例」で、たびたび不安と危機を引き起こしている重大な問題は、たとえば二〇一三年三月にイギリスで死亡した大物のボリス・ベレゾフスキーなど、ロシア政府が刑事責任を追及している数人のロシア人に対して、イギリス当局が政治的な保護を与えていることである。

それと同時に、ヨーロッパ諸国のあちらこちらからロシアに対して発せられる、「民主主義的行為」に違反しているという続けざまの非難は、ロシア政府にとって恒常的ないらだちの種となってきた。これは、欧州安全保障協力機構（ＯＳＣＥ）と「離別」する言い訳のひとつにもなった。かつてロシア政府は、ＯＳＣＥに「ヨーロッパの国連」のような働きをするよう求めていたのである。

ロシアは、「西側の手を借りて近代化」を行うと宣言したのに続いて、ロシア政府はヨーロッパの二五カ国以上とロシアの近代化のパートナーシップ協定に署名した。しかし、たとえばブルガリア、リトアニア、ルーマニア、さらにはアイスランドなど、多くの国々は「近代化の推進力」として扱うことはできない。つまりそうした国々は、一国を近代化して「革新的な発展」を遂げるというたいそうな仕事を実現するにあたって、ロシアに対してほとんど何も与えることはできないということになる。

ロシアと北大西洋条約機構（NATO）が交わした文書で、パートナー関係の構築という意思表示がされたことは一度もなかった。いまだに「軍事的な障害」として残っているNATOは、実際、ロシアの政治エリートの大多数から冷戦の余波だと考えられている。多くの政治家や専門家の支援を受けている軍隊は、NATOをヨーロッパからロシアへの主要な軍事的挑戦、さらには直接の軍事的脅威とさえ考えている（この構想については「NATOそのものではなく、その政策」、特に拡大政策が脅威となっていると公に表明されている）。したがって、NATO・ロシア基本文書のなかで一九九七年に宣言された「NATOとロシアの根本的に新しい関係の開始」と、同文書で明示されている「強く、安定した、持続するパートナーシップ」を発展させるという目標は、当分のあいだ達成することは不可能であるように見える[18]。

現在、NATOとロシアを結びつけているまれな要素のひとつは、アフガニスタンによる共通の脅威かもしれない。米軍のアフガニスタン撤退が迫るにつれて、脅威はますます現実のものとなってきている。大統領令では、NATO・ロシア理事会プロジェクトの枠組みを通してアフガニスタンへ「支援を提供する」ことが命じられている[19]。

ロシアと西側諸国との関係における主要な障害は、協力関係に対する信頼や刺激が欠けていることである。それにはいくつかの重要な要因がからんでいる。

- 冷戦の遺産
- 「民主主義が芽生えたばかりのロシア」へ、重要な時期に大きな支援を行う取り組みをまとめようとしない、西側の自己中心的な政策
- 非常に重要な局面でロシアが抱いている懸念や異議に対する無関心（きちんと機能するパートナーシップの仕組みを構築する能力の欠如）
- 「でしゃばりの政策」（他国の内政に対する軍や外交による介入）
- パートナーシップの仕組み、すなわち協力に前向きな姿勢を支援して発展させ、懸念を排除するような方法を形作る能力の欠如（おもに西側の欠陥）
- 国を「統一」し、国防費を大幅に増加させる計画を正当化するために、ロシアの一部のエリートによって養われている反米感情
- 西側で採用されている民主主義の原則に対して、ロシア人に広がりつつある無関心

こうした事実と一連の認識は（別途分析の対象にするべき）、ロシアの指導者のあいだに、西側諸国、そしてそれらの国々との「建設的な協力」の可能性に対する深い失望感を生み出した。プーチンその人もまた個人的な幻滅を味わった。彼の態度はパートナーシップの承認から、初めて西側を批判した二〇〇七年のミュンヘンでの演説のあいだに変化した。しかし当時ロシアはまだ関係を改善する用意があることを示していた。現在、そうする意気込みはロシア側ではほとんど消滅している。

そのうえ、破壊的な長引く金融経済危機のために、西側には以前のような「かけがえのない」パートナーとしての、なかでも政治、経済、金融マネジメントの制度においてロシアが従うべき見本を示すという点での魅力がなくなった。一方で、西側の危機を背景に、とりわけ大量の石油とガスの販売によって国の経済指標が楽観視で

きるようになったことで、ロシアの指導者は以前よりも自信を持ち始めた。

ロシアはもはや「エネルギー超大国」とはみなされないが、ロシア資源へのヨーロッパの依存は「長期にわたる要素」だとロシアの官僚や専門家の多くが考えている。それがまた、ロシア政府がさしあたってEUとはいかなるパートナーシップも考える必要はないと主張する支えのひとつとなっている。特に現在のEUの経済的に不安定な状況を考えればなおさらだ。

先に述べた新しい外交政策概観の発表では、プーチンの論文「ロシアと変わりゆく世界」でも取り上げられた内容が示されている[20]。そこでは、ロシアはきわめて不安定な世界で外交政策を実施しなければならず、その世界はアメリカとNATOの政策によってさらに苦しめられていると述べられている（外交政策概観）[21]。

したがって、日々の外交政策を実行するにあたって、政府の最上部で決められた戦略的な判断は西側との「近代化同盟の構築」であると解釈して実行すべきという論理は、ときとしてロシアの政策の「実際的な」利益を得る必要性によって個々の事例として解釈され、破棄されるということになる。

当然のことながら、旧ソヴィエト連邦の領土に関する政策には、しかるべき注意が払われる。独立国家共同体（CIS）はすべてのロシア外交公式文書で優先的なパートナーとみなされている。

この政策路線が取られているのは、今なお、かつて統合されていたソ連の経済管理の崩壊が経済的な損失をまねいたと考えられており、それに対処すべきだという認識があるためだ。CISの目的は、加盟国がおもに求めている統合プロセスの再開である。EUと比べると、CISが統合される可能性はずっと小さい。加盟国の関心には大きな隔たりがあり、ときには強く西側に偏ることもあって、それがCISの機能を不確定なものにしている。主要な三つのスラヴ系国家であるロシア、ウクライナ、ベラルーシの関係でさえつねに静穏とは限らない。

CISの加盟国はロシア経済の近代化目標を助けるという意味ではほとんど何もできない。

集団安全保障条約（CSTO）には潜在的可能性がある。CIS加盟国である参加国の「自然な」安全保障の関心が一致しており、このグループを通して実行することがもっとも理にかなっているためである。この組織が機能するのは、保証条約の構築を支えるうえで、ロシア政府にもっとも大きな負担を引き受ける用意があるからだ。

「東を選択」するロシア外交は有益か？

これまでに述べた複雑な状況は、一心に東方にパートナーを求め、さらにはむしろ普通ではない結びつきを作ることまで始めようとするロシアの政策に拍車をかけている。たとえば、ブラジル、ロシア、インド、中国、そして最近くわわった南アフリカ（ＢＲＩＣＳ）連合という、世界の遠く離れた場所に位置する国々の連帯では、果たして協力関係が可能なのかどうかという疑問が湧く。それとは別にロシアが積極的に参加して作った組織が上海協力機構（ＳＣＯ）だが、その目的はむしろ安全保障問題である。

二〇一二年一二月の「重要な会見」で、プーチンは「急成長を遂げている市場のひとつ、アジア太平洋市場への参入に有効な働きかけを行う」可能性が高まっていることに特別な関心を示した[22]。ラヴロフ外相もまた記者会見で、ふたつの重要点を強調した。「アジア太平洋地域の役割が高まっていること」そして「アジア太平洋地域におけるわれわれ［ロシア］の存在を高めること」である[23]。

現在、プーチン大統領によれば、アジア太平洋地域におけるロシアの政策の主要パートナーは、中国、インド、ベトナムである。ロシアとこの三カ国のあいだの協力関係にはある程度の違いがある。ロシア政府は中国とは「戦略的協力を含む対等な関係と信頼に基づくパートナーシップの強化」を求めている。一方のインドやベトナムに対しては、ロシアの焦点は「戦略的パートナーシップ」に置かれている[24]。

すべての分野において、中国はロシアの主要パートナーとして扱われ、「最高の優先順位」が与えられている。

中国は最大の近隣国であり、ロシアは可能な限り友好な関係を保たなければならない。「アメリカの世界的な影響力」を封じ込める政策、そして「覇権のために奮闘する」ロシアの取り組みにおいて、ロシア政府は中国を重要な、そしてどちらかと言えば忠実なパートナーと考えており、国際舞台や国連安全保障理事会の投票では、しばしば中国と同じ立場から重要な問題についての意見を表明している。

ロシアの政治エリートは、選出されたばかりの習近平中華人民共和国国家主席の最初の訪問国（二〇一三年三月二二日）がロシアだったことを喜んだ。訪問中には、二国間の既存の戦略的パートナーシップの最高水準である、いわゆる包括的パートナーシップの正式承認が、特別な共同声明として発表されることが期待された(25)。

この種の関係は、西側との協力に幻滅した大統領府の影響を受けるロシアのエリートから強い支持を受けている。二〇〇〇年にロシアの兵器輸出の最大の受け手だった中国はその地位を失いはしたが、中国政府がエネルギー資源輸出の行き先になる見込みはある。

その一方で、中国はアメリカなど西側諸国との経済関係も強めている。当然、それは中国の政策にも影響を及ぼし、ロシア政府との相互関係においてはいくらか頭を悩ませる要因となっている。

現在、専門家や政界の一部は、中国軍の秘密主義、とりわけ核兵器の製造に関する懸念が強まるなかで、中国に対していちだんと用心深くなってきている。当面、中国の公式政策が変わることは予想されていないが、二国間の関係はますます「慎重なパートナーシップ」に値するようになるかもしれない。

ロシアとインドは一九九三年に「友好協力条約」を結び、さらに二〇〇〇年のプーチンによるインド訪問を機に、戦略的パートナーシップ宣言に署名した。インドもまた、ときに他国が異議を唱えるロシアの外交政策の立場に支持を表明することがしばしばある。そうした支持はロシア政府に高く評価されている。

インド訪問に関連した最近の論文で、プーチンは、「深刻な問題」に直面したときには「インドとロシアが、国際舞台で責任あるリーダーシップと共同活動の手本を示す」と力説した。そしてここでも大統領は「戦略的パートナーシップのさらなる発展」の見通しを描いている[26]。

インドと中国はともにロシアの親しいパートナーと考えられており、ロシア兵器の最大輸出国でもある。けれどもこの二国はあまり円滑な関係になく、核抑止力のあり方でときに緊張が高まることもある。「国益の競合」はすでに存在しており、この三角関係が危機に陥る可能性は高い。

さらに、インドがいずれロシアにとって一〇〇パーセントのパートナーになると考えることには無理がある。なぜならインドは明らかにアメリカに関心を寄せているからだ。インドとアメリカのあいだで一二三協定（二国間原子力協定）が署名されたことは、インド政府には「一国にすべてを賭ける」用意がないことの明らかな証拠であり、それはロシアの外交政策にとって必ず問題となるだろう。

軍事紛争の歴史を持つベトナムは、ロシアと主要三パートナーの「国益の三角関係」と競う「四つ目の辺」に相当する。ロシアはベトナムとも、両国政府の特別な親密さをうたう戦略的パートナーシップ宣言に署名している。ロシアにとっては、中国、インド、ベトナムとの友好と協力のレベルを調整することが容易でないことは明らかだ。

こうした国々との親しい関係は、国際舞台において西側と反対もしくは競合する立場をとるロシアに支えが必要だということも含めて、ロシアの外交政策における実際の利益にかなっている。しかしこうした「親しい東の友好国」はいずれも、ロシアの近代化を支援するという戦略的な課題に対しては大きく貢献しなかった。それでいて、アジア太平洋地域で近代化の重要なパートナーとなり得る日本との関係は、表向きには優先事項とみなされておらず、いつまでも未解決問題という重荷を背負っている。

日露関係——遺産と展望

ロシア政府と日本政府の関係が複雑であることはよく知られている。対立するおもな主張は古く、現代社会における主要国同士の関係としてはむしろ珍しいことに、冷戦時どころか第二次世界大戦後から受け継いでいるものである。

ロシアは歴史的に見て、日本のアメリカとの緊密な同盟関係、特に軍事的な領域での関係、そしてクリル諸島に対する日本政府の主張を快く思ってこなかった。ロシアの官僚や政治家がしばしば表明する不満のひとつは、第二次世界大戦終結時に締結されるはずだった二国間の平和条約が結ばれていないことである。かたや日本では、北方領土問題は非常に大きな要因で、事実上、すべての政党の候補者、すべての政党綱領における「外交政策問題」の中心的な内容である。

領土問題——歴史から現在まで

一九五五年以降、ほとんどの期間で政権を握ってきた自由民主党（自民党）が国の第一党としての地位を奪還した最近の日本の選挙でも、ふたたび領土問題が注目を浴びた。総理大臣になるかもしれない立場だった安倍晋三は、みずからの綱領にこの重要な問題を含めないわけにはいかなかった。彼は、北方領土問題と平和条約調印を含め、ロシアとのあいだに存在する問題の解決に向けて最大限の努力をすると宣言した。この行動への確約は、両国の協力範囲の拡大に備えて関係を進展させることが背景にあった(27)。

森喜朗元総理のモスクワ訪問が二〇一三年二月に計画され、新しい総理大臣が正式に就任する前からすでに発表されていた[28]。この訪問は安倍とプーチンの正式な首脳会談の前段階だと考えられる。

この予備的な訪問に選ばれたのが森だったことは偶然ではないように見える。森は日本の総理大臣としてロシア連邦とのイルクーツク声明（二〇〇一年）に署名したその人だからだ。その声明のなかで両国は、平和条約に向けた交渉の継続を誓った。文書は次のことを明らかにしている。

（前略）双方は、この関連で、平和条約の締結が、日露関係の前進的発展の一層の活発化を促し、その関係の質的に新しい段階を開くであろうとの確信に基づき、
――平和条約締結に関する更なる交渉を、一九五六年の日本国とソヴィエト社会主義共和国連邦との共同宣言、（中略）今日までに採択された諸文書に基づいて行うことに合意した。
――一九五六年の日本国とソヴィエト社会主義共和国連邦との共同宣言が、両国間の外交関係の回復後の平和条約締結に関する交渉プロセスの出発点を設定した基本的な法的文書であることを確認した。（後略）[29]
［訳文は、内閣府ウェブページ北方対策本部イルクーツク声明より引用。http://www8.cao.go.jp/hoppo/shiryou/pdf/gaikou60.pdf］

報道によれば、ロシアは一九九二年に、平和条約の締結に先立って四島のうちの二島（色丹と歯舞）を返還して残りの二島（択捉と国後）についでは交渉を継続することをひそかに提案した。この情報は全面的な信用に値する人物、日本外務省のソヴィエト連邦担当のトップとして一九九一年の終わりにかけて四島の交渉に携わっていた東郷和彦からのものである。彼はこの動きをロシア側の「最大限の譲歩」だと評した。しかし、東郷の言葉を借りれば、日本は四島全島の返還が保証されていないとしてこの提案を退けた[30]。

二〇〇四年一一月一四日、ラヴロフ外相はプーチン大統領に同行して日本を訪れた。当時のロシアの姿勢は「一

九五六年方式」で歩みよる用意があった状態だと専門家は考えている。この訪問に関連してラヴロフは、二〇〇四年一一月一四日のロシアNTVテレビのインタビューで、「もしロシアが［ソ連の］後継国とみなされるのであれば、われわれはこの宣言を有効なものとして認め」、ロシア政府は「日本との関係に完全な形で対応」したいと述べた(31)(32)。彼はまた、「こうした目的のためには平和条約の締結が重要であり、その平和条約の枠組みのなかに、領土問題の解決策があるはずだと認識している」と強調した。外相はまた日本に対して念を押すように、「中国との国境問題の最終的な決着は、われわれの関係が戦略的パートナーシップのレベルに達したときにのみ可能となった」とそれとなく手がかりをほのめかした(33)。

「ロシア政府は日本との関係を全面的に修復したい」と述べたうえで、ラヴロフは行動の重要性を示し、そうした目的のためには平和条約の締結が重要で、「条約の枠組みのなかに、領土問題の解決策があるはずだと認識している」ことを強調した。彼はまた、国家間の関係が戦略的パートナーシップのレベルに達したときに、中国との領土問題を解決することができたようだと念を押したのである(34)。

ラヴロフはもうひとつ重要な手がかりをほのめかしていた。彼は「このアイデアの実現にはふたりの対話が必要だ」と断言したのである(35)。この前提は非常に重要である（ついでながら、西洋の方法というより東洋の流儀に見える）。なぜなら、この問題は進行過程のまさしく最初に国の首脳同士で解決するべきだということを示しているからだ。それから八年後の二〇一三年、二〇一二年の「外交活動結果」をまとめた記者会見において、ラヴロフが日本に「信頼に基づくアプローチを取る」ことを求めたのも偶然の一致とは思えない(36)。

見てのとおり、日本に対するソ連／ロシアの方向転換は、ロシア政府の指導部に重要な変化があった時期の近辺で起こっている。最近になって、ロシアはふたたびそうした変化を経験した。部分的には「古い」けれどもかなりの部分で「新しい」プーチン大統領の復権である。

むろん、現在のロシアの政治環境、すなわち大統領選挙、街頭デモ、反体制派と権力者側の争いが過ぎ去ったあとの、「愛国」思考の政治家と多くの国民にとっては、「一九五六年式」譲歩の実現はきわめて難しい。

全ロシア世論調査センター（ＶＴＳＩＯＭ）によれば、国民の圧倒的多数が「クリル諸島問題」は一度限りで全面的に解決するべきで、さらなる協議の対象とするべきではない（六三パーセント）と考えている。「Superjob.ru」の調査センターが行った別の世論調査では、さらに高い割合（七五パーセント）のロシア人が、この問題についてロシアは態度を変えるべきではないと考えている(37)。

国民の期待に押されて、また大国の決断力ある指導力を示したいがために、ロシアは短期間のうちに二度、クリル諸島へ要人を訪問させた。一度目は二〇一〇年九月のロシア連邦安全保障会議のニコライ・パトルシェフ書記長、そして二度目は二〇一二年七月のドミートリー・メドヴェージェフ大統領である。どちらの訪問も日本の国民、そして官僚にまで「怒り」の渦を巻き起こした。

一瞥した限りでは、現在の両国の指導者と国民の傾向は、領土問題の「最終的な」妥協点を探すのにあまり好都合であるようには見えない。だが少しでも妥協するにあたって、まったくの不都合などあるのだろうか？　そうは思えない。

妥協への道

先ほど述べたように、日本側では、新政権がロシアとの対話を続けていくことに新たな意欲を見せているようだ。ロシアの大統領選挙は一定の条件下で日本政府とのあいだに新しい可能性を開くかもしれない。特にロシアの指導部が経てきた外交政策に対する意識の変化、おもに反西側感情の高まりを考えればなおさらである。

その代わり日本政府は、「領土問題」を二国間の関係改善を阻む障壁とさせないためにも、「すべてかゼロか」という方針を断念するべきである。二国間の関係が前向きであれば妥協の可能性は高くなり、緊張すれば可能性は完全に排除されることを理解すべきだ。さらに、領土問題での譲歩は国民にはきわめて不評であり、いかなる指導者であっても国内の批判に直面することなく実行することは難しいことも肝に銘じておかなければならない。

そうした大胆な方法は、ふたつの条件下で実行の可能性がもっとも高くなる。西側の言葉で言うなら政治指導者の人気があって支持率が高いこと、あるいはその指導者の手に、従属するほかの枝分かれした権力も含めた全権があること、またはその両方である。今日、ロシアの政治体制にはこの両方の条件がそろっている。プーチンの支持率は五〇パーセントをゆうに超え、議会はしばしば大統領府の「一部門」だと報道されるほど従属的な立場を取っている。

また、二〇〇四年一〇月に、中露国境の画定合意に署名したのはプーチンであることも覚えておくに値する。そのとき、三〇〇平方キロメートルを超える「問題の領土」が正式に中国に属することが認められた。

そしてまた、先に述べたように、ロシアの政策は目に見えて西から東へと重心を移しており、東に「真の」友好国、同盟国、パートナーを求めている。一九六〇年代のソ連の立場とは対照的に、現代ロシアの政治家は日本と緊密な関係を発展させることに前向きだが、それについて考慮すべきことはもうひとつ、日本がアメリカの友好同盟国であることかもしれない（現在の状況では、ロシア大統領府はアメリカの政策に「対抗する」立場で行動することが多い）。

この要素をかんがみれば、ロシアの一部の意思決定者にとっては、アメリカの重要な同盟国のひとつと「特別な関係」を築こうと試みることは望ましいどころか喜ばしいようにさえ見える。この戦略はある程度までドイツやフランスとの関係ですでに証明されている。ヨーロッパをその強大な同盟国アメリカから「引き離す」ことは、つねにソ連の政策の隠された目的だったことを忘れてはいけない。当時の政策は現代ロシアの外交政策活動のなかにいちだんと「生まれ変わって」出現しつつある。

こうした要素は、複雑な特徴を持つ日露関係の解決策を見つけるにあたって、新たな可能性を生む。

両国の優先課題は二国間関係の正常化に置かれるべきである。既知の複雑な要因をすべて取り除けば、第二次世界大戦終結から六〇年以上ものあいだ、その戦争で敵対していた世界のふたつの大国が平和条約を結んでいないことは明らかに異常である。思い切って前向きな決断をするならば、そのような条約の締結に着手し、それを無条件にすることだ。そうすれば二国間関係の水準はただちに高まり、両国のあいだに質的に新しいレベルの可能性が開かれるだろう。

ロシアと日本の首脳会談は行われるべきであり、また行われたとすれば、その成果のひとつとして、パートナーにふさわしい友好的な相互関係の構築に焦点をあてた二国間関係の宣言が署名されるだろう。先にも述べたが、二〇一二年の外交政策活動の成果に関する記者会見で、ラヴロフ外相はロシアと日本の関係について、「信頼に基づいたアプローチを取る」よう呼びかけた。ロシア政府が示すこのメッセージの公式な言葉遣いには注意が払われてしかるべきである。

政治的な進展には日露関係全体の改善による下支えがなくてはならない。政治の結びつきを支え、両国の本当の関心事に応じるためには、それが絶対に必要だ。すでに専門家はしっかり考え抜いたうえでいくつもの案を示している。たとえば、ロシア国際情勢評議会の名高い専門家が行った詳しい研究「日露関係の現状と発展の見通し」などがそうだ(38)。この研究は、さまざまな分野で多くの具体案を提示している。全体としては、いくつもの大規模なインフラプロジェクトを取り上げるなどして、日本から多額の金融資本という形で支援を受けるということにまとめられるだろう。

専門家の頭のなかにすでに存在している精細な提案のリストには、手がかりとなるいくつかの考慮すべきことがらをつけくわえることができるかもしれない。日本側は天然資源、ロシア側は新しい技術と新しい組織的接近という具合に、両国のあいだには見せかけだけではない関心事がある。その部分では、協力レベルを断固として引き揚げるべきである。そのためには、現在の貿易ならびに経済問題の二国政府間委員会を、両国首脳の命を受ける高いレベルの委員会へと持ち上げるとよいかもしれない。

現代ロシアが特別に関心を抱くこととはどのようなことだろう？　答えは革新と近代化における協力である。日本がその分野で先端を行くと認められていることを考えればなおさらだろう。この関心はメドヴェージェフが大統領だったときに、他国と「近代化同盟を築く」という目標として、ことのほか繰り返し強調されていた。プーチン大統領は一度もこの話題に触れたことがない。だが、これによって、ロシアと日本のあいだに近代化パートナーシップの一種の合意のようなものが採択されるチャンスが開かれるはずだ。

ロシアと日本の二国間協力には「組織的アプローチ」が欠けている。したがって、プロジェクトの規模と詳細、完成までの期限、担当国家機関のリストなど、ロードマップに具体的な目的を取り入れることで、政治と経済の協力を補完するべきだろう。一方方向ではあるが、日本は前々から日本企業や起業家の関心事をとりまとめて推進するロシアの日本商工会議所のようなものを組織することができたはずである。また、ロシアの機関や専門家によるアジア重視の研究を支援する一連の日本の基金も活性化するべきだ。

現在は日露の金融経済相互関係の構築に向けてはずみがついているようである。二〇一二年九月にウラジオストクで開催されたアジア太平洋経済協力会議では、ロシア側の政府間委員会の委員長に任命されたばかりだったイーゴリ・シュヴァロフ第一副首相が、日本の玄葉光一郎外務大臣とウラジオストク「APEC週間」で会談し、その際に、「ロシアの関係機関はその権限において、日本の投資家がロシアで不安を持たないよう、あらゆる努力をする」と明言した[39]。これもまたロシア政府の意識が変わったことを示している。

日露関係における物事の展開は、二〇一二年秋に本章の最初の原稿が書かれたときの予想を裏づけている。プーチン大統領の選挙は二国間関係に新たな可能性を開いたように見える。首脳としては過去一〇年で初めてとなった安倍総理大臣のロシア公式訪問のあいだ、エネルギー分野での協力に関する覚え書きを含む九つの文書が署名された。協力する特定分野に関連する八つの文書は公式訪問中に決定されたものである。こうした文書の条項は、先に述べた、協力に関する一連の合意と特定の時間枠内で実現するべき行動を示す「ロードマップ」の進展に、着実に貢献した。

訪問の結果として採択された今後の協力に関する政治指針は、日露パートナーシップの発展を描く共同声明として発表された。まさに私が好ましいと述べたとおりである。両国の首脳は、この会談が両国によって目標として明言された戦略的パートナーシップを構築するうえで望ましい前段階となった、と結論づけさえした(40)。

筆者が予想したとおり、平和条約の締結（その意図は「このプロセスを促進するため」と表現された）は北方領土問題の解決策を模索することからは切り離された。同時に、ロシア大統領は「両国にとって最適な条件」で、その問題を解決する意志を表明した(41)。これはロシア側から提示された打開策として大きな意味を持つ。今回、ロシアと日本のあいだで近代化のパートナーシップについては特別な合意にいたらなかった。しかし共同声明文には、二国間関係では歴史上初めて、「近代化、革新、製造、そして、高いレベルの付加価値を持ち、現代技術を駆使して作られた製品の分野で、協力を発展させる必要性」について、両国首脳の「統一した意見」が述べられていることがわかるだろう。そこに挙げられているのは、指導者や高官のさまざまな文書や演説で表明されているロシア側の関心事である。

会談の文書は、利害関係の一定のバランスに基づいて、近い将来に両国で達成可能だと考えられるものを目標に設定したと結論づけることができるかもしれない。次の段階へ進むためには、二国間関係を発展させるうえで質的に新しい立場に立ち、実際の対話レベルを上げていくことが重要である。すなわち、関係の質の改善だ。

ロシア政府と日本政府は「政治情勢」のいかんにかかわらず、可能な限り視野を広げて、断念することなく、関係改善の新たな機会を積極的に利用するべきである。そうした土台に立って初めて、論争となっている問題でも歩みよりができる。可能であれば、両国が長期的な戦略目標の達成を優先事項として選択することが望まれる。すなわち、両国のあいだのパートナーシップにふさわしい関係の発展が、互いに長期政策を作るうえでまちがいなく優先事項として扱われるようにすることである。

これまでのところ、ロシアにとって「さまざまな技術と市場を発展させるうえで大きな利益」となるはずの、近代化をもたらす外交政策目標の達成は危うい状況だ。

ウクライナをとりまく深刻な政治危機によって、ロシアと数々の高度先進国、なかでも近代化と革新の発展においてまちがいなく先頭に立っているアメリカと日本との関係はひどく蝕ばまれている。そのため、先に述べたような、現在も続いているロシアの「戦略目標」の達成はいよいよもって難しくなっている。冷静な目で見れば、近未来におけるロシア外交政策の主要課題のひとつは、そうした国々との関係改善だろう。同時に、西側諸国では、ウクライナ危機に関連していかなる問題が持ち上がろうとも、ロシアの関わりなくしては建設的な解決方法は見つからないかもしれないということに理解が必要である。

注

【1】

＊野村財団と新潟県立大学からの資金援助に謝意を表する。

（1） «Sovjeshchanije poslov i postoyannykh prjedstavitjelei Rossii» from the Kremlin site «Prjezidjent Rossii», http://kremlin.ru/transcripts/15902（accessed Mar.15, 2013）.

（2） «Kontsjeptsiya vnjeshnei politiki Rossiiskoi Fjedjeratsii» from the site of the Russian Ministry of Foreign Affairs, http://www.mid.ru/brp_4.nsf/newsline/6D84DDEDEDBF7DA644257B16005lBF7F（accessed March 15, 2013）.

（3） "Ambassador's Notebook: G20: Russia Picks Up the Baton for 2013" from the site of RIA Novosti, http://en.rian.ru/blogs/20130104/178575820.html（accessed March15, 2013）.

（4） http://www.rstnw.ru/statistika-poseshheniya-rossijskimi-grazhdanami-zarubezhnyix-stran.html（accessed March15, 2013）.

(5) "Few Russians Have Travelled Abroad, Polls Show," http://windowoneurasia2.blogspot.jp/2012/12/window-on-eurasia-few-russians-have.html (accessed March 15, 2013).

(6) 一部には、プーチン大統領が外国政策のワンマン管理を強化していると語るロシア人もいる。メドヴェージェフ大統領と比べればたしかにそうかもしれないが、物事はまだ専制的な独裁政治にはほど遠い。

(7) ほかにも事例はある。たとえば、二〇一〇年四月、ロシアはノルウェーと対等な立場で資源の豊富なバレンツ海ならびに北極海で国境線を引くことに同意し、両国の長期にわたる論争を解決した。ロシアはその海域の海底にある石油とガスの採掘に道を開きたかったのである。だがこの事例は政治的な計算に突き動かされたものではなく、緊急の経済利益に基づくものである。

(8) Dmitri V Trenin, *Post-Imperium: A Eurasian Story* (Washington, DC: Carnegie Endowment for International Peace, 2011): 136 (ドミートリー・トレーニン『ロシア新戦略――ユーラシアの大変動を読み解く』、河東哲夫、湯浅剛、小泉悠訳、作品社、二〇一二年)

(9) RIA Novosti, January 1, 2013.

(10) Official data from the site of Russian Ministry of Economic Development, www.economy.gov.ru/wps/wcm/.../vneshtorg_statistika (March 20, 2013).

(11) さまざまな数字が推測されているが、二〇万から三〇万が妥当ではないだろうか。*Huan qiu Shibao*, January 20, 2011.

(12) 一九九七年七月の演説で、橋本龍太郎総理大臣は明白にリンケージ政策を退けた。"Address by Prime Minister Ryutaro Hashimoto to the Japan Association of Corporate Executives," July 31. 1997, http://www.kantei.go.jp/foreign/0731douyukai.html (accessed March 15, 2013).

(13) 二〇一二年二月二四日にサロフで行われた専門家会議の席で、当時のプーチン首相は保守派退役将軍の質問に答えるにあたって、中国と同盟関係を構築する必要性を否定した。プーチンは軍事技術開発の中露協力に肯定的な評価をして、ある程度慎重に進めていくと言い添え、その後ロシアのインドとの関係に話題を変えた。http://oko-planet.su/first/104079-vvputin-vstretilsya-v-gsarove-s-ekspertami-po-tematike-globalnyh-ugroz-nacionalnoy-bezopasnosti-ukrepleniya-oboronosposobnosti-i-povysheniya-boegotovnosti-vooruzhennyh-sil-rossiyskoy-federacii.html (accessed March 15, 2013).

(14) 二〇一〇年七月の「東方」軍事演習では戦術的核装置のシミュレーションが実施され、地上の標的に命中させるために地対空ミサイルＳ－３００が使用された。こうした演習の対象は中国以外に考えられない。http://www.jamestown.org/programs/

edm/single/?tx_ttnews%5Btt_news%5D=36614&tx_ttnews%5BbackPid%5D=484&no_cache=1#.UiC83OWCjIU（accessed March 15, 2013）.

⒂　二〇一三年三月、中国もまたＲＩＭＰＡＣ２０１４に招かれていたことがわかった。http://www.utsandiego.com/news/2013/mar/22/china-participate-rimpac-exercises/（accessed March 23, 2013）.

⒃　ガスプロムがベトナム沖で石油とガスの採掘に従事していることから、ロシアの関心は妥当である。http://www.itar-tass.com/en/c35/666641.html（accessed March 15, 2013）.

【２】

＊野村財団と新潟県立大学からの資金援助に謝意を表する。

⑴　Vystupljenije Ministra inostrannykh djel Rossii S.V.Lavrova na jubileinoi mjezhdunarodnoj konfjerjentsii “Rossiya v mirje sily XXI vjeka”, priurochjennoj k 20-ljetiju Sovjeta po vnjeshnjej i oboronnoj politikje i 10-ljetiju zhurnala “Rossiya v global'noj politikje,”［Presentation of the Minister of Foreign Affairs of Russia Sergey V. Lavrov at the jubilee international conference “Russia in the World of Force of the 21st century” confined to the 20th anniversary of the Council on the Foreign and Defense Policy and to the 10th anniversary of the magazine “Russia in the Global Policy”, Moscow］Moskva, 1 djekabrya 2012 g, http://www.mid.ru/bdomp/brp_4.nsf/2fee282eb6df40e643256999005e6e8c/30011d027decdbf844257ac7003d39d0!OpenDocument（accessed December 21, 2012）.

⑵　“The Foreign Policy Concept of the Russian Federation,” approved by the President of the Russian Federation V. Putin, June 28, 2000, http://www.fas.org/nuke/guide/russia/doctrine/econcept.htm（accessed June 28, 2000）.

⑶　S.V.Kortunov. Stanovljenije natsional'noi idjentichnosti: kakaya Rossiya nuzhna miru［Formation of the national identity: what Russia is needed for the world］（Moscow: Aspjekt-Prjess, 2009）, C.316.

⑷　Stratjegiya natsional'noi bjezopasnosti Rossiiskoj Fjedjeratsii do 2020 goda. 13 maya 2009 g.［Strategy of the national security of Russia up till 2020. May 13, 2009］, http://www.president.kremlin.ru/ref_notes/424（accessed May 13, 2009）.

⑸　Kontsjeptsiya vnjeshnei politiki Rossiiskoi Fjedjeratsii. Utvjerzhdjena Prjezidjentom Rossijskoj Fjedjeratsii D. A. Mjedvjedjevym 12 ijulya 2008 g［Concept of the foreign policy of the Russian Federation. Approved by the decree of the President of the Russian

Federation Dmitry A. Medvedev on June 12, 2008, *Ministry of Foreign Affairs of the Russian Federation Official Site*], http://www.mid.ru/brp_4.nsf/sps/357798BF3C69E1EAC3257487004AB10C (accessed September 21, 2008).

(6) Kontsjeptsiya vnjeshnei politiki Rossiiskoi Fjedjeratsii. Utvjerzhdjena Prjezidjentom Rossijskoj Fjedjeratsii V. V. Putinym 12 fjevralya 2013 g. [Concept of the foreign policy of the Russian Federation. Approved by the decree of the President of the Russian Federation Vladimir V. Putin on February 12, 2013, *Ministry of Foreign Affairs of the Russian Federation Official Site*], http://www.mid.ru/bdomp/nsosndoc.nsf/e2f289bea62097f9c325787a0034c255/c32577ca0017434944257b160051bf7f (accessed February 12, 2013).

(7) Dmitry Medvedev's Article, Go Russia! Official Web Portal, September 10, 2009, http://archive.kremlin.ru/eng/text/speeches/2009/09/10/1534_type104017_221527.shtml (accessed September 10, 2009).

(8) "Speech at meeting with Russian ambassadors and permanent representatives in international organizations," President of Russia, July 12, 2010, http://eng.kremlin.ru/transcripts/610 (accessed July 12, 2010).

(9) "Executive Order on measures to implement foreign policy," President of Russia, May 9, 2012, http://eng.kremlin.ru/acts/3764 (accessed May 9, 2012).

(10) Poslanije Prjezidjenta Fjedjeral'nomu Sobraniju. 22 djek. 2011 g. [Address of the President to the Federal Assembly. December 22, 2011], http://kremlin.ru/news/14088 (accessed December 22, 2011).

(11) Speech at the Meeting with Russian Ambassadors and Permanent Representatives to the International Organisations, President of Russia, July 12, 2010 [translated from Russian], http://news.kremlin.ru/transcripts/8325 (accessed July 12, 2010).

(12) これはドミートリー・メドヴェージェフが大統領として定義したものである。以下を参照されたい。Stjenografichjeskii otchyot o zasjedanii Komissii po modjernizatsii i tjekhnologichjeskomu razvitiju ekonomiki Rossii. 25 djekabrya 2009 g. [Verbatim report on the meeting of the Commission for Modernization and Technological Development of Russia's Economy. December 25, 2009], http://news.kremlin.ru/transcripts/6460 (accessed December 25, 2009).

(13) "Executive Order on measures to implement foreign policy," President of Russia, May 7, 2012.

(14) Text of Joint Declaration. For Immediate Release, The White House Office of the Press Secretary, May 24, 2002, http://www.fas.org/nuke/control/sort/joint-decl.html (accessed May 24, 2002).

(15) "Executive Order on measures to implement foreign policy," May 7, 2012.

(16) "Executive Order on measures to implement foreign policy," May 7, 2012.

(17) Jurii Balujevskij. Ot kogo dolzhna zashchischat'sya Rossiya v XXI vjekje. «NG-Stsjenarii», 23 aprjelya 2013 g. [Yuri Baluevskiy. "Whom from should Russia defend itself in the 21st century". "NG-scenarios", April 23, 2013], http://www.ng.ru/stsenarii/2013-04-23/9_defend.html (accessed April 23, 2013).

(18) "Founding Act on Mutual Relations, Cooperation and Security between NATO and the Russian Federation signed in Paris," France, North Atlantic Treaty Organization, 27 May, 1997, http://www.nato.int/cps/en/natolive/official_texts_25468.htm (accessed May 27, 1997).

(19) "Executive Order on measures to implement foreign policy," May 7, 2012.

(20) Rossiya i mjenyajushchiisya mir. Stat'ya Vladimira Putina v «Moskovskikh novostyakh». 27 fjevralya 2012. ["Russia and the Changing World". The article by Vladimir Putin in the "Moscow News," February 27, 2012], http://mn.ru/politics/20120227/312306749.html (accessed February 27, 2012).

(21) 以下を参照されたい。 Kontsjeptsiya vnjeshnei politiki Rossiiskoi Fjedjeratsii. Utvjerzhdjena Prjezidjentom Rossijskoj Fjedjeratsii V. V. Putinym [Foreign Policy Concept of the Russian Federation. Approved by President Vladimir Putin].

(22) Prjess-konfjerjentsiya Vladimira Putina.20 djekabrya 2012 goda, Moskva [Press-conference of Vladimir Putin. December 20, 2012, Moscow], http://события.президент.рф/новости/17173/печать (accessed December 20, 2012).

(23) Vstupitjel'noje slovo i otvjety na voprosy SMI Ministra inostrannykh djel Rossii S. V. Lavrova v khodje prjess-konfjerjentsii po itogam djeyatjel'nosti rossiiskoi diplomatii v 2012 godu, Moskva, 23 yanvarya 2013 g. [Introductory word and responses for the questions of mass-media by the Minister of the Foreign Affairs of Russia, Sergey V. Lavrov in the process of the press-conference on the results of the foreign policy activity in 2012, January 23, 2013], http://www.mid.ru/brp_4.nsf/0/804D3CB775E6CC4044257AFC003FE53D (accessed January 23, 2013).

(24) "Executive Order on measures to implement foreign policy," May 7, 2012.

(25) Joint Statement of the People's Republic of China and the Russian Federation on the Win-Win Cooperation and Deepening of the Comprehensive Strategic partnership of cooperation. March 22, 2013.

(26) "India and Russia: new prospects for strategic partnership in the 21st century," President of Russia, December 23, 2012, http://eng.kremlin.ru/news/4789 (accessed December 23, 2012).

(27) Dubl' dva: novyi prjem'jer Yaponii vnov' poobjeshchal rjeshit' probljemu Kuril // Vjesti.Ru, 17 djekabrya 2012 [The second double: the new prime-minister of Japan promised to solve problem of Kuril islands, Vesti. Ru, December 17, 2012], http://news.rambler.ru/16843320/ (accessed December 17, 2012).

(28) "Budushchiy premier-ministr Yaponii nameren otpravit s vizitom v Moskvu eks-premiera Yaesiro Mori," RGRK «Golos Rossii», December 22, 2012 [The future prime minister of Japan is going to send the ex-premier Yoshirō Mori to visit Moscow], http://rus.ruvr.ru/2012_12_22/SMI-budushhij-premer-ministr-JAponii-nameren-otpravit-s-vizitom-v-Moskvu-jeks-premera-JOsiro-Mori/ (accessed December 22, 2012).

(29) Irkutskoje zayavljenije Prjezidjenta Rossiiskoi Fjedjeratsii i Prjem'jer-ministra Yaponiio dal'neishjem prodolzhjenii pjerjegovorov po probljemje mirnogo dogovora // Diplomatichjeskij vjestnik. Ofitsial'nyje matjerialy. Aprjel' 2001 g. [Statement of Irkutsk between the President of the Russian Federation and the Prime-minister of Japan on the future continuation of the negotiations on the problem of the Peace Treaty, Diplomatic Courier. OfficialDocuments, April 2001], http://www.mid.ru/dip_vest.nsf/99b2ddc4f717c733c32567370042ee43/6a0b0315092917e0c3256a5e002ff3ae?OpenDocument (accessed March 25, 2001).

(30) "Russia '92 isle-return offer snubbed," The Japan Times, January 12, 2013, http://www.japantimes.co.jp/text/nn20130112a3.html (accessed January 12, 2013).

(31) "Joint Declaration by the Union of Soviet Socialist Republics and Japan," *Moscow*, October 19, 1956, http://www.ioc.u-tokyo.ac.jp/~worldjpn/documents/ texts/docs/ 19561019. D1E.html (accessed June 5, 2014). この文書の第九条で、「ソヴィエト社会主義共和国連邦は、日本国の要望にこたえかつ日本国の利益を考慮して、歯舞群島及び色丹島を日本国に引き渡すことに同意する。ただし、これらの諸島は、日本国とソヴィエト社会主義共和国連邦との間の平和条約が締結された後に現実に引き渡されるものとする」と述べられている。[訳文は内閣府北方対策本部ウェブページより引用。http://www8.cao.go.jp/hoppo/shiryou/pdf/gaikou18.pdf]

(32) Moskva priznajet vozmozhnost' pjerjedachi Yaponii dvukh ostrovov na Kurilakh. 14 noyabrya 2004 g. [Moscow acknowledges the possibility of transfer to Japan of two Kuril islands. November 14, 2004], http://newsru.com/russia/14nov2004/kklav.html

(accessed November 14, 2004).

(33) 同上。

(34) 同上。

(35) 同上。

(36) Vstupitelnoe slovo i otvety na voprosy SMI ministra inostrannyh del Rossiyi S. V. Lavrova v hode press-konferentsii po itogam deyatelnosti rossiyskoi diplomatii v 2012 godu [Introductory word and responses for the questions of mass-media by the Minister of the Foreign Affairs of Russia Sergey V. Lavrov in the process of the press-conference on the results of the foreign policy activity in 2012, Moscow, January 23, 2013], http://www.mid.ru/brp_4.nsf/0/804D3CB775E6CC4044257AFC003FE53D (accessed January 23, 2013).

(37) 以下を参照されたい。"Rossiyanje protiv obsuzhdjeniya voprosa Kuril s Yaponiei. 11 noyabrya, 2010" [Russians are against the discussion of the Kuril issue with Japan. November 11, 2010], http://listmix.ru/44424-rossiyane-protiv-obsuzhdeniya-voprosa-kuril-s-yaponiey.html (accessed November 11, 2010). "5% rossiyan schitajut, shto Kuril'skije ostrova mozhno otdat' Yaponii 18 aprjelya 2011" [5% of Russians consider, that the Kuril islands may be given back to Japan. April 18, 2011], http://www.iarex.ru/news/14511.html (accessed April 18, 2011).

(38) "Current state of Russia's relations with Japan and prospects for their development.Report," *Russian International Affairs Council*, No.6, 2012, http://russiancouncil.ru/en/inner/?id_4=863#top (accessed September 26, 2012).

(39) SCHuvalov: "Rossiya zaintjerjesovana v yaponskikh invjestitsiyakh". RGRK «Golos Rossii», 5 sjentyabrya, 2012. [Shuvalov: Russia is interested in the Japanese investments. September 5, 2012], http://rus.ruvr.ru/2012_09_05/SHuvalov-Rossija-zainteresovana-v-japonskih-investicijah/ (accessed Septemer 5, 2012).

(40) Sovmestnoe Zayvlenie Prezidenta Rossiyskoi Federatsii i Premier-ministra Yaponii o razvitii rossiysko-yaponskogo partnerstva [Joint declaration by the President of the Russian Federation and Prime-minister of Japan on the development of the Russian-Japanese partnership], April 29, 2013, http://события.президент.рф/справки/1446 (accessed April 29, 2013).

(41) 同上。

参考文献

書籍

Adelman, Jeremy, eds. *Worldly Philosopher. The Odyssey of Albert O. Hirschman* (New Jersey: Princeton University Press, 2013).

Alasdair, Robert. *The Logic of Discipline: Global Capitalism and the Architecture of Government* (Oxford: Oxford University Press, 2010).

Andreas, Schleder, ed. *Electoral Authoritarianism. The Dynamics of Unfree Competition* (Boulder, CO: Lynne Rienner Publishers, 2006).

Busygina, Irina and Mikhail Filippov. *Politicheskaya modernizatsiya gosudarstva v Rossii: neobkhodimost', napravleniya, izderzhki, riski [Political modernization of the state in Russia: the need, directions, costs, risks]* (Moscow: Fond "Liberal'naya missiya," 2012).

Chugrov, Sergey. Halhyn golyn dainy tuhayd uzel bodyul Yapan ["Japanese View on the Nomonhan Incident"] in Sanuydavgyn Gandbold and Gonchigiyn Ariunbold, eds., *Halhyn golyn dain, tuuh, orchin ye* [Nomonhan War: History and Modern Times"] (in Mongolian) (Ulaanbaatar: Udirlagyn Academi, 2009): 98–105.

Di Palma, Giuseppe. *Surviving Without Governing: The Italian Parties in Parliament* (Berkeley: University of California Press, 1977).

Diskin, Yosif. *Breakthrough: How We Can Modernize Russia* (Moscow: ROSSPEN Publishing House, 2008) (in Russian).

Dore, Ronald. *British Factory-Japanese Factory: The Origins of National Diversity in Industrial Relations, with a New Afterword* (Berkeley: University of California Press, 1973). ロナルド・P・ドーア『イギリスの工場・日本の工場――労使関係の比較社会学』、山之内靖、永易浩一訳、筑摩書房、一九八七年。

Dugin, Aleksander. *Putin protiv Putina,Byvshii budushii president* [Putin against Putin, Former and Future President] (Moscow: Yuza Press, 2012).

Friedman, Thomas. *The World is Flat: A Brief History of the Globalized World in the Twenty-first Century* (New York: Farr, Straus and Giroux, 2005). トーマス・フリードマン『フラット化する世界――経済の大転換と人間の未来』、伏見威蕃訳、日本経済新聞社、二〇一〇年。

Fukao, Mitsuhiro. "Japan's Lost Decade and Its Financial System," in Gary R. Saxonhouse and Robert M. Stern, eds., *Japan's Lost Decade: Origins, Consequences and Prospects for Recovery* (Oxford: Blackwell Publishing: 2004).

Gaddy, Clifford G. and Fiona Hill. *The Siberian Curse: How Communist Planners Left Russia Out in the Cold* (Washington, DC: Brookings Institution Press, 2003).

Gelman, Vladimir, Grigorii V. Golosov, and Elena Meleshkina eds. *The Second Election Cycle in Russia 1999–2000* (Moscow, Ves' Mir, 2002).

——. *The First Election Cycle in Russia, 1993-1996* (Moscow, Ves' Mir, 2000).

Gershenkron, Alexander, *Economic Backwardness in Historical Perspective* (Cambridge: Belknap Press of Harvard University Press, 1962). アレクサンダー・ガーシェンクロン『後発工業国の経済史――キャッチアップ型工業化論』、絵所秀紀、雨宮昭彦、峯陽一、鈴木義一訳、ミネルヴァ書房、二〇〇五年。

——. *Economic Backwardness in Historical Perspective* (Cambridge: Belknap Press of Harvard University Press, 1962).

Gessen, Masha. *The Man without Face, the Unlikely Rise of Vladimir Putin* (New York: Riverhead Books, 2012). マーシャ・ゲッセン『そいつを黙らせろ――プーチンの極秘司令』、松宮克昌訳、柏書房、二〇一三年。

Gourevitch, Pter, Takashi Inoguchi, and Courtney Purrington, eds. *United States-Japan Relations and International Institutions after the Cold War* (San Diego: University of California Graduate School of International Relations and Pacific Studies, 1995). 猪口孝、ピーター・グレビッチ、コートニー・プリントン編『冷戦後の日米関係――国際制度の政治学』、NTT出版、一九九八年。

Hara, Kimie. *Cold War Frontiers in the Asia-Pacific: Divided Territories in the San Francisco System* (London: Routledge, 2006).

Huntington, Samuel P. *Political Order in Changing Societies* (New Haven, CT: Yale University Press, 1968): 1. サミュエル・ハンチントン『変革期社会の政治秩序』、内山秀夫訳、サイマル出版会、一九七二年。

Inoguchi, Takashi, and John Ikenberry, eds. *The Troubled Triangle: Economic and Security Concerns for the United States, Japan and China* (New York: Palgrave Macmillan, 2013). 猪口孝、G・ジョン・アイケンベリー編『日本・アメリカ・中国――錯綜するトライアングル』、原書房、二〇一四年、一―一一ページ。

Inoguchi, Takashi, and Purnendra Jain, eds. *Japanese Politics Today: From Karaoke to Kabuki Democracy* (New York: Palgrave Macmillan, 2011). 猪口孝、プルネンドラ・ジェイン編『現代の日本政治――カラオケ民主主義から歌舞伎民主主義へ』、原書房、二〇一三年。

Inoguchi, Takashi, and Seiji Fujii. *The Quality of Life in Asia: A Comparison of the Quality of Life in Asia* (New York: Springer, 2012).

Inoguchi, Takashi. *Governance* (Tokyo: University of Tokyo Press, 2012). 猪口孝『ガバナンス』、東京大学出版会、二〇一二年。

Ivanchenko, Vladimirovich Aleksandr, and Lyubarev A. E. *Russian Election from 'Perestroika' to a Sovereign Democracy* (Moscow, Aspect Press, 2006).

Iwabuchi, Koichi. *Symptomatic Transformations: Japan in the Media and Cultural Globalization A New Japan for the Twenty-First Century. An Inside Overview of Current Fundamental Changes and Problems*, ed. by Rien L. Segers (New York: Routledge, 2008): 128.

Judah, Ben. *Fragile Empire: How Russia Fell in and out of Love with Vladimir Putin* (New Haven, CT: Yale University Press, 2013).

Keane, John. *The Life and Death of Democracy* (London: Simon and Schuster, 2010). ジョン・キーン『デモクラシーの生と死』、森本醇訳、みすず書房、二〇一三年。

Knyazeva, Yelena. "Sinergeticheski konstruiruyemyy mir" [The synergistically constructed world], in *Sinergetika: budushcheye mira i Rossii* [Synergy: The Future of the World and Russia] (Moscow: Izdatel'stvo LKI, 2008): 42, 53.

Kortunov, S. V. Stanovljenije natsional'noi idjentichnosti: kakaya Rossiya nuzhna miru [Formation of the national identity: what Russia is needed for the world] (Moscow, Aspjekt-Prjess [Aspect-Press], 2009): C. 316.

Kravchenko, Sergey. *Stanovleniye slozhnogo obshchestva: k obosnovaniyu gumanisticheskoy teorii slozhnosti* [The Formation of a Complex Society: on the Justification of Humanistic Theory of Complexity] (Moscow: MGIMO-University, 2012): 223.

Ledeneva, Alena V. *Can Russia Modernise?: Sistema, Power Networks and Informal Governance* (Cambridge: Cambridge University Press, 2013).

Lev, Gudkov. *Abortive Modernization* (Moscow: Publishing house "ROSSPEN," 2011): 7. (in Russian).

Lipset, Martin. *Political Man: The Social Bases of Politics* (New York: Doubledday Publishing, 1960). S・M・リプセット『政治のなかの人間――ポリティカル・マン』、内山秀夫訳、東京創元新社、一九六七年。

Mankiw, Gregory, N. *Macroeconomics 7th edition* [New York: Worth Publishers, 2010]: 379-408.

Molodyakova, Elgena, ed. *Globalnyie vyzovy – yaponskii otvet* [Global Challenges—Japanese Response] (Moscow: AIRO-XXI, 2008): 9-12.

O chem mechtayut rossiyane (razmyshleniya sotsiologov). Analiticheskiy doklad Instituta sotsiologii RAN [What the Russians Are Dreaming of? Analytical Report of the Institute of Sociology, RAS]. (Moscow: Institut sotsiologii RAN, 2012): 172.

Ogura, Kazuo. "Major Developments in Japanese Foreign Policy since the Mid-1990s," in Rien T. Segers, ed., *A New Japan for the Twenty-First Century: An Inside Overview of Current Fundamental Changes and Problems* (New York: Routledge, 2008): 112.

Packard, George. *Protest in Tokyo: The Security Treaty Crisis of 1960* (New York, Greenwood Publishing Group, 1978).

Panov, Alexander N. *Current State of Russia's Relations with Japan and Prospects for Their Development*. Russian International Affairs Council (Moscow: Spetskniga, 2012): 6, 22.

Pempel, T. J. *Uncommon Democracies: The One Party Dominant Regimes* (Ithaca, NY: Cornell University Press, 1990).

Shevtsova, Lilia. *Putin's Russia, Revised and Expanded Edition* (Washington, DC: Carnegie Endowment for International Peace, 2005).

Singh, Bhubhindar. *Japan's Security Identity From a Peace-State to an International-State* (Sheffield Centre for Japanese Studies) (London and New York: Routledge, 2012): 122-123.

Smirnov, William V. *Open Government: The Way for Achievement* (Moscow: Institute of State and Law, 2005) (in Russian).

Streltsov, Dmitry. "Rossiiskiy vector yaponskoy vneshnepoliticheskoy strategii v ATR," [Russian vector of Japanese foreign policy strategy in APR] in *Yaponiya v Aziatsko-Tikhookeanskom Regione* [Japan in the Asia-Pacific Region. Political, Economic, and Socio-Cultural Aspects]. (Moscow: Vostochnaya Literatura, 2009): 36.

Takenaka, Harukata. *Failed Democratization in Perwar Japan* (Stanford, CA: Stanford University Press, 2014).

Todd, Emmanuel. *Sekai noTayosei: Kazoku Kozo to Kindaisei* [La diversité du monde: Structures familiales et modernité] (Tokyo: Fujiwara Shoten, 2013), 393. エマニュエル・トッド『世界の多様性・家族構造と近代性』、荻野文隆訳、藤原書店、二〇〇八年。

Tolstykh, Vitaly. *Rossiya epokhi peremen* [Russia in the Epoch of Changes] (Moscow: Rossiyskaya politicheskaya entsiklopediya, 2012): 284.

Trenin, Dmitri V. *Post-Imperium: A Eurasian Story* (Washington, DC: Carnegie Endowment for International Peace, 2011), 136. ドミートリー・トレーニン『ロシア新戦略――ユーラシアの大変動を読み解く』、河東哲夫、湯浅剛、小泉悠訳、作品社、二〇一二年。

——. *Getting Russia Right* (Washington, DC: Carnegie Endowment for International Peace, 2007).

Tsipka, Aleksandr. *Spory epokhi Putina* (Moscow: Literaturmaia, 2004).

Turkle, Sherry. *Alone Together* (Cambridge, MA: MIT Press, 2012).

Ulam, Adam Bruno. *Expansion and Coexistence: Soviet Foreign Policy 1917-73* (2nd edition) (Stamford, CT, Thomson Learning, 1994). アダム・B・ウラム『膨張と共存——ソヴエト外交史』(1～3)、鈴木博信訳、サイマル出版会、一九七八～一九七九年。

木村汎『メドベージェフvsプーチン——ロシアの近代化は可能か』、藤原書店、二〇一二年、四二八、四四六ページ。

小林良彰『政権交代——民主党政権とは何であったのか』、中央公論新社、二〇一二年。

斉藤淳『自民党長期政権の政治経済学』、勁草書房、二〇一〇年。

堺屋太一『「維新」する覚悟』、文藝春秋、二〇一三年、二〇—三〇ページ。

佐藤親賢『プーチンの思考——「強いロシア」への選択』、岩波書店、二〇一二年、七八、一三一ページ。

橘木俊詔『格差社会——何が問題なのか』、岩波書店、二〇〇六年、一八ページ。

名越健郎『独裁者プーチン』、文藝春秋、二〇一二年、一五三、一三一ページ。

原田泰、増島稔「金融の量的緩和はどの経路で経済を活性化したのか」、『デフレ経済と金融政策』、吉川洋編、慶應義塾大学出版会、二〇〇九年。

原田泰『「大停滞」脱却の経済学——デフレに勝つことが構造改革だ!』、PHP研究所、二〇〇四年、九〇—九二ページ。

堀江孝司「福祉政治と世論」、『福祉政治』、宮本太郎編著、ミネルヴァ書房、二〇一二年、八五—一一〇ページ。

孫崎享『日本の国境問題——尖閣・竹島・北方領土』、筑摩書房、二〇一一年。

升味準之輔『日本政党史論』、東京大学出版会、二〇一一年。

宮尾龍蔵「銀行機能の低下と90年代以降のデフレ停滞」、『論争 日本の経済危機——長期停滞の真因を解明する』、堀内昭義、浜田宏一編、日本経済新聞社、二〇〇四年、二一七—二四三ページ。

専門誌

Andrei, Uglanov. "Dvulikii Putin" [Ambivalent Putin], *Argument Nedel* (September 1, 2011).

Beason, Richard, and David Weinstein. "Growth, Economies of Scale, and Targeting in Japan (1955-90)," *Review of Economics and Statistics* (May 1996).

Chugrov, Sergey. Gaimusho na rasput'ye ["Gaimusho at crossroads"], *Знакомьтесь—Япония* [Meet Japan] No. 33 (2002): 46, 54.

"Effectiveness and Transmission Mechanism of Japan's Quantitative Monetary Easing Policy," *The Japanese Economy* 36:1 (March 2009).

"Fond Obshchestvennoe Mnenie" [Public Opinion Foundation], *Monitoring* No. 35 (2012): 2, 4.

Galuzin, Mikhail. "Sozidatelnoye partnyorstvo ili ostrovnoy tupik?" [Creative partnership or island impass?] *Znakom'tes' -Yapoiya* [Meet Japan] No. 32 (2001): C. 43.

Golosov, Grigorii. "Electoral Authoritarianism in Russia," *Pro et Contra* No. 1 (January-February 2008).

Harada, Yutaka. "Policy Issues Regarding the Japanese Economy—the Great Recession, Inequality, Budget Deficit and the Aging Population," *Japanese Journal of Political Science* 13: 2 (2012): 223-253, 234-235.

Inoguchi, Takashi. "Introduction to the special issue: Japan-China Fragile Partnership," *Japanese Journal of Political Science* 14:1 (March 2013): 1-7.

猪口孝「東アジア比較政治体制論——日本政治への新視覚」、『レヴァイアサン』3、一九八八年、七一一三ページ。

Inozemtsev, Vladislav. "Preventivnaya" demokratiya. Ponyatiye, predposylki dlya vozniknoveniya, shansy dlya Rossii" ['Preventive' democracy. The concept, the preconditions for the emergence of the chances for Russia], *Polis. Politicheskiye issledovaniya* [Polis, Political Studies] No. 6 (2012): 101-111.

Ivanov, Sergei. "Triada natsional'nykh tsennostey" [The Triad of National Values], *Izvestiya* no. 124 (July 13, 2006): 4.

Kai, Eriksson. "Self-Service Society: Participative Politics and New Forms of Governance," *Public administration. An international quarterly* 90:3 (2012): 685-698.

Krauss, Ellis. "Crisis Management: LDP and DPJ Style," *Japanese Journal of Political Science* 14:2 (June 2013): 177-200.

Kubota, Yuichi. "Facing Crisis with Calmness? The Global Response to the Fukushima Nuclear Disaster," *Japanese Journal of Political Science* 13:3 (September 2012): 441-466.

Kunadze, Georgy. "Vneshnyaya politika Yaponii: vremya peremen?" [Foreign Policy in Japan: a time of change? *Japan's Economy, Politics, Society at the Dawn of the Twenty-First Century*], *Moscow* (2003): 288, 286, 268-289.

Migranyan, A. "Propaganda of Healty Mearnign," *Ekspert* (July 15, 2012): 57.

Mel'vil' Andery, and Ivan Timofeyev. "Rossiya 2020: al'ternativnyye stsenarii i obshchestvennyye predpochteniya" [Russia 2020: Alternative scenarios and societal preferences], *Polis* [Political Studies] no. 4 (2008): 66-85.

Porter, Michael E. and Hirotaka Takeuchi. "Fixing what really ails Japan," *Foreign Affairs* 78:3 (May/June 1999): 66-81.

Roberts, Alasdair. "The Logic of Discipline: Global Capitalism And The Architecture of Government," *Public Administration: An International Quarterly* 90:4 (2012): 1114-1117.

Senatorov, Alexei, and Irina Tsvetova. "Budet li v Yaponii vliyatel'naya «tret'ya sila»?" [Will there emerge influential "third force" in Japan?] *Znakom'tes'—Yaponiya* [Meet Japan]. No. 7 (1997): 33-43.

Shimotomai, Nobuo. "Peace Treaty Is Necessary," *NG-Stsenarii* (September 15, 2008): 23.

Vitalii Tretyakov, "Nuzhen li Putin posle," *Rossiiskaya Gazeta* (2007).

Whiteley, Paul F. "Is the Party Over? The Decline of Party Activism and Membership across the Democratic World," *Party Politics* 17 (January 2011): 21-44.

"Za chto boryutsya Yaponiya i Kitay" [What Japan and China are fighting for?], *Ekho Moskvy* [Echo of Moscow] (September 23, 2012).

インターネット

Albert Hirschmann, "The Principle of the Hiding Hand," http://www.nationalaffairs.com/doclib/20080516_196700602theprincipleofthehidinghandalbertohirschman.pdf (May 13, 2014).

Alekseĭ Demosfenovich Bogaturov, "Koreyskiy poluostrov v treugol'nike Rossiya—Kitay—Yaponiya. Ofitsial'nyy sayt «Aziatskaya biblioteka»" [The Korean Peninsula in the triangle Russia—China—Japan. Official site of "Asian Library"], http://asiapacific.narod.ru/countries/koreas/triangle_russia_china_japan1.htm#top. 2000. (May 12, 2014).

Aleksei Mikhailovich Remizov, "Putin poluchil mandat na druguyu politiku" [Putin got a mandate for another policy], *Vzglyad. Delovaya gazeta* [Look. The business newspaper], http://vz.ru/politics/2012/3/15/568364.html (March 15, 2012).

Alexander Bratersky, "Report on Putin's 'Politburo 2.0' Sets Tongues Wagging," *The Moscow Times*, August 22, 2012, http://www.themoscowtimes.com/news/article/report-on-putins-politburo-20-sets-tongues-wagging/466951.

Anatoly Arkadievich Koshkin, Pravaya istoriya: Pochemu net mirnogo dogovora s Yaponiey? ["True history: Why there is no peace treaty with Japan?"], http://www.pglu.ru/vestnik/detail.php?ID=9014;// Fayl-RF // http://file-rf.ru/analitics/340 19.10.2011 (May 5, 2014).

Anatoly Arkadievich Koshkin, "Sovetsko-yaponskaya deklaratsiya 1956 g. Postavlena li tochka?" [Soviet-Japanese Declaration of 1956. Is the curtain dropped?], http://echo.msk.ru/programs/hrushev/686039-echo/ (May 29, 2014).

Anna Analbayeva, "Luchshe ne vmeshivat'sya" [It is better not to interfere], *Vzglyad. Delovaya gazeta* [Outlook Business newspaper]. October 24, 2012, vz.ru/politics/2012/10/24/604029. (May 29, 2014).

"Ambassador's Notebook: G20: Russia Picks Up the Baton for 2013" from the site of RIA Novosti, http://en.rian.ru/blogs/20130104/178575820.html (March 15, 2013).

Belanovsky, Sergei, and Mikhail Dmitriev, 'Politicheskii krizis v Rossii i vozmozhnye mekhanizmy ego razvitiia' [The Political Crisis in Russia and Possible Mechanisms for Its Development], Tsentr strategicheskikh razrabotok Fond (CSR), http://www.csr.ru/index.php?option=com_content&view=article&id=307:2011-03-28-16-38-10&catid=52:2010-05-03-17-49-10&Itemid=219 (June 25, 2011).

"Budushchiy premier-ministr Yaponii nameren otpravit s vizitom v Moskvu eks-premiera Yaesiro Mori" [The future prime minister of Japan is going to send the ex-premier Yoshirō Mori to visit Moscow {in Russian}], *RGRK «Golos Rossii»*, December 22, 2012, http://rus.ruvr.ru/2012_12_22/SMI-budushhij-premer-ministr-JAponii-nameren-otpravit-s-vizitom-v-Moskvu-jeks-premera-JOsiro-Mori/ (December 22, 2012).

Center, Levada, *Obshchestvennoye mneniye—2011. Yezhegodnik* [Public Opinion—2011. Yearbook] (Moscow: Levada-Tsentr, compiler Zorkaya N., 2012): 21. Tables 3, 2, 7, http://www.levada.ru/books/obshchestvennoe-mnenie-2011 (June 5, 2014).

"China-Russia Trade Up 11% to $88 Bln in 2012," *RIA-NOVOSTI*, http://en.ria.ru/business/20130110/178687770/China-Russia_Trade_Up_11_to_88_Bln_in.html (January 10, 2013).

Ctatistika posjeshchjeniya rossiiskimi grazhdanami zarubjezhnykh stran from the site of the Russian Association of Tourist Industry, http://www.rstnw.ru/statistika-poseshheniya-rossijskimi-grazhdanami-zarubezhnyix-stran.html (March 15, 2013).

"Current state of Russia's relations with Japan and prospects for their development Report," *Russian International Affairs Council* No. 6 (2012), http://russiancouncil.ru/en/inner/?id_4=863#top (September 26, 2012).

"DPJ shouldn't shy away from painful problems," Asahi Shimbun (EDITORIAL), November 28, 2012, http://ajw.asahi.com/article/views/editorial/AJ201211280023 (August 29, 2013).

Dubl' dva: novyi prjem'jer Yaponii vnov' poobjeshchal rjeshit' probljemu Kuril // Vjesti. Ru, 17 djekabrya 2012 [The second double: the new prime-minister of Japan promised to solve problem of Kuril islands, Vesti. Ru, December 17, 2012 {in Russian}], http://news.rambler.ru/16843320/ (December 17, 2012).

《Ekspert Online》 http://expert.ru/about/online/ (January 24, 2012).

"Executive Order on measures to implement foreign policy," President of Russia, May 9, 2012, http://eng.kremlin.ru/acts/3764 (May 9, 2012).

"Few Russians Have Travelled Abroad, Polls Show," http://windowoneurasia2.blogspot.jp/2012/12/window-on-eurasia-few-russians-have.html (March 15, 2013).

"Founding Act on Mutual Relations, Cooperation and Security between NATO and the Russian Federation signed in Paris," France, North Atlantic Treaty Organization, May 27, 1997, http://www.nato.int/cps/en/natolive/official_texts_25468.htm (May 27, 1997).

IMF, "De Facto Classification of Exchange Rate Regimes and Monetary Policy Frameworks," February 25, 2009, http://www.imf.org/external/NP/mfd/er/index.aspx (May 23, 2014).

In a speech in July 1997, Prime Minister Ryutaro Hashimoto explicitly discarded the linkage policy ("Address by Prime Minister Ryutaro Hashimoto to the Japan Association of Corporate Executives," July 31, 1997), http://www.kantei.go.jp/foreign/0731douyukai.html (March 15, 2013).

"India and Russia: New prospects for strategic partnership in the 21st century," President of Russia, December 23, 2012, http://eng.kremlin.ru/news/4789 (December 23, 2012).

In his meeting with experts on February 24, 2012, in Sarov, then Prime Minister Putin, answering a question of one conservative retired general, denied the necessity to build alliance-relationship with China. He gave a positive evaluation of Sino-Russian cooperation in development of military technologies, adding that he will go further in this with certain caution, and changed the subject to Russia's relations with India, http://oko-planet.su/first/104079-vvputin-vstretilsya-v-gsarove-s-ekspertami-po-tematike-globalnyh-ugroz-nacionalnoy-bezopasnosti-ukrepleniya-oboronosposobnosti-i-povysheniya-boegotovnosti-vooruzhennyh-sil-rossiyskoy-federacii.html (March 15, 2013).

In March 2013 it turned out that China had been invited to the RIMPAC 2014 as well, http://www.utsandiego.com/news/2013/mar/22/china-participate-rimpac-exercises (March 23, 2013).

In the "Vostok" exercise in July 2010 a use of a tactical nuclear device was simulated, and the land-to-air anti-missile device S-300 was used to hit a target on the ground. Only China could be the target of these maneuvers, http://www.jamestown.org/programs/edm/single/?tx_ttnews%5Btt_news%5D=36614&tx_ttnews%5BbackPid%5D=484&no_cache=1#.UiC83OWCjIU, (March 15, 2013).

"Islands for Domestic Use," http://www.politcom.ru/10989.html (June 20, 2011).

Irkutskoje zayavljenije Prjezidjenta Rossiiskoi Fjedjeratsii i Prjem'jer-ministra Yaponiio dal'neishjem prodolzhjenii pjerjegovorov po probljemje mirnogo dogovora // Diplomatichjeskij vjestnik. Ofitsial'nyje matjerialy. Aprjel' 2001 g. [Statement of Irkutsk between the President of the Russian Federation and the Prime-minister of Japan on the future continuation of the negotiations on the problem of the Peace Treaty, Diplomatic Courier. Official Documents, April 2001 {in Russian}], http://www.mid.ru/dip_vest.nsf/99b2ddc4f717c733c32567370042ee43/6a0b0315092917e0c3256a5e002ff3ae?OpenDocument (March 25, 2001).

"Joint Declaration by the Union of Soviet Socialist Republics and Japan," *Moscow,* October 19, 1956. http://www.ioc.u-tokyo.ac.jp/~worldjpn/documents/ texts/docs/19561019. D1E.html (June 5, 2014).

Jurii Balujevskij, Ot kogo dolzhna zashchischat'sya Rossiya v XXI vjekje. «NG-Stsjenarii», 23 aprjelya 2013 g. [Yuri Baluevskiy. "Whom from should Russia defend itself in the 21st century." "NG-scenarios," April 23, 2013 {in Russian}], http://www.ng.ru/stsenarii/2013-04-23/9_defend.html (April 23, 2013).

Kontsjeptsiya vnjeshnei politiki Rossiiskoi Fjedjeratsii. Utvjerzhdjena Prjezidjentom Rossijskoj Fjedjeratsii D. A. Mjedvjedjevym 12 ijulya 2008 g. [Concept of the foreign policy of the Russian Federation. Approved by the decree of the President of the Russian Federation Dmitry A. Medvedev on June 12, 2008, *Ministry of Foreign Affairs of the Russian Federation Official Site* {in Russian}], http://www.mid.ru/brp_4.nsf/sps/357798BF3C69E1EAC3257487004AB10C (June 12, 2008).

Kontsjeptsiya vnjeshnei politiki Rossiiskoi Fjedjeratsii. Utvjerzhdjena Prjezidjentom Rossijskoj Fjedjeratsii V. V. Putinym 12 fjevralya 2013 g. [Concept of the foreign policy of the Russian Federation. Approved by the decree of the President of the Russian Federation Vladimir V. Putin on February 12, 2013, *Ministry of Foreign Affairs of the Russian Federation Official Site* {in Russian}], http://www.mid.ru/bdomp/nsosndoc.nsf/e2f289bea62097f9c325787a0034c255/c32577ca0017434944257b160051bf7f (February 12, 2013).

Kontsjeptsiya vnjeshnei politiki Rossiiskoi Fjedjeratsii from the site of the Russian Ministry of Foreign Affairs, http://www.mid.ru/brp_4.nsf/newsline/6D84DDEDEDBF7DA644257B160051BF7F (March 15, 2013).

Medvedev, Dmitry, "Poslaniye Federal'nomu Sobraniyu" [Address to the Federal Assembly], http://www.kremlin.ru/transcripts/5979 (June 5, 2014).

——, Article, Go Russia! Official Web Portal. September 10, 2009, http://archive.kremlin.ru/eng/text/speeches/2009/09/10/1534_type104017_221527.shtml (September 10, 2009).

Migranyan, Andranik, " Pochemu ushel Surkov," *«Expert Online»* January 13, 2013, http://expert.ru/about/online/ (January 30, 2013).

Moskva priznajet vozmozhnost' pjerjedachi Yaponii dvukh ostrovov na Kurilakh. 14 noyabrya 2004 g. [Moscow acknowledges the possibility of transfer to Japan of two Kuril islands. November 14, 2004 {in Russian}], http://newsru.com/russia/14nov2004/kklav.html (November 14, 2004).

"Nuzhen li vizit Dmitriya Medvedeva na Kurily" [Was Dmitry Medvedev's visit to Kuril Islands necessary?], *Ekho Moskvy* (Echo of Moscow) Janurary 14, 2013, http://echo.msk.ru/programs/razvorot/723191-echo/#element-text (January 15, 2013).

O. Stanovaya, Moscow and St. Petersburg people are less supportive of both Putin and Medvedev. It may not be accidental that Meyer of both cities are loyal to Putin (Sobyanin's case) or from the KGB related politician (G. Poltavchenko's case), www.politcom.ru/12955.html.

"Obostreniye situatsii vokrug Severnoy Korei" [Exacerbation of the situation around North Korea], *Ekho Moskvy* [Echo of Moscow], http://echo.msk.ru/programs/razvorot/585406-echo/ (May 29, 2014).

Official data from the site of Russian Ministry of Economic Development, www.economy.gov.ru/wps/wcm/.../vneshtorg_statistika (Mar. 20, 2013).

Poslanije Prjezidjenta Fjedjeral'nomu Sobraniju. 22 djek. 2011 g. [Address of the President to the Federal Assembly. December 22, 2011 {in Russian}], http://kremlin.ru/news/14088 (December 22, 2011).

Poslaniye Prezidenta Rossii Vladimira Putina Federal' nomu sobraniyu [Message from the President of Russia Vladimir Putin to the Federal Assembly], December 12, 2012, *Pervyy kanal (The first channel)*, http://www.1tv.ru/news/polit/221862 (June 5, 2014).

Press-konferentsiya Vladimira Putina, December 20, 2012, *Website "President of Russia,"* http://www.kremlin.ru/news/17173 (June 5, 2014).

Prjess-konfjerjentsiya Vladimira Putina. 20 djekabrya 2012 goda, Moskva [Press-conference of Vladimir Putin. December 20, 2012, Moscow {in Russian}], http://события.президент.рф/новости/17173/печать (December 20, 2012).

Sovjeshchanije poslov i postoyannykh prjedstavitjelei Rossii the Kremlin site «Prjezidjent Rossii», http://kremlin.ru/transcripts/15902 (Mar.15, 2013).

Stjenografichjeskii otchyot o zasjedanii Komissii po modjernizatsii i tjekhnologichjeskomu razvitiju ekonomiki Rossii. 25 djekabrya 2009 g. [Verbatim report on the meeting of the Commission for Modernization and Technological Development of Russia's Economy. December 25, 2009 {in Russian}], http://news.kremlin.ru/transcripts/6460 (December 25, 2009).

Stratjegiya natsional'noi bjezopasnosti Rossiiskoj Fjedjeratsii do 2020 goda 13 maya 2009 g. [Strategy of the national security of Russia up till 2020. May 13, 2009 {in Russian}], http://www.president.kremlin.ru/ref_notes/424 (May 13, 2009).

Press-konferentsiya Vladimira Putina, December 20, 2012, *Website "President of Russia,"* http[0]://www.kremlin.ru/news/17173 (June 5, 2014).

"Putin gives the island of Japan," http://www.lovehate.ru/opinions/55610 (January 15, 2013).

Putin, Vladimir, "Nam nuzhna novaya ekonomika" [We need a new economy], *Vedomosti*, http://www.vedomosti.ru/politics/news/1488145/o_nashih_ekonomicheskih_zadachah (January 30, 2012).

——, "Rossiya sosredotachivayetsya – vyzovy na kotoryye my dolzhny otvetit" [Russia is focusing challenges that we need to answer], *Izvestiya*, http://izvestia.ru/news/511884 (January 16, 2012).

——, Vystupleniye v Gosudarstvennoy Dume s otchotom o deyatel'nosti Pravitel'stva Rossiyskoy Federatsii za 2010 god [Report to the State Duma on the activities of the Government of the Russian Federation for 2010], http://pravitel'stvo.rf/docs/14898/ (December 15, 2012)].

——, "Demokratiya i kachestvo gosudarstva" [Democracy and quality of state], Kommersant, 6.02.2012, http://www.kommersant.ru/doc/1866753 (June 5, 2014).

"Rossiyanje protiv obsuzhdjeniya voprosa Kuril s Yaponiei. 11 noyabrya, 2010" [Russians are against the discussion of the Kuril issue with Japan. November 11, 2010], http://listmix.ru/44424-rossiyane-protiv-obsuzhdeniya-voprosa-kuril-s-yaponiey.html (November 11, 2010).

Rossiya i mjenyajushchiisya mir. Stat'ya Vladimira Putina v «Moskovskikh novostyakh». 27 fjevralya 2012. ["Russia and the Changing World." The article by Vladimir Putin in the "Moscow News." February 27, 2012 {in Russian}], http://mn.ru/politics/20120227/312306749.html (February 27,

2012).
"Russia '92 isle-return offer snubbed," *The Japan Times*, January 12, 2013, http://www.japantimes.co.jp/text/nn20130112a3.html (January 12, 2013).
"Russia's interest is pertinent, since the Gasprom is engaging in oil and gas drilling off-shore of Vietnam," http://www.itar-tass.com/en/c35/666641.html (Mar. 15, 2013)
"Schuvalov: Rossiya zaintjerjesovana v yaponskikh invjestitsiyakh." RGRK «Golos Rossii», 5 sjentyabrya, 2012. [Shuvalov: Russia is interested in the Japanese investments. September 5, 2012 {in Russian}], http://rus.ruvr.ru/2012_09_05/SHuvalov-Rossija-zainteresovana-v-japonskih-investicijah/ (Septemer 5, 2012).
"Speech at meeting with Russian Ambassadors and Permanent Representatives in International Organizations," President of Russia, July 12, 2010, http://eng.kremlin.ru/transcripts/610 (July 12, 2010).
"Speech at the Meeting with Russian Ambassadors and Permanent Representatives to the International Organizations," President of Russia, July 12, 2010 [translated from Russian], http://news.kremlin.ru/transcripts/8325 (July 12, 2010).
"Society and the Power in the Political Crisis," The report of the Expert Committee of the Center for Strategic Research to the Committee of Civil Initiatives. Echo of Moscow, May 24, 2012 (in Russian), http://www.echo.msk.ru/doc/891815-echo.html (May 24, 2012).
Sovmestnoe Zayvlenie Prezidenta Rossiyskoi Federatsii i Premier-ministra Yaponii o razvitii rossiysko-yaponskogo partnerstva. Joint declaration by the President of the Russian Federation and Prime-minister of Japan on the development of the Russian-Japanese partnership. April 29, 2013 (in Russian), http://события.президент.рф/справки/1446 (April 29, 2013).
Stepanyants, Marietta, "Kul'tura kak garant rossiyskoy bezopasnosti" (Culture as a guarantor of the security of Russia), *Voprosy filosofii* No. 1 (2012), http://vphil.ru/index.php?option=com_content&task=view&id=455&Itemid=52 (June 5, 2014).
Text of Joint Declaration. For Immediate Release, The White House Office of the Press Secretary, May 24, 2002, http://www.fas.org/nuke/control/sort/joint-decl.html (May 24, 2002).
The Federal Open Market Committee and the Board of Governors, FOMC longer-run goals and policy strategy, January 25, 2012, http://federalreserve.gov/newsevents/press/monetary/20120125c.htm (May 23, 2014).
"The Foreign Policy Concept Of The Russian Federation," approved by the President of the Russian Federation V. Putin, June 28, 2000, http://www.fas.org/nuke/guide/russia/doctrine/econcept.htm (June 28, 2000).
The Law of Russian Federation (December 3, 2012). Federal'nyy zakon ot 3 dekabrya 2012 g. N 216-FZ "O federal'nom byudzhete na 2013 god i na planovyy period 2014 i 2015 godov." Prilozheniya 13, 15. [Federal law of December 3, 2012 N 216-FZ "On the Federal Budget for 2013 and the planning period of 2014 and 2015." Annexes 13 and 15], http://base.garant.ru/70273206/10/#block_13000 (June 5, 2014); http://base.garant.ru/70273206/11/#block_15000 (June 5, 2014).
"The LDP was helped by the fact that the 'third pole'," http://www3.nhk.or.jp/news/html/20121217/k10014228681000.html (December 17, 2012).
"Vasiliy Molodyakov o politike v istorii i istorii politiki" [Vasily Molodyakov on policy in history and history of politics], ***Fushigi Nippon***, http://leit.ru/

modules.php?name=Pages&pa=showpage&pid=1458&page=1 (January 15, 2013).
Victor Pavlyatenko, "Nuzhen li Rossii mirnyi dogovor s Rossiey?" [Does Russia need a peace treaty with Japan?]. Vremya novostey online. 03 July 2009; "Kailatanova I. Nuzhen li Rossii mirnyi dogovor s Rossiey?" ["Does Russia need a peace treaty with Japan?], http://www.vremya.ru/print/232429.html (July 3, 2009).
Vstupitelnoe slovo i otvety na voprosy SMI ministra inostrannyh del Rossiyi S. V. Lavrova v hode press-konferentsii po itogam deyatelnosti rossiyskoi diplomatii v 2012 godu [Introductory word and responses for the questions of mass-media by the Minister of the Foreign Affairs of Russia Sergey V. Lavrov in the process of the press-conference on the results of the foreign policy activity in 2012, *Moscow*, January 23, 2013 {in Russian}], http://www.mid.ru/brp_4.nsf/0/804D3CB775E6CC4044257AFC003FE53D (January 23, 2013).
Vystupljenije Ministra inostrannykh djel Rossii S. V. Lavrova na jubileinoi mjezhdunarodnoj konfjerjentsii "Rossiya v mirje sily XXI vjeka", priurochjennoj k 20-ljetiju Sovjeta po vnjeshnjej i oboronnoj politikje i 10-ljetiju zhurnala "Rossiya v global' noj politikje", Moskva, 1 djekabrya 2012 g. [Presentation of the Minister of Foreign Affairs of Russia Sergey V. Lavrov at the jubilee international conference "Russia in the World of Force of the 21st century" confined to the 20th anniversary of the Council on the Foreign and Defense Policy and to the 10th anniversary of the magazine "Russia in the Global Policy", Moscow, {in Russian}], http://www.mid.ru/bdomp/brp_4.nsf/2fee282eb6df40e643256999005e6e8c/30011d027decdbf844257ac7003d-39d0!OpenDocument (December 1, 2012).
Yamaguchi, Jiro, and Miyamoto Taro, "What Kind of Socioeconomic System Do the Japanese People Want?" *Japan Focus,* March 28, 2008, http://japanfocus.org/-T-Miyamoto/2709.
"Za chto boryutsya Yaponiya i Kitay" [What Japan and China are fighting for?], (September 23, 2012), *Ekho Moskvy* [Echo of Moscow], http://www.echo.msk.ru/programs/magazine/932391-echo (May 29, 2014).
"Zapusk raket KNDR ne budet?" [Will the DPRK launch its rockets?], *Ekho Moskvy* (Echo of Moscow), http://echo.msk.ru/programs/razvorot/873700-echo/ (March 30, 2012).
Zlobin, Nicolai "*Kremlinology: Balanced Tandem*" in "Russia beyond the Headlines" October 27, 2010, http://rbth.com/articles/2010/10/27/kremlinology_balanced_tandem05070.html.
Zubarevich, Natalia "Chetyre Rossii" (Four Russias), *Vedomosti*, vedomosti.ru›opinion/news/1467059/chetyre_rossii. (December 30, 2011).
"5% rossiyan schitajut, shto Kuril'skije ostrova mozhno otdat' Yaponii 18 aprjelya 2011" [5% of Russians consider, that the Kuril islands may be given back to Japan. April 18, 2011], http://www.iarex.ru/news/14511.html (April 18, 2011).
"58% Approve LDP's Return to Power," Yomiuri Shimbun, December 20, 2012, http://www.accessmylibrary.com/article-1G1-312602152/58-approve-ldp-return.html (August 29, 2013).
「外交に関する世論調査」、内閣府、平成二三年度、http://survey.gov-online.go.jp/h23/h23-gaiko/index.html.
「決められない政治の源」、日本経済新聞電子版、二〇一二年九月二三日、http://www.nikkei.com/article/DGXNASFS21024_R20C12A9SHA000/.
「日本の財政関係資料」、財務省、平成二四年九月、http://www.mof.go.jp/budget/fiscal_condition/related_data/sy014_2409.pdf (May 23, 2014).

新聞記事

"Eurasian Union," in the Russia Newpaper Izrestya.

Lukyanov, Fyodor, "Ostrova v okeane peremen" [Islands in the ocean of change], *Rossiyskaya gazeta* [*Russian newspaper*], December 19, 2012.

"Politburo Instead of Vertical," *Nezavisimaya gazeta*, January 24, 2013.

"Political system damaged by DPJ's aversion to bureaucracy," *Yomiuri shimbun*, November 18, 2012.

There are various estimates about their number, but 200,000 to 300,000 would be the reasonable figure, *Huan qiu Shibao*, Chinese Newspaper, January. 20, 2011.

"New Integration project of Eurasia" V. Putin. *Izvetiya,* October 4, 2012.

"Quiet wiseman, instead of Macho' Though the next day, Putin's press secretary D. Peskov criticised the article as false.," Nezavisimaya gazeta, December 4, 2012.

「国の予算 どうやって作るの?」、毎日新聞、二〇一二年一〇月二八日。

崔衛平インタビュー「冷静に市民同士連携しよう」、毎日新聞、二〇一二年一〇月二八日。

フィルムおよびビデオ

E. Surnacheva, " Bes peremen," Vlast, December 24, 2012, https://www.youtube.com/watch?v=zZ9XGJL8buQ.

講演、未発表論文

"From the Crisis of Putinism to the fall of Tandemcracy," paper presented on December 15-16, 2011, at Hankuk University of Foreign Studies, Seoul, Korea. "Russia's Political System in Transition: A Search for a Unique Model or a Return to an Authoritarian System?"

Honda, Yuzo, Yoshihiro Kuroki, and Minoru Tachibana (2007), "An Injection of Base Money at Zero Interest Rates: Empirical Evidence from the Japanese Experience 2001-2006," Discussion Paper 07-08, Discussion Papers in Economics And Business, Graduate School of Economics and Osaka School of International Public Policy (OSIPP), Osaka University.

"Monitoring of the implementation of the federal purposeful program 'The development of the courts system in Russia in 2007-2011 and evaluation of the judicial institutions by citizens and organizations' ", paper presented for project by William Smirnov.

Panov, *Current State of Russia's Relations with Japan and Prospects for Their Development. Russian International Affairs Council*, 2012: 6, 20, 22, 23, 24, and 25.

President Putin's talk with audiences on December 20, 2013.

"Russia's Political System in Transition: A Search for a Unique Model or a Return to an Authoritarian System?" "From the Crisis of Putinism to the fall of Tandemcracy," paper presented on December 15-16, 2011, at Hankuk University of Foreign Studies, Seoul, Korea.

Shevtsova, Lilia, “Russia Today: Historical and Foreign Policy Implications of the Economic Crisis,” Presentation, Kennan Institute, June 1, 2009, *Kennan Institute Meeting Report*, Vol. XXVII, No. 2 (November 2009).

Shimotomai, Nobuo, “*Popular, but not necessary populist leadership, Putinism in a post-transitional regime comparison*.” Panel F: Korea-Japan joint session, “Populism as a world phenomenon?” Sapporo, October 2, 2004.

Streltsov, Dmitry, “Sovremennoye sostoyaniye issledovaniy v oblasti vnutrenney i vneshney politiki sovremennoy Yaponii” [“Current state of research in the field of domestic and foreign policy of modern Japan”] A paper delivered at a Russian-Japanese journalists and scholars conference. September 2008.

The Institute of Socio-Economic and Political Studies, “Direct election of governors and municipal collection signatures system in 2012. The impact on the development of the political system and on directions for improvement.” Moscow, November 2012.

WIN-Gallup International, “Global snap poll—tsunami in Japan and its impact on views on nuclear energy,” March-April 2011. http://www.icpsr.umich.edu/icpsrweb/ICPSR/studies/31574/version/1.

WIN-Gallup International, *Global Poll on American Elections: 2012*, Press Release, October 18, 2012.

石郷岡建、名越健郎、常盤伸『第三回学術専門家会議報告集』、二〇一三年、九五―一〇六ページ。

永綱憲悟（ロシア・東欧学会）「ソ連人としてのプーチン――個性とリーダーシップ」、二〇一二年一〇月七日、同志社大学での四学会共同シンポジウム。

その他

Interview with sociologist Lev Gudkov, at the Levada Center on September 18, 2012.

Joint Statement of the People's Republic of China and the Russian Federation on the Win-Win Cooperation and Deepening of the Comprehensive Strategic partnership of cooperation. March 22, 2013.

Kontsjeptsiya vnjeshnei politiki Rossiiskoi Fjedjeratsii. Utvjerzhdjena Prjezidjentom Rossijskoj Fjedjeratsii V. V. Putinym [Foreign Policy Concept of the Russian Federation. Approved by President Vladimir Putin].

索引

た

な

は

ま

や

ら

わ

◆編者略歴

猪口孝（いのぐち・たかし）

政治学博士（マサチューセッツ工科大学）、東京大学名誉教授、新潟県立大学学長。専門は日本の政治と国際関係で、英語と日本語で100冊以上の著書があり、論文を多数発表している。主なものに *Japanese Politics: An Introduction*（日本の政治——入門）（Trans Pacific Press, 2005）、ジャン・ブロンデルとの共著『アジアとヨーロッパの政治文化』（猪口孝訳、岩波書店、2008年）および『現代市民の国家観』（猪口孝訳、東京大学出版会、2010年）、何包鋼およびブライアン・ガリガンとの共編 *Federalism in Asia*（アジアにおける連邦制度）（Edward Elgar, 2007）、マイケル・コックスおよびG・ジョン・アイケンベリーとの共編『アメリカによる民主主義の推進』（猪口孝監訳、ミネルヴァ書房、2006年）、G・ジョン・アイケンベリーとの共編 *Reinventing the Alliance*（同盟再考）（Palgrave Macmillan, 2003）および *The Uses of Institutions*（制度の利用）（Palgrave Macmillan, 2007）、プルネンドラ・ジェインとの共編『現代の日本政治』（現代日本の政治と外交１、原書房、2013年）、G・ジョン・アイケンベリーおよび佐藤洋一郎との共編『日米安全保障同盟』（現代日本の政治と外交２、2013年）、猪口孝編『日本とドイツ』（現代日本の政治と外交４、2014年）、G・ジョン・アイケンベリーとの共編『日本・アメリカ・中国』（現代日本の政治と外交５、2014年）、ジャン・ブロンデルとの共編『民主主義と政党』（現代日本の政治と外交３、2014年）、猪口孝『政治理論』（ミネルヴァ書房、2015年）がある。「アジア・バロメーター」プロジェクトを主導し、英文学術誌 *Japanese Journal of Political Science*（Cambridge University Press, 1999-）と *International Relations of the Asia-Pacific*（Oxford University Press, 2000-）を編集長として創立。*Asian Journal of Comparative Politics*（Sage Publications, 2016-）も近く創立。

◆訳者略歴

大槻敦子（おおつき・あつこ）

慶應義塾大学卒。訳書に、『ヴィジュアル版世界伝説歴史地図』『ネイビー・シールズ 最強の狙撃手』『傭兵——狼たちの戦場』『図説狙撃手大全』『ヒトラーのスパイたち』（以上、原書房）、『ディープエコノミー——生命を育む経済へ』（英治出版）などがある。

JAPANESE AND RUSSIAN POLITICS:
Polar Opposites or Something in Common?
Edited by Takashi Inoguchi

現代日本《げんだいにほん》の政治《せいじ》と外交《がいこう》6
日本《にほん》とロシア
真逆《まぎゃく》か、相違《そうい》か?

●

2015年3月10日　第1刷

編者………猪口孝《いのぐちたかし》
日本語版監修者………猪口孝《いのぐちたかし》

装幀者………スタジオ・ギブ（川島進）
本文組版・印刷………新灯印刷株式会社
カバー印刷………株式会社明光社
製本………小高製本工業株式会社

発行者………成瀬雅人
発行所………株式会社原書房
〒160-0022　東京都新宿区新宿1-25-13
電話・代表03(3354)0685
http://www.harashobo.co.jp
振替・00150-6-151594

ISBN978-4-562-04963-9